Das, was durchscheint durch das, was erscheint

Bleeding Heart Leaf (Tränendes Herz) *Fotografie © Walter Chappell*

Pir Vilayat Inayat Khan

Das, was durchscheint durch das, was erscheint

Sufismus erleben

edition nada

Originaltitel: That Which Transpires Behind That Which Appears
Deutsche Erstausgabe 1998
3. Auflage 2006

Karin S. Püscher-Findeisen
Niendorfer Weg 5
D-29549 Bad Bevensen
Tel: 05821-477129
Fax: 05821-477130

herausgegeben von:
edition nada, Bad Bevensen

Aus dem Englischen übersetzt von Aeostra Hamann
unter Mitwirkung von Dr. Jabir Dostal

Gestaltung des Titels und Typographie:
Wajad E. Grünwald, Hagen

Druck: Druckerei Steinmeier, Nördlingen

ISBN 3-933467-01-2

Inhalt

Vorwort des Herausgebers der englischen Originalausgabe

Am ersten Wochenende im März 1993 trafen sich ungefähr 100 Menschen zu einem intensiven dreitägigen spirituellen Retreat, geleitet von Pir Vilayat Inayat Khan. Der Text dieses Buches ist aus den überarbeiteten Transkriptionen der Lehren zusammengestellt, die Pir Vilayat an diesem Retreat-Wochenende gab.

Bei der Vorbereitung dieses Materials für die Veröffentlichung haben wir versucht, so nah wie möglich an Pir Vilayats gesprochenen Worten zu bleiben, wir sind uns dabei jedoch bewußt, daß das gedruckte Wort ein anderes Medium ist als das gesprochene Wort. Die Überarbeitung bestand mehr im Auslassen von Unwesentlichem als im Hinzufügen.

Insbesondere haben wir nicht versucht, das Material der Transkription dieses Retreats durch Material zu ergänzen, das Pir Vilayat bei anderen Gelegenheiten gegeben hat, bei denen er über das gleiche Thema gesprochen hat.

Der Text enthält einige Wörter, die selten vorkommen, und manche Wörter verwendet Pir Vilayat in einer wohlüberlegten, jedoch unüblichen Weise. Wir haben uns entschlossen, diese Wörter im Text zu belassen und ein Glossar beizufügen, in dem die Bedeutung dieser Begriffe zu finden ist.

Während des Prozesses eines Retreats dieser Art geschieht etwas Subtiles und doch sehr Reales, das durch den besonderen Ton des Lehrens vermittelt wird: Ein Verständnis, das die Gesamterfahrung vertiefen kann, kommt im Fließen der Gedanken eher durch, als daß es nur in den Gedanken enthalten ist.

Indem wir uns entschieden haben, das Material in dieser Weise herauszugeben, hoffen wir, daß - sollte es überhaupt möglich sein, ein derartiges Gefühl von Gegenwart durch die bedruckten Seiten eines Buches zu vermitteln - es durch diese Seiten in das Bewußtsein des Lesers einfließt.

Die Transkription des mitgeschnittenen Materials übernahmen Mariel Walters und Abi'l-Khayr. Sharif Graham diente als Berater bei der Überarbeitung. Joan Claire Firozia Veriditas und Majida Gibson lasen Korrektur und machten wertvolle Vorschläge. Die erste redaktionelle Bearbeitung des Textes und die Zusammenstellung der Anmerkungen, des Glossars und der Bibliographie besorgte Abi'l-Khayr.

Viele weitere Menschen haben, jeder auf seine eigene Weise, dazu beigetragen, die Veröffentlichung möglich zu machen. Der Autor sagt ihnen allen ein herzliches *Danke!*

Einführung von Shahabuddin David Less

Vor vielen Jahren war ich einmal einer dieser großen Prüfungen ausgesetzt, die das Leben manchmal für uns bereithält. Noch jung und den verborgenen Kräften meines eigenen Denkens gegenüber ziemlich verletzlich, befand ich mich in einer großen Verwirrung. Da ich in dem Moment nicht wußte, wie ich Zugang zur Lehre meiner Seele finden sollte, bat ich Pir Vilayat um Führung und Hilfe. Er teilte mit mir eine Geschichte schmerzhafter Ereignisse seines eigenen Lebens und erzählte mir, wie er den Retreat-Prozeß benutzt hatte, um sein Gemüt zu beruhigen und der inneren Führung zu ermöglichen, in Erscheinung zu treten.

Ausgerüstet mit diesen Informationen und einer Liste verschiedener Übungen und Meditationen, zog ich mich in eine winzige Hütte auf dem Gipfel eines Berges zurück. Dies sollte für mich der Moment der Wahrheit sein, und so wartete ich auf den Blitz der Erleuchtung, der mich über all die Schwierigkeiten meines Lebens hinaus befördern und zu einem Ort der Klarheit und Weisheit führen sollte. Als jedoch Tag für Tag verging, sank ich immer tiefer in die Traurigkeit und den Schmerz meines eigenen Lebens.

Die Antwort, die - wie ich gehofft hatte - aus dem Inneren kommen würde, ließ sich nicht vernehmen. Ich betete, fastete, meditierte fleißig und führte kleine Rituale durch, wie man sie auf Retreats erfindet. Der Schmerz und die Verwirrung blieben, aber in meinem Bewußtsein erschienen neue Zustände von Losgelöstheit und ein ekstatisches Gefühl von Träumerei. Mein Gemüt wurde leichter, und eine verborgene Erinnerung versuchte durch die Wolken der Verwirrung hindurchzuscheinen.

Eines Tages, als ich plötzlich einen Heißhunger verspürte, entschloß ich mich, meine Welt ein bißchen zu verlassen und mir ein Stück Brot zu besorgen. Ich wanderte 45 Minuten bis zu dem Küchenzelt eines Meditationscamps, das während meines Retreats stattfand. Ich sah niemanden, fand meine Scheibe Brot und kehrte zu meiner Hütte zurück.

Als ich da saß und langsam mein Brot verzehrte, begann mein Herz mit einemmal die Tiefe der inneren Welt zu erleben. Wellen einer enormen Freude überschwemmten mich, und die Qualität meines Schmerzes veränderte sich. Er war nicht länger etwas, wovor man davonlaufen oder was man ausmerzen mußte, sondern statt dessen wurde er zu einem integralen Bestandteil der Entfaltung Gottes in mir und durch mich.

In diesem Zustand, so wußte ich, war die Antwort auf das Dilemma meines Lebens zugänglich. Ich bat meine Seele um Führung und verstand die Antwort durch all die subtilen

Schichten meines Ego hindurch. Als ich fragte, was ich zu tun hätte, war die Antwort klar: *Tue einfach weiter das, was du schon jetzt tust.*

Diese klare Antwort war die einzige Richtung, die ich auf meiner Suche nach Frieden nicht berücksichtigt hatte. Diese Idee in einem erwachten Zustand des Seins zu erfahren, gab mir ein neues Gefühl von Lebenskraft und Sinn. Da ich wußte, daß Sufismus auf Erleben basiert, hatte ich auf eine fast äußere Erfahrung von Führung gewartet und mich nicht daran erinnert, daß wahre Führung das innere Licht ist, reflektiert von einem stillen See.

Nachdem ich im Laufe der Jahre viele Retreats geleitet und dabei das alchimistische Transformationsmodell angewandt habe, das Pir Vilayat Inayat Khan entwickelt hat, erkenne ich sowohl die Vollkommenheit als auch die Weisheit dieses Modells. Manchmal ist der Beginn eines Retreats sowohl für den Guide als auch für den Retreatant überwältigend. Der Guide fühlt die Last der Verantwortung und der Retreatant die Befürchtung, daß das Retreat in irgendeiner Weise nicht erfolgreich sein könnte. Das Modell sorgt für ein klares Gefühl der Abgrenzung, und es verbindet den Retreatant mit einem Prozeß, der sich Tausende von Jahren alt anfühlt.
Was Pir Vilayat mit diesem Buch erreicht, ist, im Leser ein Gefühl für das Steuern des eigenen inneren Fortschritts zu wecken. Das Retreat ist wirklich ein Prozeß, den man allein durchläuft. Sogar die grundlegende Übung des Dhikr erweckt in uns das Bewußtsein, daß nichts existiert außer Gott - eine sehr einsame Erkenntnis.

Und doch, indem wir dieses Alleinsein während des Retreats erfahren, erkennen wir, daß niemand anders als wir selbst uns erwecken und unser Mitgefühl für uns selbst und für andere vertiefen kann.

Sogar die Beziehung zu Gott wird eine Beziehung von Freund zu Freund. Dies ist für Religion wahrlich revolutionär, aber es ist die Essenz des spirituellen Weges.

Invokation

Wir rufen den Einen an,

Dessen Körper der Kosmos ist,
von dem unsere Körper ein Teil sind,

Dessen Denken die Software hinter
der existentiellen Erscheinung der Wirklichkeit ist,
an dem wir durch unser Denken teilhaben,

Dessen Gegenwart unserem Wesen
ständig verborgen innewohnt
und Der doch jedes mögliche Konzept übersteigt.

Und wir rufen all jene Wesen an,
die eine Ebene der Verwirklichung erlangt haben,
die uns inspiriert und uns hilft,
unserem Wesen Gültigkeit zu verleihen
und den Zweck unseres Lebens zu erfüllen.

1.

Richtlinien für ein Retreat

Im Verlaufe der folgenden Seiten wollen wir durch die Stadien eines spirituellen Retreats gehen. Die Sufis nennen diesen Prozeß *Khalwa*.[1]

Zunächst einige einführende Bemerkungen über die Situation, die örtliche Umgebung, in der ein Retreat im allgemeinen stattfindet. Vielleicht ist der Rahmen nicht so komfortabel, wie Sie ihn gerne hätten, aber da gibt es keine Verstellung, keine Show - es ist echt. Wo es zu viel Komfort oder womöglich Luxus gibt, könnte persönlicher Gewinn ins Spiel kommen. Jeder von uns muß das in seinem eigenen Leben klären.

Eines ist jedoch klar: Wir können keinen Zustand von

Ekstase erreichen, indem wir im Sessel sitzen und fernsehen, die Füße hoch, Pfeife rauchend oder Chips kauend. Oder indem wir grollend zu unserem Job gehen und hoffen, mit möglichst geringer Anstrengung das Maximum herauszuholen. Oder indem wir versuchen zu sehen, was wir im Leben gewinnen können. Das wird uns wirklich nichts bringen.

Im Retreat suchen wir eine andere Dimension. Wir geben uns nicht mit dem zufrieden, was die Menschen in der Welt suchen, die in der indischen Tradition "die äußere Welt" genannt wird. Nein, um die Fähigkeit zu entdecken, das Potential Ihres Wesens zu entfalten, müssen Sie nach innen schauen. Sie müssen den Himmel absuchen und den Jahreszeiten trotzen. Sie müssen sich unsicher und verletzlich fühlen, und gleichzeitig müssen Sie Ihren Mut erproben - so daß Sie Kräfte in Ihrem Wesen entdecken, die Sie niemals in sich vermutet hätten. Nehmen Sie eine Herausforderung an. Wachsen Sie über die Grenzen Ihres Selbstbildes hinaus und erlauben Sie sich zu weinen, zu lachen und Teil von allem zu sein, und finden Sie dennoch innerhalb des Ganzen Ihr eigenes, ganz besonderes Wesen. Sehen Sie sich im Universum, und sehen Sie das Universum in sich selbst. Entdecken Sie sich im Werden, im Tun.

Die Retreat-Situation markiert einen Halt, an dem wir aus unserer normalen Art des Daseins aussteigen, um über unser Leben nachzudenken und mehr Klarheit zu gewinnen, und letzten Endes, um mehr gewahr zu werden, was das wirkliche Ziel unseres Lebens ist. Wir wollen Erleuchtung erlangen. Wir wollen unsere emotionale Einstimmung vor dem Abgleiten in Gewöhnlichkeit bewahren und vor den sogar etwas vulgären Emotionen, in die wir im Umgang mit unserer sozialen Umgebung leicht hineinrutschen. Und wir wollen fähig sein, uns anzuschließen an das, was die Derwische geistige Macht nennen; das wird uns ein Gefühl für den Zweck unseres Lebens geben.

Dieser Zweck offenbart sich, indem man der göttlichen Sache dient, indem man die Ordnung sicherstellt gegen das Chaos, die Verschmutzung und die Entropie, die unsere Erde in einem so ungeheuren Ausmaß heimsuchen, daß wir jetzt auf einem gefährdeten Planeten leben. Wir setzen unsere Nachkommen einer Welt aus, die noch schlimmer sein wird als die, in der wir jetzt leben.

Wir haben eine Verantwortung. Ein Retreat ist eine Gelegenheit zu ausgiebiger Reflexion, eine Zeit, die Fähigkeiten zu erforschen, die uns ungenutzte Möglichkeiten eröffnen werden und Einsichten, derer wir uns nicht bewußt waren. Es ist eine Gelegenheit, die geistige Kraft freizusetzen, die uns die Fähigkeit verleihen wird, den Zweck unseres Lebens zu erfüllen. Wir wollen es daher nicht als Rückzug vom Leben ansehen, sondern eher als eine Probe fürs Leben. Die Folge ist, daß wir viele der Dinge, an die wir gewöhnt sind, für eine Weile umkehren müssen. Wir tun dies in der Hoffnung, daß diese Einstimmung dann in unser tägliches Leben einfließen und es durchdringen wird, so daß sie immer da ist.

Die Sufis haben vier Richtlinien vorgezeichnet: Schweigen, Vereinzelung, Fasten und Wachen. Das Beachten dieser Richtlinien ist entscheidend für ein Retreat. Man könnte sogar sagen, sie machen ein Retreat aus.

Das erste ist Schweigen, im Kontrast zu unserem alltäglichen Geplauder. Weil wir die ganze Zeit reden, sind wir daran gewöhnt, in Begriffen zu denken, die es uns ermöglichen auszudrücken, was wir denken. Unser Denken nimmt ein bestimmtes Muster an. Es funktioniert in einer bestimmten erklärenden Weise, um fähig zu sein, etwas zu vermitteln - sogar wenn wir gar nicht miteinander sprechen -, uns selbst, unserem begrenzten Verstand zu vermitteln, was unser Begriffsvermögen uns mitteilt. Wenn wir schweigen, müssen wir unseren Verstand nicht darauf vorbereiten zu erklären, was wir erleben. Wir brauchen auch nicht zu versuchen, unseren durchschnittlichen Verstand von dem zu überzeugen, was wir entdeckt haben.

Infolgedessen entdecken wir eine ganze Dimension des Denkens, die unvorstellbar reich ist und die wir mit unserem mittelmäßigen Denken niemals umfassen. Wir werden hier zwei Arten finden: die eine ist die Art des Denkens, die wir entdecken, wenn wir uns nach innen wenden, und die andere ist die Art des Denkens, die wir entdecken, wenn wir unser Bewußtsein sozusagen nach oben verschieben, in die transzendentale Dimension.

Ein paar einführende Worte geben ein Verständnis davon, was das bedeutet: Sich nach innen zu wenden heißt zu sehen, wie die Eindrücke der Außenwelt uns bereichern, wenn wir sie in unser Wesen aufnehmen. Bei diesem Vorgang werden die Eindrücke transmutiert, umgewandelt, so daß nur ihre Quintessenz in unser Wesen aufgenommen wird. Aber wir müssen während des Verdauungsprozesses die Eindrücke zurückweisen, die wir nicht verdauen können. Wir weisen sie an der Oberfläche zurück, sagen wir in Richtung Erde, vertikal, wie es das Immunsystem tut.

Es findet jedoch auch eine relativ unbekannte Funktion statt, durch die das, was wir aufgenommen haben, in die Leere resorbiert und recyclet wird. Dr. David Bohm spricht von Formen, die sich entfalten aus dem, was er das *Holomovement* nennt, und die wieder in dieses Holomovement eingefaltet werden; es ist ein Tanz zwischen dem expliziten und dem impliziten Zustand, der die ganze Zeit geschieht.[2]

Im Retreat betonen wir beide Aspekte von uns selbst: den Aspekt, durch den die Art und Weise, wie die Welt im expliziten Zustand aussieht, integriert oder verdaut wird, indem sie in den impliziten Zustand umgewandelt wird - und das Gegenteil ist genauso wahr: Nachdem wir das getan haben, wirken wir nun aus dem Inneren auf die Umgebung ein statt von der Oberfläche unseres Wesens.

Das ist ganz entscheidend, denn die meisten von uns reagieren einfach auf die äußeren Situationen, anstatt auf das ganze Potential ihres Wesens zurückzugreifen. Wenn wir dagegen lernen, uns nach innen zu wenden, sind wir in der Lage, alle diese inneren Fähigkeiten aufzurufen und zu erwecken. Man könnte sagen, es fördert eher die Fähigkeit, unser Wesen zu bereichern, als daß es zu materiellem Wohlergehen beiträgt. Es geht um Verwirklichung.

Im Unterschied dazu ist das Erwachen zu dem, was wir die transzendentale Dimension nennen könnten, wie das Wechseln vom Versuch, die Hardware einzuordnen, hin zur Erforschung der Natur der Software. Es ist, als wäre man fähig, sich willentlich aus dem irdischen Zustand zu erheben und zu erfassen, was hinter der physischen Welt abgespielt wird. Wir werden entdecken, daß wir auf verschiedenen Ebenen existieren und daß die Verbindungen zwischen diesen Ebenen bei den meisten Menschen unterbrochen sind. Wir sind nicht vollständig, bevor wir nicht fähig sind, alle Ebenen unseres Wesens zu integrieren.

Dies führt zu der Entdeckung, daß Raum nur dort eine Bedeutung hat, wo es Materie gibt. Das Denken ist in Körperlichkeit verwickelt, wie bei bestimmten mentalen Funktionen, die mit dem Körper verbunden sind. Aber es gibt mentale Funktionen, die nicht mit dem Körper verbunden sind. Deshalb hat Jelaluddin Rumi gesagt: *Ich gehe ohne Füße, ich fliege ohne Flügel, ich sehe ohne Augen, und ich höre ohne Ohren.*[3] Und ich würde noch hinzufügen: *Ich denke ohne Gehirn.* Das Gehirn ist eine Begrenzung für unser Denken. Es ist ein sehr nützliches Instrument, aber wir wollen uns nicht durch das Instrument einschränken lassen.

Die Software des Universums ist eine Realität, ob sie jemals in der Hardware zum Ausdruck gebracht und aktiviert wird oder nicht. Sie ist in jedem Fall eine Realität. Lassen Sie uns daher unser Denken nicht auf unseren Körper beschränken. Sie könnten Ihr Wesen unabhängig von Ihrem Körper und unabhängig von Ihrem Verstand entdecken. Wenn Sie dieses Buch lesen, ist anzunehmen, daß Sie etwas suchen, was jenseits des Mittelmäßigen liegt. Mit diesen Dingen werden wir arbeiten.

Zu Beginn wollen wir etwas sehr Grundlegendes erkennen: Wir werden gezogen. Man kann das nicht logisch erklären, aber wir werden tatsächlich in unserem Leben in zwei Richtungen gezogen, die gegensätzliche Richtungen zu sein scheinen. Auf der einen Seite verspüren wir das Bedürfnis, eine schöne Welt von schönen Menschen aufzubauen. Das bedeutet, unsere physischen Bedingungen zu verbessern, uns selbst zu verbessern, indem wir mehr lernen und mehr verstehen und ein schönes Verhalten entwickeln. Das ist alles enthalten in dem Erbauen einer schönen Welt von schönen Menschen.[4]

Die andere Anziehung, die auf unser Wesen einwirkt, ist ein Bedürfnis nach Freiheit. Das ist ein Bedürfnis, über das wir uns nicht immer im klaren sind, obwohl es sich sehr deutlich in unserem Leben zeigt. Letzten Endes ist es ein Bedürfnis nach Freiheit von Vorbestimmung. Um Pir-o-Murshid zu zitieren: *Die Dinge, an denen wir hängen, werden uns mit der Zeit zur Last.*[5]

Um eine schöne Welt von schönen Menschen zu schaffen, verwickeln wir uns in Situationen und in Beziehungen mit Menschen, in denen unsere Freiheit eingeschränkt wird. Doch wir müssen eine innere Freiheit finden. Die einzige Weise, diese beiden Zugkräfte miteinander zu verbinden, ist, das Unvereinbare zu vereinbaren - innere Freiheit zu finden, während wir uns äußerlich bis zu dem Grad engagieren, daß wir unsere Freiheit einschränken. Aber - so würde ich warnen - indem wir die Grenzen, die uns unser Engagement in der Welt auferlegt, mit einer gewissen Klugheit akzeptieren und mit einem klaren Wissen, was vorgeht.

Auf dem Weg, Freiheit zu erlangen, gibt es mehrere Stufen. Eine Stufe ist die Freiheit von unserer Vorstellung, was die physische Welt sei. Das Bild, das wir uns von der physischen Welt machen, liegt völlig daneben, doch wir merken es nicht - wir sind so überzeugt davon, daß es so ist, wie wir es sehen. Wichtiger noch, wir sind so überzeugt davon, daß unsere Probleme das sind, was wir glauben, daß sie wären. Wir lassen uns so leicht verstricken durch unsere Einschätzung unserer Probleme.

Letzten Endes sind alle Probleme Beziehungsprobleme. Es gibt eine Art, sich mit Menschen zu engagieren, so daß man sie von sich befreit, anstatt daß man selbst eine äußere Freiheit sucht. Das ist sehr, sehr subtil. Es bedeutet, eher nach gegenseitiger Abhängigkeit als nach Unabhängigkeit oder andererseits Ko-Abhängigkeit zu streben. Die Sufis sagen: *Entsage der Welt, entsage dir selbst, und dann entsage der Entsagung - aus Liebe.*[6] Das ist nicht der Weg des Sannyasin, der typischerweise die Erleuchtung für sich selbst sucht.

Dies geschieht mitten im Leben. Was wir tun wollen, ist, die Täuschung unserer gewöhnlichen Annahmen zu entlarven, daß die physische Welt so wäre, wie wir meinen, und daß unsere Probleme das wären, was wir meinen, daß sie seien. Erst dann werden wir beginnen zu verstehen, was hinter unseren Problemen abgespielt wird.

In den Sufi-Übungen versuchen wir klarer zu erfassen, was wir die *Wazaif* nennen, die Namen Gottes *(Asma ilahi)*.[7] Diese Übungen dienen dazu, in der Lage zu sein, die Qualitäten im Universum zu kennzeichnen, die sich in unserer Persönlichkeit zeigen und in ihr zum Ausdruck kommen.

Das sind die Themen hinter unseren Dramen, das ist es, was abgespielt wird: ob diese Qualität oder jene Qualität durchkommt oder durch unser Verhalten gehindert wird - oder gehindert durch unsere Unfähigkeit, ihre Bedeutung oder Bedeutsamkeit oder ihre Wichtigkeit in einer bestimmten Situation zu erkennen.

Wir müssen auch das Freisein von Meinung in Betracht ziehen. Wir sind so überzeugt von unserer Meinung - aus diesem Grunde ziehen Menschen in den Krieg. Der Aberglaube und die Unwissenheit, die man in den Meinungen von Menschen findet, verursachen soviel Leid auf der Welt. Wir verbinden unser Ego mit unserer Meinung, wir wollen nicht, daß sich herausstellt, daß wir im Irrtum sind. Freiheit von Meinung schließt Freiheit vom Ego ein, Freiheit von dem Wunsch zu dominieren.

Sie sehen, dies ist der Pfad der Selbstlosigkeit anstatt der Meisterschaft. Freiheit zu suchen ist der Pfad der Heiligen.

Freiheit von unseren Meinungen führt uns zur Befreiung aus dem Gefängnis unseres Selbstbildes. Wir sind überzeugt davon, daß wir der Mensch sind, für den wir uns halten, und infolgedessen können wir uns niemals weiterentwickeln. Wir können uns niemals ändern, wenn wir glauben, daß wir das sind, wofür wir uns halten. Wir lassen uns einkapseln in dieser Vorstellung von uns selbst. Einer der Schlüssel ist vielleicht, zu erkennen, daß wir eine Maske tragen und eine Rolle spielen. Pir-o-Murshid sagt: *Der König glaubt, daß er ein König ist, weil er auf einem Thron sitzt und die Menschen "Euer Majestät" zu ihm sagen. Aber wenn sie es nicht täten, würde er nicht glauben, daß er der König ist.*[8] Wir glauben, daß wir ein Baby sind oder ein alter Mann oder eine Frau oder was immer, aber das ist bloß der äußere Aspekt, das Selbstbild: es ist lediglich eine Illusion, die eine tiefere Realität verbirgt.

Wir sagen, wir wollen wissen, wer wir sind. Ja. Nach Auffassung der Sufis müssen wir 22 000 Schleier entfernen, bevor wir herausfinden, wer wir sind. Freiheit von unserem Selbstbild.

Außerdem suchen wir Freiheit von persönlichen Emotionen, in denen wir dermaßen feststecken, daß wir die Teilnahme an der kosmischen Feier im Himmel verpassen. Wir müssen an diesem Bereich der persönlichen Emotionen arbeiten, aber wir dürfen nicht dogmatisch sein im Kategorisieren, indem wir einen Unterschied zwischen göttlichen und menschlichen Emotionen machen. Denken Sie eher an ein Kontinuum mit menschlicher Emotion als dem einen Extrem und göttlicher Emotion als dem anderen. Natürlich gibt es dazwischen alle möglichen Übergangszustände.

Manchmal ist es gut, eine Illustration, ein Modell zu haben, das uns hilft, uns selbst zu verstehen. Man könnte sich selbst als eine umgekehrte Pyramide vorstellen, so daß wir am unteren Ende ein Individuum sind, und oben sind wir die Totalität. Wir sind die ganze Pyramide. Auf jeder Übergangsstufe zwischen den beiden Extremen sind wir wie beispielsweise ein Fragment eines Hologramms, das in sich das Potential des ganzen Hologramms trägt.

Daß wir uns selbst als Individuen betrachten, entfremdet uns der unendlichen Dimension unseres Wesens. Durch unser Konzept, das wir uns von uns selbst machen, stehen wir unserer eigenen Entfaltung im Wege.

Dies reicht weiter als nur einfach Freiheit von unserem Selbstbild. Dies ist wirklich Freiheit von unserer Vorstellung, eine individuelle Persönlichkeit zu sein.

Die Freiheit, die alle diese Arten oder Ebenen von Freiheit umfaßt, ist Freiheit von Vorbestimmung.

Dies waren die Worte von Buddha im Moment der Erleuchtung nach 49 Tagen Retreat: *Ich habe mich von der Vorbestimmung, von der Vorbedingtheit befreit.*[9] Sie sehen, daß

Menschen, die in einer bestimmten sozialen Umgebung aufwachsen, Moslems oder Christen oder Juden sind. In einer bestimmten Umgebung denkt man in einer bestimmten Weise, in einer anderen Umgebung denkt man in einer anderen Weise. Es kann schwierig sein zu erkennen, in welchem Ausmaß Ihr eigenes Denken konditioniert ist.

Wir müssen unser Denken sorgfältig erforschen, denn es führt uns zu Perspektiven, in denen wir uns festfahren, so wie man unter dem Einfluß einer Droge festgefahren ist. Wir suchen Freiheit von jeglicher Art von Blockierung, daher müssen wir uns ganz im klaren darüber sein, wie sehr unser Denken konditioniert ist und wie wir es sozusagen deprogrammieren und Freiheit finden können. Nicht nur unser Denken, auch unsere Emotionen sind konditioniert.

Es ist unsere Kreativität, die uns befähigt, uns von der Vorbestimmung zu befreien - das heißt, wenn unsere Kreativität echt und spontan ist, wirklich erfinderisch, und nicht nur ein Kopieren der Umgebung. Die Umgebung kann als Katalysator dienen, um unser Potential freizusetzen, aber wir dürfen nicht denken, daß wir nichts weiter zu tun bräuchten, als bereits vorhandene Potentiale freizusetzen. Wir erschaffen sie, indem wir sie in Tätigkeit setzen.

Wir müssen eine Menge Annahmen umstoßen, die wir uns vielleicht unbemerkt angeeignet haben. Es ist gut, die Ansichten und Vermutungen, die man hört, in Frage zu stellen. Wir versuchen, uns soweit wie möglich von traditionellen Arten des Denkens zu befreien, um die Spiritualität der Zukunft zu erforschen.

Es gibt neue Wege, die Dinge zu betrachten: statt anzunehmen, daß wir uns einer *prästabilierten Harmonie* - wie Leibniz es nannte - anzupassen haben, es so zu sehen, daß wir Ordnung schaffen aus Unordnung.[10] Es ist unsere Initiative, die Ordnung schafft. Oder, sagen wir, es gibt eine bevorstehende

Ordnung im Universum, die unter der Unordnung an der Oberfläche verborgen liegt und die sich nur durch Ausübung unseres freien Willens manifestieren kann. Wir erschaffen den Weg, indem wir ihn freilegen, anstatt einer Asphaltstraße zu folgen, die unsere Gesellschaft für uns vorbestimmt hat. Wir müssen Pioniere sein, dem Unbekannten die Stirn bieten. Unsere Krücken wegwerfen. Der Zug der Zukunft ist stärker als der Druck der Vergangenheit. Wir werden erschaffen, indem wir voranschreiten.

Wir können uns nicht auf dem Wissen ausruhen, das uns die Tradition überliefert hat. Wir müssen es kennen, und indem wir es kennen, müssen wir weitergehen. Wir müssen unsere Boote verbrennen. Das ist der Grund, warum Pegasus den Olymp nicht erreichen konnte. Sein Reiter Bellerophon mußte die restliche Reise allein bewältigen, statt sich auf das Hilfssystem zu verlassen, das die Erde zur Verfügung stellt.[11] Sie sind auf sich allein gestellt. Vertrauen Sie sich der selbstorganisierenden Kraft an, die in Ihnen ist und die neue Arten des Seins erforscht.

Wir werden also in zwei Richtungen gezogen. Die eine ist, unser Ziel zu erreichen, zu erfüllen, eine schöne Welt von schönen Menschen zu schaffen. Die Qualität der Emotion dahinter ist, nach Auffassung der Sufis, *Ishq Allah*, Sehnsucht, ein Streben nach Freude. Aber wir werden auch in die entgegengesetzte Richtung gezogen, Freiheit von Verwicklung zu suchen auf all den verschiedenen Ebenen, die wir betrachtet haben. Die Emotion dahinter ist eher Frieden als Freude.

Die Sufis bieten ein Modell, das uns in dieser Situation nützlich sein könnte. Ihrer Auffassung nach manifestiert Gott, indem Er/Sie ausatmet, die verborgenen Möglichkeiten Seines/Ihres Wesens, setzt sie in Tätigkeit und findet dadurch Erfüllung. Die Quelle dahinter ist Ishq Allah, die Macht der Liebe. Nicht um sich selbst zu kennen, erschuf Gott das

Universum - sondern aus Liebe zu der Möglichkeit, die Sie sind, ist Er/Sie aus der Einsamkeit der Unbekanntheit herabgestiegen.[12]

Wenn wir ausatmen - dies ist die Art der Sufis, die Übungen zu machen -, betrachten wir unseren Atem als die Ausdehnung des göttlichen Atems, der sein Ziel verfolgt, das heißt, der innere Kräfte offenbart und in Tätigkeit setzt, die sonst verborgen oder virtuell bleiben würden. Unser Streben nach Vorzüglichkeit im Leben ist Ausdruck der göttlichen Sehnsucht, die ... nun, man kann nicht sagen, daß sie in uns durchkommt, denn dann würden wir in Begriffen von Dualität denken - sondern *wir sind* genau dieses Streben nach Erfüllung. Wir sind es. Wir müssen in Begriffen von Einheit statt von Dualität denken.

Wenn wir dann einatmen, nehmen wir an der göttlichen Einatmung teil, durch die Gott die Quintessenz dessen, was als Weisheit in der existentiellen Welt gewonnen wurde, einzieht oder extrahiert. Diese Weisheit fließt in die Software des Universums ein. Um die Totalität zu bereichern, muß zunächst das, was durch unsere Erfahrung und unsere Persönlichkeit gewonnen wurde, destilliert werden. Es ist die Quintessenz dessen, was wir an Einsicht gewonnen haben, die zur Neuprogrammierung des ganzen Universums beiträgt.

Anstatt in Begriffen von Trennung zu denken - *Gott und wir* -, betrachten Sie es so, daß wir an der göttlichen Einsicht teilhaben, wir tragen dazu bei. Denken Sie an Gott dynamisch und nicht statisch. *Gott als wir*, jedoch jenseits jeder Fragmentierung.

Um uns darüber klar zu sein, was mit dem Destillieren der Quintessenz der gewonnenen Kenntnis gemeint ist, könnten wir einige Beispiele nennen: Ein Arzt lernt technische Dinge über den menschlichen Körper, über Heilmittel und ihre Wirkungen, ein Schreiner lernt etwas über die Natur des

Holzes, wie es auf den Formungsprozeß reagiert, ein Musiker lernt die verschiedenen Instrumente des Orchesters kennen sowie verschiedene Tonleitern und Rhythmen.

Aber was wäre die Quintessenz dieser Kenntnis? Die Einsicht, die der Arzt gewinnt über die Natur des Lebens oder die der Musiker hat über die Art und Weise, wie Bedeutsamkeit und Emotion in musikalische Strukturen übersetzt werden können. Die Art von Kenntnis über Materie, die ein guter Schreiner oder besonders ein Kunsttischler entwickelt. Das Know-how, das ein Bauer erwirbt, der mit der Erde arbeitet und sie fruchtbar macht. Es gibt dabei technische Aspekte, zum Beispiel zu wissen, wann bestimmte Samen ausgesät werden müssen, aber die Quintessenz dieses Wissens kann niemals in Kategorien gefaßt werden. Es ist ein fühlbarer Sinn für die Energie der Erde.

Es ist diese Quintessenz der Kenntnis, die durch Erfahrung, durch Know-how gewonnen wird, welche in die Programmierung des Universums recyclet wird. Das ermöglicht dem Universum, Fortschritte zu machen, indem es mutiert und evolviert. Wir tragen dazu bei, und da sehen Sie den Zweck Ihres Lebens.

Es ist sehr wichtig für uns, die Bedeutsamkeit unseres Lebens in Verbindung mit dem Universum zu sehen. Anstatt uns selbst als ein Fragment des Universums zu betrachten, könnten wir uns als einen Brennpunkt der Totalität, als die Konvergenz der Totalität ansehen und denken, daß wir einen Beitrag zu dieser Totalität leisten. Was wir wollen, ist Erkenntnis gewinnen, und diese Erkenntnis hat zu tun mit unserer Beziehung zum Universum als Ganzem.

Viele der Übungen, die wir in der Vergangenheit gemacht haben, waren Yoga-Übungen. Zum Beispiel, indem Sie Ihres Atems gewahr werden, verlangsamen Sie den Atem. Das verschiebt Ihr Bewußtsein vom katabolischen zum anabolischen

Zustand - Ihren ganzen physischen Metabolismus, Ihren mentalen Metabolismus, Ihre Energieebenen. Bei dieser Übung greifen Sie unbeabsichtigt mit Ihrem Willen in den Rhythmus Ihres Atems ein. Die Methode der Sufis ist, anstatt zu denken, *ich* atme ein oder *ich* atme aus oder *ich* halte den Atem an, zu denken, daß es Gott ist, der atmet. Wenn es Ihnen lieber ist, könnten Sie sagen, daß es das ganze Universum ist, das ebbt und flutet. Was Sie für Ihren Atem halten, ist nur wie eine Welle im Ozean. Es ist einfach die Art, wie die Ebbe und Flut der kosmischen Energie sich ausprägen *als Sie*.

Diese Sichtweise wird einen entscheidenden Unterschied in Ihrer Atemübung ausmachen. Außerdem werden Sie fähig sein, viel langsamer zu atmen, ohne dem Atemvorgang künstlich Ihren Willen aufzuzwingen. Sie nutzen diese wunderbare, ursprüngliche Funktion, um Erkenntnis zu gewinnen. Es ist nicht nur eine physische Übung.

Während Sie ausatmen, seien Sie sich dessen bewußt, was Sie im Leben tun, welche Anstrengungen Sie unternehmen, um die Bedingungen zu verbessern. Anstatt zu denken, daß Sie es tun, denken Sie, daß die ganze Triebkraft des Universums, bewegt durch Ishq Allah, sich bemüht, eine schöne Welt von schönen Menschen zu schaffen. Stellen Sie es sich in Einzelheiten vor: Zum Beispiel, Sie möchten Ihr Haus und Ihren Garten verschönern, Ihre Kenntnis von Kunst und Musik erweitern, sich selbst verbessern - ganz konkrete Beispiele.

Dieses Denken geht vom individuellen Standpunkt aus. Doch wenn Sie die ganze Sehnsucht des Universums fühlen, die durchkommt, und daß Sie der Ausdruck davon sind - die Sehnsucht des Universums setzt sich fort als Ihr Wunsch -, dann werden Sie nicht das Gefühl haben, daß Sie im Widerstreit mit Gott sind. Sie werden eine große Macht fühlen, die durch Sie hindurchkommt. Oder besser gesagt, Sie werden sich selbst als Macht entdecken. Es gibt da immer noch eine Tendenz, in Begriffen von Dualität zu denken, während alles eins ist. Was Sie für Ihre Macht halten, ist die göttliche Macht, die kanalisiert und dadurch begrenzt wird, und sogar entstellt und verunreinigt.

Fühlen Sie also die göttliche Macht, die die Dinge planmäßig ordnet, im Gegensatz zu Willkürlichkeit. Das ist die Art, zum Beispiel ein schönes Haus zu bauen: Ordnung zu schaffen, wo sonst die Dinge schlampig und nachlässig wären. Das ist Streben nach Vorzüglichkeit.

Während Sie einatmen, entdecken Sie in sich selbst, was in Indien ein *Sannyasin* genannt wird, und *Vairagya* - das bedeutet eine Losgelöstheit und Indifferenz von der Art, daß Sie in Ihrer Freude oder in Ihrer Verwirklichung oder in Ihrer Entfaltung nicht von den herrschenden Umständen abhängig sind. Wie Pir-o-Murshid sagte: *Indifferenz und Unabhängigkeit sind die beiden Flügel, die der Seele die Fähigkeit verleihen zu fliegen.*[13]

Dies ist wieder die persönliche Dimension. In der göttlichen Perspektive ist alles integriert in eine Totalität, während in einem chaotischen Zustand die Dinge zusammenhanglos sind.

Es gibt im Universum eine Bewegung in Richtung Integration, die erfordert, daß aus der Essenz des Erreichten die Quintessenz gewonnen wird. Das bedeutet, daß der unwesentliche Unterbau zerfallen oder wegfallen muß. Wenn Sie also einatmen, lassen Sie eine Menge Dinge los, von denen Sie möglicherweise abhängig geworden sind, und es ist Ihre sich daraus ergebende Freiheit, die es Ihnen möglich macht, an dieser Gewinnung der Quintessenz all dessen, was im Leben erreicht worden ist, teilzuhaben.

Hinter Ihrem Streben nach Losgelöstheit und Indifferenz liegt etwas sehr Tiefes, das ist die göttliche Funktion der

Vereinigung. Sie fühlen die göttliche Einheit. Verwechseln Sie Alleinsein nicht mit Einsamkeit. Es gibt einen Aspekt der Vereinzelung in Ihrem Wesen, dem Sie während des Retreats begegnen werden; Sie finden Ihren eigenen Raum. Wenn Sie dagegen ständig mit anderen Menschen zusammen sind, verlieren Sie leicht das Gefühl für Ihre eigene besondere Schwingung oder Atmosphäre.

Das ist die zweite Richtlinie für ein Retreat. Die erste ist Schweigen. Die zweite ist Vereinzelung. Sie geht einher mit Losgelöstheit.

Die dritte ist Fasten. Eigentlich ist es viel mehr als das. Es bedeutet in Wirklichkeit, sich von jeder Art von Abhängigkeit zu befreien - einschließlich natürlich Sucht - von Abhängigkeit von jeder wie auch immer gearteten Stütze. Mit anderen Worten, Sie lassen Ihre Krücken fallen.

Die vierte Richtlinie ist, was die Mystiker Wachen in der Nacht nennen. Das ist die äußere Form. Die innere Form ist, ständig gewahr und wach zu sein. Sie stellen fest, daß Sie das Schlafen nicht so sehr genießen. Sie neigen dazu, mitten in der Nacht aufzuwachen und wollen meditieren - nicht, weil man Ihnen gesagt hat, Sie sollten es tun, sondern weil Sie das Bedürfnis haben, Ihre Erweckung voranzutreiben, indem Sie den Schlaf abschütteln und sehr gewahr werden.

2.

Intuition

Nutzen Sie die Gelegenheit, die ein spirituelles Retreat bietet, um wirklich konstruktive Arbeit zu leisten. Sie müssen sehr, sehr klar mit Ihrem Bewußtsein und Ihrem Denken arbeiten und Schritt für Schritt aufbauen, weiter und weiter, bis Sie größere Dimensionen erreichen. Sie wollen nicht einfach nur ins Blaue hinein gehen und Ihren Zugriff, Ihre Herrschaft verlieren. Das ist etwas, was in spirituellen Gruppen passiert, mit der Folge, daß man weltfremd wird und unfähig, das, was man entdeckt, mit der Erfüllung seines Lebenszwecks in Verbindung zu bringen. Deswegen werden wir mit kleinen Schritten systematisch von Anfang an aufbauen.

Es reicht nicht, einfach davon auszugehen, daß die Dinge

Maya sind. Das wäre der negative Aspekt, der positive wäre, zu fragen: "Aber was *sind* sie?" Es reicht nicht zu sagen: "Alles ist Maya, und ich lasse mich dadurch täuschen." Was verlangt wird, ist eine ziemlich langwierige Arbeit. Wenn man Klavier spielen will, wäre es schön, gleich mit Chopin oder Brahms anzufangen. Aber man wird besser spielen, wenn man zunächst mehr die Tonleitern übt. Pablo Casals praktizierte jeden Morgen eine oder anderthalb Stunden lang Tonleitern.

Also, wenn es langweilig ist, entschuldige ich mich. Aber wir brauchen diese Basisarbeit, und dann werden wir schrittweise darauf aufbauen - und vielleicht zu Punkten gelangen, wo unser Bewußtsein geradewegs in den Himmel reicht. Es bedeutet in Wirklichkeit, daß wir unser Denken anpassen müssen, um eine solide Basis für unsere Erkenntnis zu schaffen. Sonst gibt es einen Konflikt, einen Widerspruch.

In vielen Schulen beginnt der Schüler mit Konzentrationsübungen. Wenn Sie zum Beispiel Yoga praktizieren, beginnen die Yoga-Sutras von Patanjali mit Atemübungen und mit Körperübungen, genannt *Asanas*. Dann baut man darauf auf, indem man sich auf ein Objekt konzentriert. Sie schauen ein Objekt 20 Minuten lang an, ohne es genau zu untersuchen - das bedeutet, ohne Ihren Blick zu bewegen, ohne ihn von einem Aspekt des Objekts zu lösen. Schließlich haben Sie den Eindruck, daß das Objekt im Raum zu schweben scheint.

Das ist ein interessantes Experiment. Sie merken, in welchem Ausmaß Ihr Blick sich ständig bewegt, wenn Sie nicht Kontrolle über ihn ausüben. In Experimenten mit Schlaf, die man in Labors durchgeführt hat, fand man heraus, daß die Augen sich während des Träumens bewegen; man nennt das *Rapid Eye Movement (REM)*. Sie können die Beziehung zwischen der Bewegung Ihrer Augen und der Einstellung Ihrer Gedanken erkennen.

Sie beginnen, indem Sie mit einem Objekt arbeiten und schließlich nur mit einem Punkt. Sie schlagen beispielsweise einen Nagel in die Wand und konzentrieren sich ein oder zwei Stunden lang auf diesen Nagel. Wir sind allerdings so daran gewöhnt, unseren sehr aktiven Verstand zu gebrauchen, daß wir finden, daß diese Methode der natürlichen Dynamik unseres Denkens nicht gerecht wird. Wir würden lieber Methoden anwenden, die unsere Kreativität anregen. Ich werde also Meditationsthemen vorschlagen, die sehr grundlegend sind, die unserem Denken aber ein bißchen mehr Spielraum gewähren.

Es ist nicht gut, das Denken abzutöten oder ihm Zwang aufzuerlegen. Eher wollen wir es steuern und ihm eine Richtung geben. Außerdem sind unser Leben und unsere Probleme ein sehr gutes Objekt für Meditation - das ist besser, als irgendein beliebiges künstliches Objekt zu wählen. Wenn die Meditation von unserer eigenen Lebenssituation ausgeht, führt sie uns nicht zu Weltfremdheit, sondern gibt uns einen klareren Einblick in unser Leben und hilft uns, unseren Zweck zu erfüllen. Diese Form von Meditation ist in Übereinstimmung mit dem Weg der Sufis, die das Leben wertschätzen, anstatt eine Flucht aus dem Leben zu suchen.

Ich schlage vor, daß wir mit Wahrnehmung beginnen, oder zumindest mit einer Vorstellung von Wahrnehmung. Das wollen wir dann benutzen, um zu veranschaulichen, was mit unserem Denken geschieht. Wir werden Schritt für Schritt aufbauen, und schließlich wird es inspirierend werden.

Stellen Sie sich vor, daß Sie ein weites Panorama betrachten. Es könnte eine Szene in der Natur sein, mit einer Menge von Dingen, die Sie zur gleichen Zeit wahrzunehmen versuchen. Ihre Fähigkeit, dies alles zu erfassen, ist überfordert, und Sie können daher die verschiedenen Einzelheiten in diesem Panorama nicht miteinander in Verbindung bringen. Wie zum

Beispiel, als wir in die Kinos mit drei Leinwänden gingen: Statt uns einzelne Filmszenen vorzuführen, führten sie viele Szenen gleichzeitig vor. Infolgedessen schwenkte unser Blick hin und her, unfähig, die ganze Fülle vor unseren Augen zu erfassen und in einen Zusammenhang zu bringen.

Das machen wir mit unserem Denken die ganze Zeit. Wir beschäftigen uns mit einer Menge von Einfällen, die nicht miteinander in Verbindung stehen, und deshalb ist unsere Aufmerksamkeit zerstreut.

Wir wollen vorwegnehmen, uns ausmalen, was wir zu erreichen versuchen, und dann werden wir die Schritte absolvieren, die dahin führen. Wir versuchen, den Zustand des Denkens zu erlangen, in dem wir Intuition entwickeln. Das heißt, den Zustand des Denkens, in dem Gedanken, die offenbar zusammenhanglos erscheinen, plötzlich einen Sinn ergeben. Mit einemmal sehen Sie eine Beziehung zwischen ihnen, die Sie vorher nicht gesehen haben. Das ist Intuition.

Dies sind die Stufen, die zu diesem Zustand des Denkens führen: Ich schlage vor, daß Sie, wenn Sie mit einer Menge von Gedanken konfrontiert sind - wie wir es meistens sind -, ein Bündel von Gedanken nach dem anderen betrachten. Sie wissen, das Denken arbeitet auf eine Weise, die man Assoziation nennt. Vielleicht denken Sie an eine Blume, und das erinnert Sie an jemanden, der Ihnen eine Blume geschenkt hat, und das erinnert Sie an einen anderen Menschen, und dann denken Sie an einen Freund dieses Menschen - und so weiter. Das Denken springt von einem Punkt zum anderen, willkürlich, durch den Vorgang der Assoziation. Das passiert in Träumen; es gibt keine Kontrolle durch den Verstand.

Das erste ist also, einen Gedanken zu nehmen statt eines Objekts und der Versuchung zu widerstehen, von Punkt zu Punkt zu springen. Wählen Sie ein Beispiel aus Ihrem Leben, eine Situation in Ihrem Leben, die einen anderen Menschen einschließt. Nehmen Sie sich die Zeit, sich über die Situation völlig klar zu werden, und beobachten Sie, wie Sie darin verwickelt sind. Was die Situation bedeutet im Hinblick auf Ihre Beziehung zu der anderen Person. Was die Konsequenzen für Ihre Beziehung zu Menschen sind, die mit dieser Person in Verbindung stehen. Was die Konsequenzen in bezug auf Ihre Zukunftspläne sind, und so weiter. Es gibt eine ganze Reihe von Auswirkungen, aber kehren Sie immer zum Hauptgedanken zurück. So wie ein Musikstudent, der Komposition studiert, die Anweisung erhält, Variationen auf ein Thema zu komponieren, jedoch immer wieder auf das Thema zurückzukommen.

Tun Sie dies eine Zeitlang.

Können Sie erkennen, wie Ihr Denken die ganze Zeit abschweift? Und Sie bringen es sanft, aber bestimmt wieder zurück.

Nun machen wir einen weiteren Schritt. Erinnern Sie sich daran, was unser Ziel ist: den Zustand des Denkens zu erreichen, in dem wir Intuition entwickeln. Das wird der nächste Schritt sein. Zuerst das Bild der Wahrnehmung. Wir wollen zwei Szenen, zwei Naturszenen miteinander verbinden, die irgendwie in Verbindung stehen und doch unterschiedlich sind. Und wir werden lernen, zwischen der einen und der anderen Szene hin und her zu wechseln. Es könnten Teile derselben Szene sein. Sie könnten sich etwa einen Berg und einen See vorstellen. Entweder konzentrieren Sie sich auf den Berg, oder Sie konzentrieren sich auf den See, und Sie wechseln immer zwischen den beiden hin und her. Anstatt zwischen den beiden hin und her zu wechseln, können Sie sie auch in einem gemeinsamen Bild verbinden. Das scheint ganz einfach.

Jetzt gehen wir noch einen Schritt weiter. Denken Sie an eine Szene, in der ein Baum vorkommt, und außerdem gibt es einen Hintergrund. Es könnten Berge im Hintergrund sein. Wenn Sie zum Beispiel fotografieren, dann haben Sie die Person, die Sie aufnehmen, und Sie haben den Hintergrund. Sie können die Schärfe so einstellen, daß Sie die Person hervorheben und den Hintergrund in der Entfernung verschwimmen lassen. Oder Sie könnten eine Aufnahme machen, die man normalerweise nicht als ein gutes Foto ansehen würde, indem Sie den Hintergrund scharf stellen, während die Person unscharf ist. Sie sehen, wie Sie wieder zwischen zwei Perspektiven wechseln können.

Nun wollen wir dies auf unseren Umgang mit den Situationen in unserem Leben anwenden. Es gäbe viele Möglichkeiten, das zu tun, aber wir werden es ein bißchen mehr spezifisch machen. Denken Sie an eine Situation Ihres gegenwärtigen Lebens. Dann denken Sie an eine Situation in Ihrer Kindheit oder an eine zurückliegende Situation, die Ähnlichkeit hat mit Ihrer gegenwärtigen Situation. Sie stellen fest, daß das Leben sich zu wiederholen scheint. Dasselbe Muster scheint sich zu reproduzieren - solange Sie das Muster nicht erkennen können. Die Erinnerung an eine Situation aus der Vergangenheit, die der jetzigen ähnelt, wird daher Licht auf Ihre gegenwärtige Situation werfen. Und die gegenwärtige Situation wird Ihnen helfen, die Situation aus der Vergangenheit zu verstehen.

Dies sind Stufen zur Erkenntnis. Sie beginnen etwas zu sehen, was Sie vorher nicht gesehen haben. Dieses Wissen wird Sie von Konditionierung befreien, sogar, wenn es um eine Gewohnheit geht. Das ist es, was wir suchen.

In diesen Übungen beginnen wir, indem wir hin und her schalten, das heißt, wir wechseln zwischen dem einen und dem anderen Bild, bis wir eine Verbindung zwischen ihnen sehen. Wir könnten sie sogar übereinander legen. Vielleicht haben Sie mal in den Spiegel geschaut und den Unterschied gesehen zwischen Ihrem Gesicht, wenn Sie mit Groll oder Ärger an einen Menschen denken, der Sie beleidigt hat, und Ihrem Gesicht in dem Moment, wenn Sie Freude und Frieden in sich selbst gefunden haben. Es ist dasselbe Gesicht, aber verschiedene Gesichtsausdrücke. Sie können wieder zwischen beiden hin und her wechseln, und da es eine Ähnlichkeit zwischen ihnen gibt, können Sie sie übereinander projizieren. Sie wechseln, aber die Bilder sind sehr, sehr ähnlich.

Sie fangen an etwas zu sehen, was tiefer liegt als die Unterschiede. Sie sehen Ihr wahres Wesen hinter den verschiedenen Facetten Ihres Wesens. Sie finden die Einheit hinter der Vielfalt.

Dies könnte uns zu einer etwas anspruchsvolleren Übung führen. Vielleicht haben Sie einmal das Hologramm gesehen, bei dem Sie die Perspektive so verändern können, daß Sie aus dem einen Blickwinkel das Turiner Grabtuch sehen und aus dem anderen Blickwinkel ein Gemälde von Christus. Es braucht nicht viel, um das Bewußtsein von dem einen zum anderen Bild zu verschieben. Wenn die Bilder sehr unterschiedlich sind, dann gelingt es nicht, sie übereinander zu legen. Aber wenn sie ähnlich sind, dann werden Sie finden, daß Sie nicht hin und her wechseln müssen - Sie können etwas Gemeinsames darin sehen.

Dies führt uns zu einer weiteren Dimension unserer Einsicht. Wie Pir-o-Murshid sagt: *Eine Welle ist ein Zustand des Meeres.*[1] Sie ist keine Realität *sui generis*, wie man auf Lateinisch sagt, sie ist keine Realität, die von ihrer Grundlage unabhängig ist. Denken Sie von sich selbst, daß Sie mehr der Ozean sind als die Welle. Betrachten Sie Ihren gegenwärtigen Zustand als einen Zustand Gottes anstatt als Ihren Zustand, wenn es auch ein zeitlich begrenzter Zustand Gottes ist, der schließlich aufgelöst werden kann. Aber die Realität dahinter ist ewig.

Versuchen Sie den Unterschied zu erfassen zwischen der Oberfläche Ihres Wesens, die vergänglich und sterblich und der Auflösung unterworfen ist, und der Essenz Ihres Wesens, die unvergänglich ist. Das ist nicht so, wie wenn man Bohnen von Erbsen trennt. Sie unterscheiden nicht zwei verschiedene Dinge. Es bedeutet, die Kontinuität im Wechsel zu entdecken und die Kontinuität anstatt des Wechsels zu betonen. Sie beginnen eine Dimension Ihres Wesens zu entdecken, die völlig verschieden ist von derjenigen, mit der Sie sich normalerweise identifizieren.

Dasselbe könnten Sie machen und mehr in den Brennpunkt rücken, wenn Sie Ihre Gedanken beobachten. Sie können etwas Tiefgreifenderes in Ihren Gedanken erfassen als die Art und Weise, wie sie an der Oberfläche Ihres Verstandes auftauchen. Um mitzuteilen, was wir denken, begrenzen wir unser Denken auf getrennte Gedanken, die wie Kategorien sind, wie eine Art von Granulat, und die die Bedeutung, den Gesamtkontext verfehlen. So geraten wir direkt in die erklärende Weise, die Welt zu betrachten, bei der alles aus Dingen besteht, die durch eine Art Haut voneinander getrennt sind - während wir im tieferen Denken die Einheit hinter allen Dingen sehen.

Wenn Sie zum Beispiel im Wald spazierengehen, fühlen Sie eher den Wald als die einzelnen Bäume. Sie treten in eine tiefere Ebene des Denkens ein. Man könnte sagen, es ist das, was wir andeuten, hinter dem, was wir erklären. Es ist das Implizite statt des Expliziten. Wenn Sie etwas sagen, deuten Sie vieles an. Sie sind sich nicht immer dessen bewußt, was Sie andeuten. Jetzt, wenn wir uns nach innen wenden, beginnen wir weite Räume des Denkens zu umfassen. Wir können sehen, daß unsere Gedanken lediglich Ableitungen dieses weiten Feldes sind und daß wir uns selbst durch unsere Gedankengebäude täuschen lassen und die Bedeutung dahinter, den Kontext, verfehlen.

Wir verlagern unser Denken nach innen. Die physische Welt, so wie sie äußerlich erscheint, kann von innen erreicht werden, aber man muß seine Methode total verändern. Die Methode, wie man es machen kann, ist, zu versuchen zu sehen, wie die Dinge vom Standpunkt eines anderen Menschen aussehen. Anstatt sich vorzustellen, wie diese Person in ihrem Raum sitzt und Sie sich mit ihr unterhalten, stellen Sie sich vor, wie diese Person denkt, wie sie fühlt. Sie treten wirklich in das Bewußtsein dieses Menschen ein. Sie könnten sogar erfahren, wie Sie auf diesen Menschen wirken.

Anstatt die Türen zur äußeren Welt zu verschließen, um sich nach innen zu wenden, müssen Sie sich um so mehr nach außen verbreiten, je mehr Sie sich nach innen wenden, doch Sie verbreiten sich von innen her. Wenn Sie das nicht tun, wenn Sie sich nicht verbreiten, dann kapseln Sie sich in Ihrer eigenen Psyche ab, in Ihrem *Sturm in Ihrer Teetasse*, wie man in England sagt. Sie beobachten Ihre Gedanken ebenso, wie Sie Dinge beobachten, und genauso wie Sie sich in Ihrer Einschätzung von Dingen täuschen, so täuschen Sie sich in der Einschätzung Ihrer Gedanken. Das ist ein gefährlicher Weg. Meditation hat tatsächlich gefährliche Aspekte.

Sobald Sie also beginnen, Ihr Bewußtsein nach innen zu wenden, verbreiten Sie sich von innen her. Die beste Methode, das zu tun, ist in das Bewußtsein eines anderen Menschen einzutreten: sich vorzustellen - denn wir haben diese Fähigkeit des Vorstellens -, wie es wäre, dieser Mensch zu sein. Dann werden Sie in der Lage sein, das Verhalten dieses Menschen Ihnen gegenüber zu verstehen.

Dieser Mensch geht mit Ihnen um in der Annahme, daß Sie sind, was er denkt, daß Sie wären - und das sind Sie nicht. Aber das erklärt, warum Menschen Sie nicht verstehen. Oder, das ist der Grund dafür, warum Menschen sich Ihnen gegenüber in einer völlig unangemessenen Weise verhalten; es paßt nicht zu dem Bild, das Sie von sich selbst haben.

Dies ist nicht Gedankenlesen und auch keine Telepathie. Das zu tun wäre indiskret.

Natürlich, wir müssen auch die transzendentale Dimension berücksichtigen. Wir könnten zum Beispiel in das Bewußtsein dieses Menschen eintreten, während er in einem hohen Bewußtseinszustand wäre. Es ist hilfreich, das zu üben, indem wir uns auf einen Lehrer, einen Heiligen oder einen Propheten konzentrieren. (Wir verwenden jetzt das Wort Lehrer anstatt Meister, denn das Wort Meister hat eine etwas chauvinistische Assoziation.) Dies wird uns helfen, eine weitere Dimension unseres Wesens zu entdecken, wenn wir fähig sind, in das Bewußtsein von Wesen einzutreten, die mehr verwirklicht sind als wir selbst.

Tatsächlich enthüllt diese Übung eine Erkenntnis, die schon latent in uns vorhanden ist, die wir jedoch nicht anerkennen. Wir können sie nicht nutzen, da sie schlummert. Sie wird dadurch erweckt, daß wir die Übereinstimmung entdecken - die einzige Weise, in das Bewußtsein eines anderen Menschen einzutreten, ist durch Übereinstimmung, durch Resonanz. Anstatt an diesen Menschen als an jemand anderen zu denken, treten Sie in Resonanz mit ihm. Sie entdecken in sich dasselbe, was in diesem Menschen gegenwärtig ist. Es erscheint sehr anmaßend zu denken, daß wir dasselbe in uns haben wie Wesen, die einen sehr hohen Grad von Verwirklichung erlangt haben, aber es ist so - es geht nur darum, es zu entdecken.

Um Verwirklichung zu erlangen, werden Sie es hilfreich finden, sich völlig im klaren zu sein über den Unterschied zwischen dem, wie die Dinge äußerlich und wie sie innerlich aussehen. Es gibt da einen Zusammenhang, es ist nicht gänzlich das eine oder das andere. Da besteht ein gewisser Zusammenhang. Denken Sie beispielsweise über den Unterschied nach, an der Oberfläche eines Sees zu schwimmen und die einzelnen Lotosblüten zu sehen, und andererseits unterzutauchen und zu sehen, daß diese Blumen Teil eines ganzen Netzwerks sind. Da ist ein Unterschied. An der Oberfläche sehen Sie nur die einzelnen Blüten, während Sie in der Tiefe die Verbindungen zwischen ihnen sehen. Das gibt Ihnen eine Vorstellung, ein Modell von dem Unterschied zwischen außen und innen.

Noch einmal, Sie müssen zwischen den beiden Sichtweisen hin und her wechseln, anstatt sich dagegen abzuschirmen, wie die Welt von außen aussieht. Sonst besteht die Gefahr, daß Sie sich in Ihrer Psyche abkapseln. Die Lotosblumen und die Wurzeln liefern ein sehr gutes Beispiel, mit dem Sie arbeiten können. Wechseln Sie zwischen den beiden hin und her. Stellen Sie sich vor, daß Sie an der Oberfläche schwimmen und die einzelnen Blüten sehen, und dann, daß Sie unter der Oberfläche schwimmen und die gegenseitige Verbindung sehen.

Denken Sie nun an Ihr Leben. In Ihrer äußerlichen Betrachtungsweise der Dinge sehen Sie Menschen, Probleme und Situationen als getrennte Wesenheiten, und auch Ihre Gedanken sehen Sie als getrennte Gedanken. Sobald Sie sich nach innen wenden, sehen Sie, daß sie alle in einer Art von Netzwerk miteinander verbunden sind. Aber Sie werden so überwältigt von der Fülle in diesem Netzwerk, daß alles viel mehr im Brennpunkt zu sein scheint, wenn Sie zu Ihrer äußerlichen Weise, die Dinge zu erfahren oder zu sehen, zurückkehren.

Was Sie tun, wenn Sie sich nach innen wenden, ist sehr ähnlich dem, wie die Augen funktionieren. Jedes Auge hat eine leicht unterschiedliche Sicht der Umgebung aufgrund der sogenannten Parallaxe, aber das Gehirn ist irgendwie in der Lage, die beiden Bilder in Übereinstimmung zu bringen. Da es nicht möglich ist, die beiden Bilder in eine zweidimensionale Fläche einzupassen, stellen wir sie uns als einen dreidimensionalen Raum vor.

In gleicher Weise sehen wir die Situationen in unserem Leben als unterschiedlich, jede als eine getrennte Situation. Sobald wir uns nach innen wenden, ist unser Denken in der Lage, einen Zusammenhang zwischen diesen Situationen zu erkennen und ein zusammengesetztes Bild zu erzeugen. Sie beginnen, die Beziehung zwischen zwei Situationen zu sehen, die bisher unabhängig voneinander zu sein schienen. Das vielleicht äußerste Beispiel wäre, was C. G. Jung mit den Worten andeutete: *Wenn Sie sich Ihrem Schatten nicht stellen, wird er Ihnen als Ihr Schicksal begegnen.*[2] Beachten Sie den Zusammenhang. Normalerweise sehen wir diesen Zusammenhang nicht. Wir sehen nicht, wie es unsere Probleme verändert, wenn wir uns selbst verändern. Wir denken, daß unsere Probleme irgendwie von unserem Schicksal vorprogrammiert sind.

Es ist sehr schwierig zu akzeptieren, daß wir unsere eigenen Probleme anziehen. Eher denken wir, daß unsere Probleme uns auferlegt werden. Vielleicht können wir den Zusammenhang leichter erkennen, wenn wir entdecken, daß es in unserem Wesen Möglichkeiten gibt, die sich ständig zu entfalten versuchen, und daß die Situationen in unserem Leben mit der Art und Weise zu tun haben, wie diese Anlagen sich entfalten.

Das wollen wir ein bißchen vertiefen. Damit Sie ein wunderbares Wesen werden, müßten alle Qualitäten, die in Ihnen vorhanden sind, in hohem Maße verstärkt werden. Sie wären voller Freude, voller Mitgefühl und Meisterschaft und all der Qualitäten, die Sie sich vorstellen können. Nehmen Sie eine Qualität - zum Beispiel Mitgefühl -, und dann betrachten Sie ein Problem in Ihrem Leben. Sehen Sie, wie Sie in Ihrem Mitgefühl herausgefordert sind, und indem Sie Ihr Verhalten ändern, werden Sie den Einfluß Ihres Mitgefühls auf die

Situation verstärken. Die Situation wird zum Mittel, durch das Sie die Qualitäten Ihres Wesens entfalten.

Das können Sie mit all den verschiedenen Qualitäten tun. Wahrhaftigkeit. Meisterschaft. Es gibt ein Zitat von Caesar: *Herrschaft ist eine Macht, die man verliert, wenn man sie nicht ausübt*. Erkennen Sie den Zusammenhang! Wir versuchen, das Innere mit dem Äußeren zu verbinden, denn diese Qualitäten scheinen aus einer Art von Vakuum im Zentrum unseres Wesens aufzutauchen - so wie die frischen Blütenblätter in einer Blume von innen auftauchen und die verwelkten Blütenblätter abfallen, damit die neuen sie ersetzen können. Aber das Ganze steht in Verbindung mit Ihren Aktivitäten im täglichen Leben. Es passiert nicht einfach von selbst. Da gibt es immer einen Zusammenhang.

Das führt uns zu dem Schlüssel zur Intuition: Im Mechanismus des Universums ist alles mit allem verbunden, aber wir sehen es nicht immer. Eigentlich sehen wir es kaum jemals. Die Chance, es zu sehen, ist besser, wenn wir uns nach innen wenden. Wenn wir uns nach außen wenden, sehen wir jedes Ereignis als getrennt an. Indem wir uns nach innen wenden, tragen wir die verschiedenen Geschehnisse zu einem Ganzen zusammen, zu etwas, das wir erfassen können. Genauso wie die Wahrnehmungen der beiden Augen vom Gehirn zusammengefaßt werden. Wenn Sie sich nach innen wenden, funktioniert Ihr Denken anders. Es ist fähig, Gedanken miteinander zu vereinbaren, die in einem entfernten Zusammenhang stehen und die Sie nicht verbinden könnten, wenn Sie in der erklärenden Weise denken würden - das heißt, so, wie Sie denken, wenn Sie die Welt als das betrachten, wie sie von außen erscheint. Dies hat enorme Bedeutung, es führt zu Intuition. Es ist *der* Schlüssel zu Intuition.

Lassen Sie uns nun einen weiteren Schritt tun. Stellen Sie sich vor, daß Sie einen Fisch in einem Aquarium filmen sollen. Sie haben zwei Filmkameras, und Sie machen gleichzeitig Aufnahmen von den gegenüberliegenden Seiten des Aquariums aus, mit dem Fisch in der Mitte. Dann sehen Sie sich diese Aufnahmen an, und die beiden Filme sind unterschiedlich. Trotzdem sehen Sie, daß es eine Gemeinsamkeit zwischen ihnen gibt. Tatsächlich ist es *Komplementarität.*[3]

Ein Beispiel dafür ist wieder in den Worten von Hazrat Inayat Khan zu finden: *Denken Sie an das, was eine Niederlage zu sein schien und sich als Sieg herausstellt.*[4] Komplementarität. Was als Sieg erscheint, stellt sich als Niederlage heraus. *Die Letzten werden die Ersten sein, und die Ersten werden die Letzten sein* - die Worte von Christus.[5] Die Dinge können sich als ganz anders erweisen, als wir denken.

Komplementarität lehrt uns, die Dinge immer von der entgegengesetzten Position unseres persönlichen Standpunkts zu betrachten. Die höchste Form, das zu tun, ist eines der Merkmale des Sufi-Weges: Betrachten Sie alles vom göttlichen Standpunkt und von Ihrem individuellen Standpunkt aus - beides zugleich. Während Sie die Atemübungen machen, versuchen Sie zu sehen, wie die Dinge vom göttlichen Standpunkt aussehen. Denken Sie an sich selbst als an eine Ausdehnung des göttlichen Wesens - das ist ein Schlüssel zu Erkenntnis. Andernfalls sind Sie einfach eingeschränkt durch Ihren persönlichen Standpunkt. Es ist so offensichtlich - es ist erstaunlich, daß diese Ebene der Erkenntnis so selten zu finden ist. Das Ausmaß, in dem die Menschen in ihrer persönlichen Sichtweise gefangen sind, ist wirklich unglaublich.

Das ist das Geheimnis der Heiligkeit, die wir suchen, doch es macht keinerlei Sinn, außer, wenn wir sie als den göttlichen Zustand vor seiner Entweihung in der existentiellen Welt betrachten. Komplementarität ist immer eine Herausforderung für unser Denken. Und doch, ein verfaulter Pfirsich ist immer noch ein Pfirsich. Es ist alles das Wesen Gottes - ja, aber es ist entweiht worden, verdorben an seiner äußeren Grenze. Dynamisch erneuert es sich ständig.

Die vielleicht schönste Komplementarität liegt in dem Bild vom Esel, auf dem Christus ritt und der am Ruhm Christi teilhatte, weil unter seinen Hufen Lorbeerzweige lagen und weil er um sich her Hosianna rufen hörte. Der Teil von uns, der gebrochen ist, wird im Himmel verherrlicht. Das war die Botschaft Christi. Wir lernen, uns nicht mehr nach unserer gewöhnlichen Erfahrung zu richten. Ein Rolls-Royce hätte Christus nicht bedeutender gemacht. Komplementarität.

Nun lassen Sie uns etwas weiter gehen. Sie sehen ein Licht. In Ihrer Wahrnehmung sehen Sie ein Licht, und wenn Sie sich nach innen wenden, denken Sie, daß Sie ein Licht sehen. Wenn Sie das tun, lassen Sie sich täuschen, denn Sie sind daran gewöhnt, in Begriffen von Wahrnehmung zu denken. Die einzige Weise, sich nach innen zu wenden, ohne sich zu täuschen, ist zu erkennen, da Sie völlig die Vorstellung aufgeben müssen, daß Sie das Subjekt sind, das ein Objekt als etwas anderes erlebt. Sie müssen erkennen, daß in der inneren Welt oder im impliziten Zustand das Licht, von dem Sie glauben, daß Sie es sehen, das Licht ist, das sieht - nicht das Licht, das gesehen werden kann.

Falls tatsächlich, wenn Sie sich nach innen wenden, alles voneinander durchdrungen ist - und alle unsere Übungen haben zu diesem Schluß geführt, daß alles sich gegenseitig durchdringt, so wie Radiowellen - dann kann das Licht nicht von einer Quelle ausgestrahlt sein. Wir sprechen von einer anderen Art Licht, nicht von dem Licht, das von einer Lichtquelle ausgestrahlt werden kann. Wir sprechen von dem, was Pir-o-Murshid *das alles durchdringende Licht* nennt.[6] Wenn Sie an sich selbst als an dieses Licht denken - wir wollen es das Licht der Intelligenz nennen -, dann wird Ihre Aura heller leuchten. Wenn Sie dagegen versuchen, Ihre Aura strahlender zu machen, wird das nicht viel Wirkung haben. Erkennen Sie den Zusammenhang zwischen dem Innen und dem Außen.

Wir trainieren unseren Verstand darauf, Elemente, die unterschiedlich zu sein scheinen, miteinander zu vereinbaren. Wir haben gesehen, daß es einfacher ist, wenn diese Elemente einander sehr ähnlich sind, wie die Sicht der beiden Augen. Wenn sie sehr unterschiedlich sind, können wir nur zwischen ihnen hin und her wechseln, wir können sie nicht in Übereinstimmung bringen. Unsere Konzentration kann vom einen zum anderen wandern, aber wir können nicht so richtig die Beziehung zwischen ihnen sehen, weil sie zu unterschiedlich sind. Die große Kunst des Sich-nach-innen-Wendens ist, Verbindungen zwischen Dingen zu sehen, die nicht verbunden zu sein scheinen.

Wir trainieren unseren Verstand darauf, große Klarheit darüber zu erlangen, wie wir unser Denken aus der gewöhnlichen Denkweise verschieben können. Stellen Sie sich vor, daß Sonne und Mond in der Position einer Finsternis zueinander stehen. Entweder verfinstert die Sonne den Mond, oder der Mond verfinstert die Sonne. Sie bilden eine Linie, doch sie bilden diese Linie nur vom Standpunkt des Planeten Erde aus. Sie sehen also eine Beziehung zwischen Dingen von Ihrem Standpunkt aus.

Aber es gibt da eine umfassendere Verbindung. Sonne und Mond können auf einer Linie stehen, auch wenn sie vom Blickwinkel der Erde aus nicht auf einer Linie sind. Von irgendeinem anderen Punkt im Raum aus gesehen, können sie auf einer Linie stehen, doch wir sehen diese Verbindung nicht. Um diese Verbindung zu sehen, müßten wir in der Lage sein, unser Bewußtsein aus unserer persönlichen Sichtweise herauszuführen. Das ist der Grund, warum unsere Sicht sich von innen heraus ausbreitet, sobald wir uns nach innen wenden.

Sie ist nicht auf einen Brennpunkt ausgerichtet, wie wenn wir die physische Umgebung betrachten. Sie wird kosmisch.

Wir können uns dadurch trainieren, daß wir ständig in Frage stellen, daß die Dinge so sind, wie wir meinen, und indem wir uns bemühen, uns von unserem persönlichen Standpunkt zu lösen, um einen Zusammenhang zu sehen, der unserer persönlichen Sicht verborgen ist. Das ist es, was Buddha *seine Meinung in Frage stellen* nannte.[7] Doch seine Meinung in Frage zu stellen reicht noch nicht. Man braucht auch das Aha-Erlebnis. Ihre Meinung in Frage zu stellen, wird Sie von Ihrem persönlichen Standpunkt befreien. Aber das nächste ist, in der Lage zu sein zu sehen, wie die Dinge von einem alternativen Standpunkt aussehen könnten. Das führt Sie zu dem, was man Erweckung nennt und was Pir-o-Murshid mit den Worten beschreibt: *Stellen Sie sich vor, daß Sie wach sind unter lauter Menschen, die alle schlafen - und stellen Sie sich vor, daß Sie sich daran erinnern, auch geschlafen zu haben, und jetzt sind Sie wach.* Sie sehen, daß alles ganz anders ist, als Sie bisher gedacht haben. Zum Beispiel sagt Murshid: *Stellen Sie sich vor, daß Sie am Abend eine Theateraufführung besuchen, und am nächsten Morgen sehen Sie die Gesichter der Menschen ohne Make-up, und Sie stellen fest, daß sie ganz anders aussehen, als sie Ihnen erschienen. Sie erkennen, daß ihre Schlösser aus Pappe gebaut waren.* Das ist die Unwirklichkeit des Lebens, die Ihnen auffällt, und dann beginnt die Realität dahinter offenbar zu werden, aufzutauchen, hindurchzuscheinen.[8]

Ein noch weiter führendes Beispiel wäre, die wirklichen Gesichter dieser Menschen zu sehen, die durch die sichtbaren Gesichter hindurchscheinen, vom Make-up ganz abgesehen. Sie erkennen, daß diese Schlösser - nun ja, sie sind aus Karton gemacht, aber sie zeigen doch eine Wirklichkeit in der Welt der Vorstellung, die einen gewissen Wert hat. Sie beginnen, etwas Tieferes zu sehen, als wie die Dinge erscheinen. Dann sehen Sie, daß die Menschen durch unsichtbare Fäden gelenkt zu sein scheinen, und Sie selbst waren auch einmal in diesem Zustand. So wie Christus sagte: *Sie wissen nicht, was sie tun.*[9] Doch Sie sind wach.

Sie sehen also, daß Lebenssituationen die allerbesten Objekte für Meditation sind statt der künstlichen Themen, die uns unsere traditionellen Übungen vorgegeben haben. Dies sind die neuen Perspektiven der Meditation für die Zukunft.

3.

Der Schlüssel ist Schönheit

Wenn Sie ein Retreat beginnen, werden Ihre Gedanken nicht mehr durch die Art von Aktivitäten gesteuert, mit denen wir im täglichen Leben beschäftigt sind, wie beispielsweise, die Stechuhr am Arbeitsplatz zu bedienen, die Betreuung des Kindes zu organisieren, die Autoversicherung zu bezahlen oder die letzten Neuigkeiten zu hören. Die Folge ist, daß Ihr Denken dazu neigt, ziellos vor sich hin zu trödeln. Überdies drängen Ihre Emotionen mit großer Kraft an die Oberfläche, in einem solchen Ausmaß, daß Sie von ihnen überwältigt werden könnten. Sie versuchen im Retreat, Frieden in sich selbst zu finden, und Sie erkennen, daß Sie dieses Ziel nicht durch Einsatz Ihres persönlichen Willens erreichen können. Wir müssen das ein bißchen weiter erforschen, bevor wir tiefer in den Retreat-Prozeß gehen.

Wir versuchen etwas Klarheit über unser Denken zu gewinnen, nicht indem wir unser Denken unterdrücken, sondern indem wir beobachten, wie es arbeitet. Seien Sie nicht beunruhigt, wenn Ihre Gedanken ziellos sind. Wir wollen ihnen eher eine Richtung geben, als daß wir sie bekämpfen. Das ist die Methode, kreativ zu sein. Denken Sie daran, daß jegliche Kreativität mit dem beginnt, was Prigogine eine *Fluktuation aus dem Zustand des Gleichgewichts* nennt.[1] Willkürlichkeit ist die Art und Weise, wie ein Zustand von Ordnung niedergerissen wird, so daß er durch einen neuen ersetzt werden kann. Haben Sie keine Angst vor der Ziellosigkeit Ihrer Gedanken.

Vielleicht neigen Sie dazu, zu denken: *Ich kann nicht meditieren, weil meine Gedanken ziellos sind.* Die Methode, damit umzugehen, ist, sich zu begeistern. Wenn Sie sich eine wunderbare Fernsehsendung ansehen, und Ihre Katze kommt ins Zimmer, dann sind Sie sich vielleicht der Anwesenheit Ihrer Katze bewußt, aber wahrscheinlich werden Sie nicht zu ihr hinschauen. Das ist eine Richtlinie für Meditation. Lassen Sie die ziellosen Gedanken im Zwielicht Ihres Bewußtseins kreisen, aber widerstehen Sie der Versuchung, den Scheinwerfer Ihres Bewußtseins wandern zu lassen. Sonst wird Ihre Energie zerstreut.

Lassen Sie uns das Ziel immer klar im Auge behalten: Unser Ziel ist Erweckung, Erkenntnis, Erleuchtung, die Entfaltung unseres Wesens, belebt zu werden durch eine neue Energie. Das kann man nicht erreichen, indem man sein Denken unterdrückt und es zwingt, sich auf ein Objekt zu konzentrieren oder gar das Objekt zu kontemplieren. In der Zwischenzeit sind alle diese aufgerührten Emotionen in Ihnen, die wirklich Schrecken erregen können. Sie wissen, es gibt

Gedanken, die zu schmerzvoll sind, als daß wir uns ihnen stellen könnten, und infolgedessen begraben wir sie im Unbewußten. Dort nagen sie und verursachen eine dauernde Wunde, die sich immer mehr vertieft und schlimmer wird. Wir erkennen nicht, wie das unsere Persönlichkeit beeinträchtigt, indem es uns bitter und zynisch macht.

Es ist keine gute Idee, das alles einfach zu umgehen, ohne es zu berücksichtigen. Wir wollen uns dem stellen. Man heilt eine Wunde, indem man den Verband abnimmt und sie reinigt. Das ist natürlich schmerzhaft, aber es muß an die Oberfläche kommen, anstatt daß man es außer acht läßt, weil man ihm nicht ins Gesicht sehen kann.

Um sich Ihren Wunden zu stellen, müssen Sie begeistert und inspiriert sein, aber es reicht nicht, sich nur damit zu konfrontieren. Wir haben nicht so sehr Therapie im Sinn, als Leid in Freude zu verwandeln. Es ist nicht gut, einfach nur an Heilung zu denken. Das würde bedeuten, dahin zurückzukehren, wo man vorher war, während eine Krankheit oder eine Wunde eine Gelegenheit ist, sich weiterzuentwickeln. Finden Sie eine Tür zu einer anderen Perspektive. Durch die Hilfe von Musik, zum Beispiel, können wir manchmal inspiriert und erhoben werden.

Anstatt diese Wunden als negative Beeinträchtigung zu empfinden, drehen Sie den Spieß um und betrachten Sie sie als positive Herausforderungen im Leben, die Ihr Können stärken werden. Eine Herausforderung ist ein Appell an Sie, die Potentiale in Ihrem Wesen aufzurufen, die sich noch nicht so manifestiert haben, wie es möglich wäre. Das ist genau das, wovon wir vorher gesprochen haben: die Dinge von einem anderen Standpunkt aus zu betrachten als dem, von dem wir sie bisher gesehen haben. Wie wir die Situation betrachtet haben, ist *ein* Standpunkt, aber es ist kein absoluter und sicherlich nicht der einzig mögliche Standpunkt. Ziehen Sie also andere Standpunkte in Betracht.

Vielleicht sind Sie verletzt, weil jemand Sie gedemütigt oder etwas getan hat, was Ihnen psychisch oder sogar in Ihrer aktuellen Situation im Leben geschadet hat. Es mag da einen Schmerz geben, weil Sie darin versagt haben, Ihren Anforderungen oder Ihrem Ideal gerecht zu werden. Oder Sie wurden enttäuscht in Ihrer Bewertung von sich selbst, weil Sie in einer Prüfung nicht erfolgreich waren oder Ihre Bewerbung für einen Job abgelehnt wurde oder weil jemand, der Ihnen gefällt, Sie abgewiesen hat. Sie fühlten, daß Sie nicht den Erwartungen dieses Menschen entsprachen.

Da ist immer dieser Wunsch nach Anerkennung, der untergraben wird und eine sehr tiefgehende Form von Schmerz verursacht. Er ist immer da, deshalb fühlen wir uns sehr unsicher und verletzlich. Es verlangt alles von uns, unserer Selbstachtung genügend Gültigkeit zu verleihen, daß wir unser Leben zu einem Erfolg machen können. Wir fürchten immer, jemand könnte herausfinden, wie unzulänglich wir sind. Deshalb verstecken wir uns hinter einer Maske, was aber nur zu einer Unehrlichkeit in uns führen kann, mit der wir nicht gerne leben.

Vielleicht ist das eine ziemlich unzureichende Beschreibung der Situation, in der viele von uns sich befinden. Das erste, was man erkennen muß, ist, daß man nicht der einzige ist. Eigentlich ist man um so verletzlicher, je stärker man ist. Die erfolgreicheren Menschen haben Grund zu fürchten, daß ihre Rekorde von jemand anderem gebrochen werden, man darf sich seiner nie zu sicher sein. Da haben Sie wieder Komplementarität. Ein außerordentlich positiver Hinweis dazu ist in Murshids Lehre zu finden, wenn er von der *Aristokratie der Seele und der Demokratie des Ego* spricht.[2]

Dies ist etwas, was in Ihrem Retreat auftauchen wird, Ihr Gefühl von Selbstachtung ist sehr verletzlich. Zumindest im

Retreat hoffen Sie, fähig zu sein, es zu schaffen. Vielleicht sind im täglichen Leben die Menschen so gemein, daß es sehr schwierig für Sie ist, Ihr Leben zu einem Erfolg zu machen, aber zumindest in der Meditation hoffen Sie, erfolgreich zu sein. Wenn Sie es nicht sind, haben Sie das Gefühl, in Ihrer letzten Zuflucht versagt zu haben. Es ist also sehr gefährlich, Erwartungen an ein Retreat zu haben. Aber es gibt eine rettende Gnade: *Wir sind das göttliche Wesen.* Vielleicht verunreinigt, vielleicht entstellt und begrenzt, wie das Modell von der Pyramide, das ich erwähnt habe - aber wir müssen die Göttlichkeit unseres Wesens anerkennen. Das ist die rettende Gnade.

Es ist wohl wahr, daß das nur Worte sind, und wenn Sie durch die dunkle Nacht der Seele gehen, haben Sie nichts, woran Sie sich halten können. Diese Worte oder die Worte von jemandem, der Ihnen zu helfen versucht, sind von absolut keinerlei Nutzen. Das ist tatsächlich der Schrecken der dunklen Nacht: daß niemand Ihnen helfen kann, und alle die Dinge, an denen Sie sich festhalten, lassen Sie im Stich. Das ist eine Zeit, in der es, wie der heilige Johannes vom Kreuz gesagt hat, ein sehr schwaches, flackerndes Licht gibt.[3] Vielleicht wie das Licht einer Boje im Sturm auf See, in Dunst und Nebel. Manchmal weht der Wind den Dunst weg, so daß Sie gerade eben einen Blick von diesem flackernden Licht erhaschen, bevor es wieder verschwindet. Dann fällt es Ihnen schwer zu glauben, daß es da war.

Das ist der Grad von Verzweiflung, den Menschen in der dunklen Nacht der Seele erreichen können - und glauben Sie nicht, daß das nur ein anormaler Fall ist. Die Herausforderung unseres Lebens schließt sowohl Sieg als auch Verzweiflung ein. Sie müssen durch einen Zusammenbruch gehen, bevor Sie einen Durchbruch erreichen können. Seien Sie nicht überrascht, wenn nicht nur die Umstände, sondern all Ihre

Konzepte und Ihre ganze Selbstachtung und alles, woran Sie sich zumindest festgehalten haben, ins Wanken geraten und Sie im Stich lassen. Dann bestünde das Flackern des Lichts - das ist natürlich nur eine Metapher - zum Beispiel darin, anzunehmen, daß das Leben einen Sinn hat, obwohl Sie ihn nicht fühlen können, oder anzunehmen, daß hinter all dem Schönheit ist, obwohl Sie sie nicht sehen können. Sie sagen sich: *Ich würde die Chance meines Lebens verpassen, wenn ich das alles ganz und gar abtun würde.* Es gibt eine Art innerlicher Intuition, die Sie vor Verzweiflung bewahrt - die Sie vor Verzweiflung bewahren kann und hoffentlich bewahren wird. In Wirklichkeit dient die ganze Prüfung dazu, zu lernen, sich nicht auf andere oder auf die Umstände zu verlassen, und Ihre eigene Schönheit hinter Ihrer Selbsterniedrigung zu entdecken. Es gibt da eine Art Fähigkeit der Selbstorganisation, und - ob wir daran glauben oder nicht - sie versucht durchzukommen, obwohl wir ihr im Wege stehen. Wir stehen ständig unserem eigenen Wohl im Wege. Das ist der Grund, warum Entsagung hier eine Rolle spielt: Wenn wir widersinnigerweise unserem eigenen Wohl im Wege stehen, dann kann dadurch, daß wir unseren Willen aufgeben, etwas Tieferes, nämlich diese Fähigkeit der Selbstorganisation durchkommen. Im menschlichen Denken gibt es etwas völlig Irrationales, eine Form von Widerspruch, etwas Selbstzerstörerisches, das in manchen Religionen gekennzeichnet wird als falsche Demut, das heißt, stolz zu sein auf seine Demut. Je mehr man sich selbst heruntermacht, desto besser fühlt man sich. Aber gleichzeitig fühlt man sich schlecht. Da ist ein Widerspruch.

Wir lernen Gegensätze zu vereinbaren. Die Aristokratie der Seele zusammen mit der Demokratie des Ego - die beiden zu vereinbaren. Es hat mit unserer Art des Denkens zu tun, daß man beides zugleich sein kann. Normalerweise denkt man, daß man entweder das eine oder das andere sein kann. Wir sprechen von einer anderen Art des Denkens, die man in der Meditation zu entwickeln lernt.

Natürlich sehen Sie, daß es der Logik widerspricht, die wir in der Schule gelernt haben. Wir haben die Logik von "oder" gelernt, und mittlerweile haben die Entdeckungen der künstlichen Intelligenz statt dessen die Logik von "und" aufgedeckt. Wie können wir das Gute sehen, wenn wir an das unglaubliche Ausmaß des Leids von Menschen überall in der Welt denken? Nun, es gibt kleine Funken, kleine Begebenheiten, die Ihnen eine Botschaft vermitteln: In die Augen eines Babys zu schauen, wird Sie daran erinnern, daß es irgendwo Schönheit gibt. Oder schöne Musik zu hören - alles, wo ein bißchen Schönheit durchkommt. Irgendwie spricht es nicht den Verstand an; es berührt einen sehr tiefen Punkt in uns, wo es eine unbewußte Erinnerung an einen Zustand vor unserer Inkarnation gibt. Ob Sie an sie glauben oder nicht, diese Erinnerung ist tatsächlich da, und sie dient als ein Seil der Hoffnung, eine Art Sicherheitsleine, die uns aus unserer Verzweiflung herauszieht.

Wenn im Leben Dinge passieren, die tragisch oder umwälzend sind - schreckliche Dinge können den Menschen geschehen und geschehen auch -, so scheint es, daß das ganze Programm der Welt schiefgelaufen ist. Das war eine der furchtbaren Nöte der Menschen in den Konzentrationslagern: Es waren nicht nur die entsetzlichen Umstände, sondern der Gedanke, daß ein menschliches Herz den Punkt erreichen kann, einen anderen Menschen in einem derartigen Ausmaß zu verletzen. Wie kann man da an Gott glauben? Es liegt sogar jenseits dessen, an Gott zu glauben oder nicht an Gott zu glauben. Wenn Sie diesen Punkt erreichen, dann zweifeln Sie daran, daß es hinter all dem Bedeutung und Schönheit gibt.

Erinnern Sie sich an die Sicherheitsbojen - diese kleinen Begebenheiten, die Ihnen ins Gedächtnis rufen, daß es irgendeine Bedeutung und irgendeine Schönheit dahinter gibt. Wann immer sie in der Dunkelheit aufflackern, sind sie etwas, woran Sie sich verzweifelt festklammern können und was Sie aus dem Sumpf ziehen kann.

Ein Retreat ist die große Prüfung, Ihr wirkliches Selbst zu finden, verborgen hinter all Ihren Bewertungen, von denen Sie überzeugt sind. Dies wäre eine Möglichkeit, die Grundsätze von Maya anzuwenden, wie: *Die physische Welt ist nicht so, wie sie erscheint.* Nun ja, das ist sehr oberflächlich. Aber daß unser Bild von uns selbst Maya ist, das geht viel tiefer. Wir müssen jeden Versuch aufgeben, unseren Wert einzuschätzen. Für unseren gewöhnlichen Verstand ist es sehr schwierig, das Unvereinbare zu vereinbaren, und unsere Bemühungen, uns selbst zu bestätigen, führen in die Irre - es sei denn, wir können das Unvereinbare vereinbaren.

Das ist es, was wir lernen zu tun. Zuerst sieht der Verstand nicht die Logik darin, denn wir sind an die Logik von "oder" gewöhnt. Unser Denken steht im Wege. Das ist der Grund, warum Sie in der Meditation wirklich denken lernen, ganz von Anfang an. Unser Denken war zu Beginn falsch und hat uns von einem Punkt zum anderen geführt im Abstieg von einem hohen Zustand. Deshalb empfehlen wir, in den Meditationen mit etwas sehr Konkretem zu arbeiten.

Wir beginnen zu sehen, wie der Verstand denkt. Wir beginnen ihn zu modulieren, wir werden fähig, ihn zu modulieren, was nicht dasselbe ist wie ihn zurückzuhalten. Wenn Sie ihn zurückhalten, schränken Sie ihn ein, während Sie ihm hier erlauben, zu alternieren und dann die zwei Sichtweisen zu vergleichen oder miteinander zu verbinden. Noch tiefgehender ist es, Emotionen zu modulieren.

Was die Verzweiflung heraufbeschwört, ist, daß unser Konzept von Gott sich als trügerisch erweist. Pir-o-Murshid hebt das sehr deutlich hervor, wenn er sagt, daß wir dazu neigen, unser Konzept von Gott mit unserer Erfahrung von Gott zu verwechseln.[4] Wir sprechen über Gott, aber insgeheim, unbewußt denken wir, und wenn wir "Gott" sagen, meinen wir unser Konzept von Gott. Wir verwirren uns selbst.

Pir-o-Murshid sagt, daß das Konzept als Gerüst dienen kann, aber daß man fähig sein muß, es zu zerstören. So wie die Tibeter ein wundervolles Mandala schaffen und das Ganze dann zerstören. Es ist sehr schmerzlich zu sehen, wie dieses schöne Mandala zerstört wird, aber die Idee dahinter ist, das Idol zu zerstören - wie im Islam. Unsere Konzepte von Gott sind das Idol und können als Stütze dienen. Doch in einem bestimmten Moment werden sie zu einem Hindernis. Wir sehen das dargestellt in den großen Traditionen der Welt, wenn zu Ostern der Gott zerstört wird. Das Idol wird zerstört, verbrannt, und durch ein neues ersetzt.

Dann befinden Sie sich an diesem ganz tiefen Ort in der dunklen Nacht. Alles, was Sie gedacht und woran Sie geglaubt haben, erweist sich als Unsinn, und Sie haben keinen Ersatz dafür, wenn Sie nicht den Schritt tun, den Pir-o-Murshid als *die Erfahrung von Gott* beschreibt.[5] Aber die sofortige Antwort, die Reaktion der Sufis darauf ist: *Gott kann niemals das Objekt unserer Erfahrung sein, weil Er/Sie das erfahrende Subjekt ist.* Und damit sind Sie jetzt in einem schrecklichen Dilemma, es sei denn, Ihr Denken ist geschult.

Daher geben uns die erleuchteteren Lehren gleich welcher Religion eine Art von Schlüssel. Wir beziehen uns hier auf Sufismus, weil es im Sufismus mehr um die Erfahrung von Gott geht als um das Konzept von Gott. Es gibt kein Dogma, es ist reine Erfahrung. Aber wenn man von Erfahrung spricht, spricht man von einem Subjekt und einem Objekt, und wir haben bereits gesehen, daß das trügerisch ist. Die Art von Erfahrung oder Erkenntnis, zu der wir auf diese Weise kommen, ist trügerisch. Wir müssen wissen, wie wir Erfahrung modulieren können, so daß die Erfahrung von Gott eine Realität wird.

Dies wird als Prinzipien für das Retreat dienen. Wenn Sie dasitzen und meditieren, sind Sie der physischen Welt gewahr. Sie wollen die physische Welt in Ihr Gewahrsein einbeziehen, jedoch in einer abgewandelten Perspektive. Die physische Welt scheint ein bißchen in die Ferne gerückt zu sein, so wie die Katze, die den Raum betritt, während Sie fernsehen - ein bißchen entfernt, aber Sie blenden sie nicht völlig aus.

Anstatt zu sagen: das ist alles Maya, ist es das erste Thema in Ihrer Meditation, zu denken, daß da etwas versucht, durchzuscheinen durch das, was erscheint. Es ist nicht direkt Gott, aber es sind, was die Sufis *Ayat* nennen: Zeichen oder Hinweise. Das sind die Spuren des göttlichen Wesens. Sie sind wie die Fußstapfen eines Bären im Schnee: Sie haben nicht den Bären gesehen, aber die Fußspuren geben Ihnen einen Anhaltspunkt.

Gott kann niemals das Objekt Ihrer Kenntnis sein, aber es gibt Zeichen: insbesondere dort, wo Sie Schönheit sehen. In Ihrer Verzweiflung ist Schönheit der Schlüssel - falls Sie sie durchscheinen sehen können. Und sie ist tatsächlich überall zu sehen, aber man muß die Augen haben, sie zu sehen. Zum Beispiel sind die Photonen einer Bierdose auf einem Müllhaufen genauso schön wie die Photonen der Sterne. Es ist nur die Frage, ob man es sieht.

Eine konkretere Weise, dies zu tun, ist es, die Schönheit in den Gesichtern von Menschen zu sehen hinter den Masken, die sie tragen, und sogar die Schönheit Ihres eigenen Gesichts im Spiegel, wenn Sie sehen können, was durchscheint anstatt, was erscheint. Schreiben Sie das, was Ihnen dabei nicht gefällt, der Tatsache zu, daß wir die Struktur von unseren Vorfahren übernehmen mußten und daß wir Streß, Schmerz und Täuschung ausgesetzt waren. Es ist wahr, daß der äußere

Aspekt unseres Wesens durch Beschmutzung und Entstellung gelitten hat, aber wir müssen tiefer schauen.

Das ist das erste Prinzip eines Retreats: immer Ausschau zu halten nach dem, was durchscheint durch das, was erscheint. Wenn Sie im Schnee spazierengehen, scheint etwas durch diese Szene hindurch, eine Art makelloser Zustand. Wenn Sie sich die Schneekristalle ansehen würden, dann würden Sie erkennen, wie wunderschön sie sind, und daß die symmetrische Form des Kristalls eine Bedeutsamkeit im Universum zum Ausdruck bringt. Es ist unverkennbar, daß es da Bedeutsamkeit gibt, sonst wären sie alle willkürlich. Da haben Sie einen Schlüssel gefunden.

Angenommen, Sie sprechen mit einem Menschen, und es gibt etwas an diesem Menschen, das Ihnen nicht gefällt. Oft mögen wir etwas an einem Menschen aus dem Grunde nicht, weil wir dasselbe in uns selbst haben. Mit diesem Menschen zu sprechen bewirkt, daß Sie sich selbst noch weniger mögen. Aber versuchen Sie, ob Sie etwas Schönes an diesem Menschen entdecken können. Vielleicht wollen Sie es nicht sehen, weil das wieder eine Herausforderung für Ihren Verstand bedeutet. Sie können es nicht mit all dem Schlechten, das Sie sehen, vereinbaren. Aber das ist der erste Schritt: das, was durchscheint. Behalten Sie dieses Prinzip im Gedächtnis: Suchen Sie immer nach dem, was durchscheint durch das, was erscheint.

Sie könnten das weiterführen, indem Sie Ausschau halten nach dem, was durch Situationen hindurchscheint, besonders durch häßliche Situationen. Etwas kommt durch. Manchmal ist es sehr schwer zu sehen. Es kann ganz überraschend durchkommen. Zum Beispiel, was in der Sowjetunion passiert ist: daß das Bedürfnis nach Freiheit es irgendwie geschafft hat, alle Widerstände zu überwinden. Da gab es Schönheit, die danach trachtete, sich auszudrücken. Unsere ganze äußere Deutung kann zusammenbrechen gegenüber der Suche nach Schönheit.

Nach diesen Dingen gilt es zu suchen: Schönheit oder Bedeutsamkeit. Es sind zwei Aspekte derselben Sache. Die Wissenschaftler sprechen von Eleganz. Betrachten Sie zuerst die physische Welt, dann schauen Sie, wo Sie in Situationen Schönheit sehen. Vielleicht haben Sie von der Katastrophe in Washington D.C. gehört, bei der ein Flugzeug im Wasser gelandet ist, und Sie denken, wie entsetzlich das ist. Aber dann denken Sie an den Mann, der den anderen Menschen bei der Rettung den Vortritt ließ. Da ist Schönheit. Schönheit ist auch in dem Esel, auf dem Christus ritt. Und Schönheit ist in den Unterdrückten, nicht nur in den Siegreichen - vielleicht sogar mehr Schönheit, denn da gibt es keine Show. Es ist echt, da gibt es keine Vortäuschung. Es ist nicht das, was glänzt, was schön ist.

Das nächste ist, Gott nicht durch die äußeren Zeichen, sondern durch die Zeichen in Ihrer Persönlichkeit zu entdecken, die durchzukommen versuchen. Sie wenden dasselbe Prinzip an: das, was durchscheint oder durchzuscheinen versucht durch das, was erscheint. Was erscheint ist vielleicht eine Verzerrung davon. Zum Beispiel könnte Meisterschaft sich als Ego-Trip äußern, Friedfertigkeit als Faulheit oder Nachlässigkeit oder Trägheit, und Freude könnte sich als Frivolität oder Albernheit äußern.

Anstatt sich daher nach dem zu beurteilen, was sich in Ihrer Persönlichkeit zeigt - vielleicht gibt es da Seiten, die Sie nicht mögen -, erinnern Sie sich, daß dahinter etwas Schönes ist, das durchzukommen versucht. Der Mensch auf dem Ego-Trip versucht, Meisterschaft zu entwickeln, die alberne Person versucht, ihrer Freude freien Lauf zu lassen und so weiter. Gott versucht durchzukommen, oder sagen wir, die göttliche Natur versucht durchzukommen. Was zunächst erscheint, ist ein Schleier, wie die Sufis sagen würden. Beobachten Sie das in sich selbst.

Noch einmal: dies ist ein Thema für Meditation. Anstatt sich auf ein Objekt zu konzentrieren und zu versuchen, Kontrolle über Ihr Denken auszuüben, entdecken Sie das, was durchzukommen versucht. Sie sehen, daß es entstellt wird dadurch, daß es die Verbindung zu dem verloren hat, was man das Wesen Gottes nennen könnte, zur Totalität. Dadurch, daß Sie eingekapselt sind in Ihr persönliches Selbstbild - da wird es entstellt. Erinnern Sie sich ständig daran, daß das ganze Universum die Manifestation Gottes und das In-Tätigkeit-Setzen Gottes ist. Das bedeutet, die Dinge von einer viel weiteren Perspektive aus zu betrachten. Und es geschieht in Ihnen. - Dies sind die Sufi-Meditationen.

Wenn Sie dieses Modell anwenden, entdecken Sie Gott, indem Sie Ihn/Sie als Ihr Wesen erschaffen, indem Sie Ihn/Sie als Ihr Wesen in Tätigkeit setzen. Es ist eine Kenntnis, die durch Tun erworben wird. Anstatt sich selbst als das Instrument anzusehen, durch das Gott sich manifestiert oder betätigt, denken Sie an sich selbst als an das Wesen Gottes, das fokussiert worden ist - in einem Trichter verengt, sozusagen. Genauso wie wenn Sie Wasser aus dem Ozean nehmen und in einen Krug füllen, es ist immer noch das Wasser des Ozeans. Denken Sie nicht, daß es lediglich begrenzt worden ist, sondern auch verformt - so wie etwa die Stimme Carusos durch die schlechte Aufnahmequalität der damaligen Zeit verformt wurde. Es ist immer noch die Stimme von Caruso, aber verformt. Denken Sie also an sich selbst als an das Wesen Gottes, aber es hat da eine gewisse Entstellung stattgefunden. Der ursprüngliche Zustand bleibt unversehrt innerhalb dieser Entstellung.

Sie fürchten, daß Ihre Liebe mißverstanden wird. Sie fürchten, daß Ihr Mitgefühl Menschen dazu verleiten wird, es zu mißbrauchen, daß Ihre Freude den Menschen, mit dem Sie sprechen, in seinem Schmerz verletzen wird, daß Ihre Meisterschaft Ihr Ego stärken wird. Es gibt Gründe, warum es schwierig ist, die Möglichkeiten Ihres Wesens zu entfalten, die göttlichen Qualitäten, die Sie sind. Es ist daher notwendig, sich völlig im klaren darüber zu sein, was Sie zurückhält, was verhindert, daß diese Qualitäten verstärkt werden, damit Sie ein schöner Mensch in einer schönen Welt werden. Sie müssen an sich arbeiten, um diese Hindernisse zu beseitigen. Das ist die Aufgabe in einem Retreat.

Wenn Sie beispielsweise fähig sind, Ihre Liebe so rein werden zu lassen, daß sie zu bedingungsloser Liebe wird, dann besteht die Chance, daß die Menschen sie nicht mißverstehen werden. Wenn Sie den Unterschied sehen zwischen Großzügigkeit und Freizügigkeit - Sie finden das in der Kabbala, die Verbindung von Hesed und Geburah, beide zusammen: Barmherzigkeit oder Großzügigkeit und gleichzeitig Festigkeit - dann sind Sie besser in der Lage, diese beiden zu verbinden, und Sie sind besser in der Lage, Mitgefühl zu haben, ohne daß es mißbraucht wird.

Oder zum Beispiel wahrhaftig sein: Um wahrhaftig zu sein, brauchen Sie den Menschen Ihre Kritik nicht ins Gesicht zu sagen. Es geht darum, in Ihrem Wesen wahrhaftig, authentisch zu sein. Ihre Authentizität wird bewirken, daß der Mensch, mit dem Sie Kontakt haben, sich der Verfehlungen bewußt wird, für die Sie ihn sonst kritisiert hätten.

Wir beseitigen Hindernisse in unserem Denken. Dies sind Hindernisse, die der Entfaltung der Möglichkeiten, die in unserem Wesen schlummern, im Wege stehen. Sie werden solange schlummern, bis wir die Hindernisse beseitigen.

Denken Sie etwa daran, friedevoll zu sein: Sie müssen nicht am Strand liegen und Schokolade mampfen, um friedevoll zu sein. Sie können inmitten eines sehr hektischen Lebens friedevoll sein. Oder Freiheit: Finden Sie eine innere Freiheit, dann werden die äußeren Umstände, wie einengend sie auch sein mögen, Ihnen nichts von Ihrer inneren Freiheit nehmen. Je freier Sie innerlich sind, desto mehr können Sie sich tatsächlich in Situationen und mit Menschen engagieren, in einer Weise, die ihnen nicht die Freiheit raubt und die auch Ihnen nicht Ihre eigene Freiheit raubt.

Das ist wirklich die Art, wie Gott oder die göttliche Natur in Ihrer Persönlichkeit durchkommt. Die Zeichen dieser Natur sind da, verborgen in Ihnen, und versuchen durchzukommen. Nur dadurch, daß die göttliche Natur durchkommt, kann sie Ihnen bekannt werden. Es hat keinen Sinn zu sagen: *Ich muß wissen, was meine göttliche Erbschaft ist, bevor ich sie in Tätigkeit setzen kann.* Es geht andersherum: Sie müssen sie in Tätigkeit setzen, um sie zu entdecken.

Dadurch daß Sie die göttliche Natur entdecken, die in Ihrer Persönlichkeit durchzukommen versucht, fühlen Sie sich dem näher, was man unter dem Wesen Gottes versteht, als Sie es dadurch sind, daß Sie die physische Welt betrachten und Hinweise sammeln.

Es gibt zwei weitere Stufen, auf denen Sie eine noch größere Nähe spüren.

Normalerweise denken Sie, daß Sie der Beobachter sind, der die physische Welt oder die Situation oder den Menschen oder sogar Ihren Gedanken oder Ihre Psyche beobachtet. Das wäre der allgemeine, gewöhnliche Zustand, in dem sich die meisten Menschen befinden. Der nächste Schritt - dies ist wieder eine Übung für ein Retreat - wäre: Betrachten Sie sich selbst als das Instrument, durch das Gott sieht. Ihre Augen sind die Linsen, durch die der göttliche Blick ins Universum schaut. Das ist eine wunderbare Art, in einem Meditationsretreat die Dinge zu betrachten. Ihr Blick ist wie die beiden Fenster, durch die Gott ins Universum schaut.

Natürlich ist das nicht ausreichend, denn Sie denken noch immer in Begriffen von Dualität. In der orthodoxen Religion findet man, was Professor Gershom Scholem als *übertriebenen Sinn für das Anderssein Gottes* bezeichnet.[6] Dagegen sehen Sie in der mystischen Betrachtungsweise die Einheit - und es wäre ein Fehler, sich selbst als das Instrument vorzustellen, durch das Gott sieht. Das führt zur nächsten Stufe: Ihren Blick als eine Ausdehnung des göttlichen Blicks anzusehen, der fokussiert und dadurch verengt und begrenzt wird.

Nun kehren Sie zum Thema zurück, und betrachten Sie Ihre Probleme als das Objekt Ihrer Meditation. Anstatt sie von einem persönlichen Standpunkt aus zu untersuchen, denken Sie, daß Ihr Verständnis, Ihre Einsicht eine Ausdehnung der göttlichen Einsicht ist, die fokussiert, verengt, begrenzt worden ist. Sie erkennen jetzt, daß Ihre Probleme ganz anders aussehen, als wenn Sie sich selbst für den Zuschauer halten, der sie betrachtet.

Sofort stellt sich die Frage: Wie können wir wissen, was der Standpunkt Gottes wäre? Die Antwort ist in den Worten von Henri Poincaré zu finden, eines großen Mathematikers, der sagte, daß wir eine inhärente Fähigkeit haben, Unendlichkeit zu erfassen; sie besteht beispielsweise darin, daß wir immer fähig sind, uns eine größere Zahl vorzustellen als irgendeine Zahl, die man sich vorstellen kann.[7] Wir wissen, daß, wie groß auch immer die Zahl ist, die wir uns vorstellen, es immer noch eine größere Zahl gibt. Irgendwie ist also unsere Fähigkeit, Unendlichkeit zu erfassen, uns in unendlicher Regression in Richtung Unendlichkeit auszustrecken, bereits in unser latentes Potential eingeschrieben.

Deshalb können wir uns vorstellen, was die Vollkommenheit einer menschlichen Qualität wäre. Zum Beispiel Barmherzigkeit. Wir können uns vorstellen, was göttliche Barmherzigkeit wäre. Wir haben diese Fähigkeit. Diese Fähigkeit ist es sogar, die uns hilft, unsere Begrenzungen zu überschreiten. Die göttliche Barmherzigkeit ist in unserer begrenzten Barmherzigkeit gegenwärtig, so wie die Stimme von Caruso in ihrer Verzerrung gegenwärtig ist.

In gleicher Weise haben wir die Fähigkeit, uns vorzustellen, wie die Dinge vom göttlichen Standpunkt aussehen würden - vorausgesetzt, wir verstehen, daß das in unendlicher Regression geschieht. Mit anderen Worten, wir verstehen, daß wir ihn niemals ganz erreichen können.

Wir haben auch die Fähigkeit, eine größere Einsicht in die Dinge zu entwickeln, als die Einsicht, die wir bis jetzt entwickelt haben.

Anstatt sich vorzustellen, daß Sie die Augen sind, durch die Gott sieht, denken Sie, daß Sie der göttliche Blick sind, der verengt und daher fokussiert und daher begrenzt worden ist. Doch es ist noch immer der göttliche Blick, es ist kein anderer Blick. Stellen Sie sich diesen Blick aktiv vor, anstatt daß er auf einen Eindruck reagiert oder einen Eindruck empfängt. Genau darum handelt es sich bei Aladdins Wunderlampe: Sie ist wie eine erleuchtende Fackel, wie ein Scheinwerfer, ein Lichtstrahl, der die Dinge erleuchtet.[8]

Es gibt einige Hinweise in Murshids Lehren, die hier von Nutzen sind. Zum Beispiel, *über die Sicht der Augen hinaus zu sehen* oder *über das verstandesmäßige Erfassen hinaus zu verstehen*. Oder: *Die Augen sehen, was sie fähig sind zu sehen, aber die Seele sieht weiter, als die Augen sehen können.*[9] Die Fähigkeit der Seele, zu sehen - das mag wie eine Metapher erscheinen, aber wenn Sie Astralreisen oder außerkörperliche Erfahrungen gemacht haben, dann wissen Sie, daß es tatsächlich wahr ist, daß man ohne Augen sehen kann.

Lassen Sie uns jetzt ein bißchen zurückgehen. Ibn 'Arabi stellt die Frage: *Wie kann man Gott kennen, da Gott doch niemals das Objekt der Kenntnis sein kann?*[10] Ibn 'Arabi sagt: *Sie kennen den Archetyp nur durch das Exemplar.* Sie kennen niemals den Archetyp selbst. Wenn Sie an die Qualitäten denken, die wir genannt haben, die Wazaif, und daran denken, daß es Archetypen sind, dann ist es offensichtlich, daß sie nicht kennbar sind, außer in ihren Exemplaren - das heißt, in Ihrer Persönlichkeit oder in der Persönlichkeit anderer Menschen. Da können Sie sie sehen. Sie kennen Rundheit nur durch die Erfahrung runder Objekte. Denken Sie nicht, daß Sie die Archetypen als solche erfassen können. Gott kann niemals das Objekt Ihrer Kenntnis sein.

Als wir uns vorstellten, der göttliche Blick zu sein, kamen wir dem näher, was wir unter Gott verstehen, denn man kann an Gott nicht als an ein Objekt denken - nur als ein Subjekt. Da kommen wir dem näher, was wir mit Gott meinen. Aber es gibt einen weiteren Schritt. Wie sehr man auch denkt, daß sein Blick der göttliche Blick ist, der verengt und begrenzt worden ist, nach Shabistari ist es nur die Reflexion des göttlichen Blicks. Ich beziehe mich auf seine Worte, denn sie sind sehr wichtig, aber ich übersetze sie ihn moderne Begriffe:

Die physische Welt ist ein Hologramm. Ein Hologramm ist nicht Maya, es ist ein wirkliches Gebilde aus Licht. Aber es ist nur eine Kopie des Bildes dahinter, und jenes Bild kann niemals das Objekt Ihrer Kenntnis sein. Die Kopie gibt Ihnen jedoch einen Hinweis auf die Natur des Bildes dahinter.[11]

Das ist natürlich eine Metapher, eine Illustration. In Wirklichkeit, im Falle der Welt, hat das Bild hinter dem Hologramm keine Form. Es nimmt eine Form an, wenn es projiziert worden ist. Da es keine Form ist, kann es niemals das Objekt Ihrer Kenntnis sein.

In gleicher Weise ist Ihr Bewußtsein eine Reflexion, eine Projektion des göttlichen Bewußtseins. Wir dachten, wir hätten es, als wir uns vorstellten, der göttliche Blick zu sein - aber es gibt immer noch etwas jenseits davon. Da bewegen wir uns in die Transzendenz, denn natürlich können wir Gott nicht auf die göttliche Immanenz beschränken. Wie wir in unserer

Invokation gesagt haben: Gott, *der jedes mögliche Konzept übersteigt, das wir uns von Ihm/Ihr machen können.*

Deswegen sagte Al Hallaj: *Wie denkst du, Gott eine Form der Kenntnis verleihen zu können? Mit einem Schlag seiner transzendentalen Kenntnis kann er jede Kenntnis erschüttern, die du zu haben glaubst, und sie durch einen Hauch seiner Einsicht ersetzen, die du niemals halten kannst. Sie wird sich auflösen, bevor du noch denkst, du hättest sie erfahren.* Das sind die Worte von Al Hallaj.[12]

Es gibt eine noch tiefere Erfahrung von Gott, jenseits von allem, worüber wir gesprochen haben, und das ist die göttliche Gegenwart. Sie ist nicht begrenzt durch die Qualitäten, die Qualitäten sagen nichts über sie aus. Deshalb werden die *Wazaif* sie nicht vermitteln. Aber der *Dhikr* wird es.[13] Wenn wir sagen, daß eine Person gegenwärtig ist, sagen wir damit nichts über das Wesen dieser Person aus. Das einzige, was geklärt werden muß, ist Ihr Konzept von Gegenwart. Im allgemeinen denken wir an die göttliche Gegenwart als an etwas anderes als uns selbst, und die höchste Erkenntnis kommt, wenn Sie entdecken, daß Sie diese Gegenwart sind. Das ist das höchste Geheimnis, und das ist der Schlüssel zur Macht des Derwischs.

Wenn Sie erfaßt haben, daß Sie die göttliche Gegenwart sind, dann - so die Sufis - beachten oder zeigen Sie die Art von Gott: *Akhlak i-Allah*. Sie tun alles mit großer Würde, Sie sind mit göttlicher Macht ausgestattet, und mehr denn je vermitteln Sie die göttliche Emotion.

Es gibt nichts Erschütternderes und Transformierenderes als die göttliche Emotion. Sie liegt weit jenseits der persönlichen Emotionen - Freude und Schmerz, Vergnügen und Ärger. Sie werden ständig gebeutelt von Ihren persönlichen Emotionen, aber in der Erkenntnis der göttlichen Gegenwart ist die Emotion sublim, göttlich und erhebend. Sie zeigt sich durch Ihre persönlichen Emotionen, die edel und schön geworden sind. Buddha faßte dies in sehr klare Worte: *Ihr Grad von Verwirklichung wird sich in Ehrbarkeit übertragen*, was wahrscheinlich gleichbedeutend ist mit Vorzüglichkeit. Das Streben nach Vorzüglichkeit, das ist das Endziel. Glauben Sie nicht, daß es utopisch oder jenseits Ihrer Reichweite ist. Es ist immer gut, ein klares Ziel zu haben und es anzustreben. Der Zug der Zukunft ist stärker als der Druck der Vergangenheit.

4.

Der Umgang mit Eindrücken

In der Meditation werden Sie feststellen, daß es die Beobachtung Ihres Atems ist, die seinen Rhythmus beeinflußt. Indem Sie ihn einfach beobachten, wird er sich verlangsamen. Der Atem kann als eine Schaukel dienen. Während Sie ausatmen, könnten Sie denken, daß Sie ausstrahlen, und während Sie einatmen, könnten Sie sich vorstellen, verschleiert zu sein. Die Sufis haben das Wort *Zahir* für Ausstrahlen. Denken Sie an einen Stern oder, besser noch, an die ganze Welt als die Epiphanie, die Offenbarung des Nicht-Geoffenbarten. Und bei der Einatmung haben wir das Wort *Batin*, das bedeutet: *der/die Verschleierte* und bezieht sich auf die Aspekte von Ihnen, die noch nicht in Erscheinung getreten sind - die

Möglichkeiten Ihres Wesens.

Es bedeutet natürlich auch die großartige Vielfalt von Möglichkeiten des Universums, die durchzukommen versuchen, aber sich noch nicht sichtbar manifestiert haben. Ihr Potential, Ihre Möglichkeiten sind Teil von allem im Universum, das sich noch nicht geoffenbart hat und das ständig durchzukommen versucht.

Während Sie ausatmen, erfahren Sie, wie bestimmte Qualitäten in Ihrer Persönlichkeit durchzukommen versuchen. Sie manifestieren sich als Ihre Persönlichkeit.

Sie schwingen oder wechseln Ihr Bewußtsein und Ihre Einstimmung also auf der Schaukel Ihres Atems. Der Atem dient als Schaukel.

Je friedevoller Sie sind, desto mehr verlangsamt sich Ihr Atem. Im Retreat kehren Sie die gewöhnliche Haltung um, so daß Sie nicht versuchen, irgend etwas zu erreichen oder sich selbst zu beweisen. Infolgedessen können Sie die Maschine, die normalerweise so hyperaktiv ist, zurückschalten und Frieden finden. Ihr Atem verlangsamt sich, und Sie können viel tiefer hineingehen in dieses Hin- und Herschwingen zwischen dem Manifestieren und dem Zurückziehen in die Tiefe Ihres Wesens, die noch nicht manifestiert ist. Sie beginnen etwas von den Möglichkeiten oder verborgenen Fähigkeiten zu fühlen, die bisher nicht entwickelt worden sind.

Beim Ausatmen erkennen Sie, daß Ihr Lebensfeld oder Ihre Aura keine Begrenzung hat. Sie sind wie ein Wirbel, der keine Grenze hat. Aber es ist sehr schwierig, dies mit der Tatsache zu vereinbaren, daß Sie doch eine Grenze haben. Wenn es nicht so wäre, hätten Sie keine Wahl zwischen den Elementen der Umgebung, die Sie aufnehmen und denen, die Sie zurückweisen wollen. Jeder wäre wie jeder andere, es gäbe überhaupt keine Wahlmöglichkeit. Es ist die Fähigkeit, unter verschiedenen Eindrücken diejenigen auszuwählen, die wir in unser

Wesen aufnehmen wollen, die zu der großartigen Vielfalt der Menschen und sogar der Tiere im individuellen Maßstab führt. Beim Einatmen denken Sie, daß Ihr Lebensfeld aus Zonen gebildet ist, aus Schutzzonen. Sie könnten sie sich als Schwellen vorstellen. Sie denken sich, daß die Eindrücke aus der Umgebung gefiltert werden, nicht nur einmal, sondern daß da eine ganze Reihe von Filtern, von Zonen sind, bis man das Innere erreicht - den makellosen Zustand, der niemals durch die Eindrücke befleckt werden kann.

An der Oberfläche Ihres Wesens ist eine Art Überlauf von der Umgebung. Es stimmt also, daß Sie nach außen hin wie ein Wirbel ohne Grenze sind. Aber während Sie einatmen, bekommen Sie mehr und mehr ein Gefühl für Ihre individuellen Wesensmerkmale, je näher Sie dem Zentrum kommen. Das ist das erste, was Sie tun. Dies sind die Schritte, die zu Samadhi führen.

Wenn Sie sitzen und meditieren, nehmen Sie die physische Welt nicht wahr. Ihre Augen sind geschlossen, sie achten nicht auf die Geräusche der Autos auf der Straße und all den Lärm, den Fernseher und so weiter. Sie sind in einem ganz veränderten Zustand.

Die physische Welt lebt weiter in Ihnen in Form von Eindrücken. Wir leben in einer Welt, wo manche dieser Eindrücke sehr grob, beunruhigend und zerstörerisch sind - wenn Sie also den Eindrücken von außen einfach ausgeliefert sind, werden Sie in den äußeren Bereichen Ihres Wesens übel zugerichtet. Sie verlieren Ihre Einstimmung und Ihre Individualität, Ihre Einzigartigkeit.

Da wird Ihnen Ihre Skala von Werten helfen zu bestimmen, welches die Eindrücke sind, die Sie ganz tief in Ihre Psyche hineinlassen wollen und welche Sie zerstörerisch oder schädlich finden. Es gibt ein Kriterium, und dieses Kriterium ist: die Eindrücke, die mit Ihrem Wesen im Einklang stehen, und diejenigen, die Ihrem Wesen zu fremd sind. Auf diesem Prinzip ist das Immunsystem aufgebaut: ich oder nicht ich. Das ist beispielsweise zu beobachten, wenn man ein Organ transplantiert bekommt: wenn es sehr ähnlich ist, wenn der Code der DNS sehr ähnlich dem des eigenen Körpers ist, dann kann man es leichter integrieren.

Es gibt Methoden, den Körper zu zwingen, ein Organ zu akzeptieren, das nicht wirklich zu ihm gehört. Und es ist wahr, daß der Körper die Fähigkeit hat, sich an ihm fremde Elemente anzupassen, sonst wären wir nicht in der Lage zu essen. Aber diese Fähigkeit hat in unserer Gesellschaft die Tendenz, überstrapaziert zu werden. Als Folge davon verlieren Sie Ihr besonderes Wesen, und dann fangen Sie an, sich nicht mehr zu mögen, weil Sie Ihren Idealen nicht gerecht werden. Es ist Ihre Skala von Werten, die bestimmt, welche Elemente Sie aufnehmen und welche Sie zurückweisen wollen.

Das können Sie sehr bewußt tun, denn während Sie meditieren, werden Eindrücke auf Ihr Bewußtsein treffen. In der Psyche gibt es ein ganzes Gefüge von Verteidigungssystemen. Ein Eindruck mag durch eine Reihe von Verteidigungssystemen hindurchbrechen und einen sehr verletzlichen Ort in Ihrer Psyche erreichen. Dann nistet er sich ein und wird zwanghaft. Es ist äußerst schwierig, solche Eindrücke loszuwerden, die Teil Ihrer Psyche geworden sind.

Es ist eine Frage des Gleichgewichts, inwieweit Sie sich selbst an die Umgebung anpassen und inwieweit Sie die Umgebung Ihrer eigenen Zielvorstellung anpassen. Wenn Sie den Zweck Ihres Lebens erfüllen wollen, müssen Sie schöpferisch sein - und das bedeutet, auf die Umgebung Einfluß zu nehmen, anstatt sich völlig von der Umgebung überschwemmen zu lassen. Die Übung des Dhikr ist sehr hilfreich, denn da erzeugen Sie zentrifugale Kräfte, die die Wirkung haben, unerwünschte Eindrücke auszutreiben.

Im Retreat können Sie das sehr deutlich sehen. Natürlich, einige der Eindrücke sind schon da, sie haben sich schon Zugang zu Ihrer Psyche verschafft. Sie könnten sich also beim Einatmen bemühen, alle neuen Eindrücke, die schädlich sind, abzuwehren. Diese Eindrücke werden sozusagen von außen abgewehrt - sie erhalten niemals Zugang. Und während Sie ausatmen, könnten Sie schädigende Eindrücke aus der Umgebung, die schon in Ihnen sind, ausleiten, genau wie das Immunsystem mit Hilfe der Lymphdrüsen Giftstoffe aus dem Körper ausleitet.

Sie wehren die Eindrücke, die durchzukommen, einzudringen versuchen, durch die zentrifugalen Kräfte Ihres Wesens ab. Buddha nennt das *Wächter an die Tore der Wahrnehmung stellen.* Das können Sie tun, indem Sie sehr gewahr sind, wer Sie sind, sich bestätigen, wer Sie sind. Sie müssen wahrhaft kompromißlos sein, um zu sein, wer Sie wirklich sind. Sonst sind Sie einfach irgendwer oder jedermann. Sie sehen den Unterschied zwischen dem Abwehren von Eindrücken, die verschieden sind von Ihnen, und dem Ausleiten von Giften - psychologischen Giften, die Schaden in Ihnen anrichten -, indem Sie sie nach unten ableiten. Da haben Sie zwei Richtungen des Atems: die eine ist zentripetal/zentrifugal, die andere aufsteigend/absteigend. Versuchen Sie das also. Versuchen Sie, sich dieser zwei Methoden, mit unerwünschten Eindrücken umzugehen, bewußt zu werden.

Jeder Mensch hat bestimmte Werte, die Werteskala des einen ist nicht die gleiche wie die des anderen. Sie müssen Ihrer Skala von Werten treu sein. Hier sind zwei Kräfte am Werk. Die eine könnte mit dem Sufi-Wazifa *Haqq* übersetzt werden, das bedeutet die Wahrheit, die andere mit dem Wazifa *Quddus*, reiner Geist.

Es ist Ihre Hingabe an die Wahrheit, die sich als kompromißlos erweisen und daher schädliche Elemente austreiben oder fernhalten wird. Mit den zentripetalen/zentrifugalen Kräften zu arbeiten verleiht Ihnen Stärke. Beim Ausatmen verstärken Sie Ihr Verteidigungssystem, das mit der Macht der Wahrheit beispielsweise Erinnerungen aus der Umgebung zurückweist, die schädlich sind. Das tun Sie, während Sie ausatmen, mit der Macht der Wahrheit.

Nun halten Sie zwischen Ein- und Ausatmen den Atem an. Das ist ein neuer Faktor. Während Sie den Atem anhalten, befinden Sie sich im verinnerlichten Zustand. Sie haben sich nach innen gewendet, das ganze Universum ist im Innern zu finden. Sie verbreiten sich von innen ins Universum, wir haben das schon erforscht. Nun wollen wir einen der vielen Aspekte dieses innerlichen Zustandes, des impliziten Zustandes, beleuchten, und das ist seine Reinheit. Denken Sie an die Worte von Pir-o-Murshid: *Der Kern Ihres Wesens ist wie ein Spiegel, der niemals beschmutzt werden kann durch die Eindrücke auf ihm.*[1] Er hat seine eigene Immunität. Das ist die Bedeutung von Quddus, reiner Geist.

Dennoch, die schädlichen Eindrücke können dem Kern Ihres Wesens sehr nahe kommen und ihn verhüllen oder umwölken. Denken Sie also an Reinheit als eine durchdringende Kraft, die allmählich an Boden gewinnt, so daß der Kern Ihres Wesens weiter und weiter wird, indem er die verschmutzten Elemente wegstößt. Es ist wie eine Reinigung von innen. Es ist Ihre Wertschätzung der Reinheit, die keine Verschmutzung duldet - eher als die Macht von Haqq, die Macht der Wahrheit. Sie verwenden nicht so sehr Kraft, sondern Sie ehren Ihr Ideal.

Beim Ausatmen haben Sie das Gefühl von Ausdehnung, grenzenlos zu sein. Das Wazifa für Ausdehnung ist *Basit.* Sie scheinen keine Grenze zu haben. Während Sie einatmen, richten Sie Ihre Aufmerksamkeit auf die Grenzen, die schützenden Grenzen. Sie sind beides, und es ist sehr schwierig, diese gegensätzlichen Aspekte in Ihrem Denken zu vereinbaren, daß Sie einerseits grenzenlos sind und andererseits doch Grenzen haben.

Der zweite Zugang, mit Eindrücken zu arbeiten, ist, die Eindrücke, die normalerweise unverdaulich wären, zu destillieren. Das ist es, was der Körper mit der Nahrung macht. Die Eindrücke werden zerlegt und neu zusammengesetzt. Wenn Sie sich von allem isolieren müßten, was nicht Sie selbst sind, wäre das eine Art Inzucht in Ihrem eigenen Wesen, Sie würden niemals durch die Interaktion mit dem Universum bereichert werden.

Diese Methode des Destillierens ist genau das, was der Körper mit der Nahrung macht - die Eindrücke umzuwandeln, die nicht im Einklang stehen mit Ihrem Wesen. Je weiter entwickelt ein Mensch ist, desto mehr kann er Dinge umfassen, die nicht in Harmonie mit seinem Wesen sind. Die Folge ist, daß Sie Menschen lieben können, denen Sie sehr kritisch gegenüberstehen - das ist nicht Ausdehnung, sondern Umfassen. Indem Sie sich ausdehnen, werden Sie umfassender. Sie haben das Gefühl von Unermeßlichkeit und zusätzlich das Gefühl, eine Grenze zu haben, aber diese Grenze ist extrem weit. Das Wazifa dafür ist *Wasi*.

Wenn Sie das machen, werden Sie feststellen, daß sehr viele Menschen in Ihrem Wesen, in Ihrem Bewußtsein leben. Sie sind immer anwesend, und das kann schmerzhaft sein. Die Metapher, die es im Osten dafür gibt, ist, daß Sie wie eine Auster werden, die ein Sandkorn in ihrem Körper hat. Sie verwandeln das Sandkorn in eine Perle, und dann wird es annehmbarer. Das ist Wasi.

Das ist auch die Bedeutung von *Rahman*, in Ihrem Herzen Raum zu haben für Menschen, die unausstehlich sind und die es einem schwermachen, sie zu lieben. Wenn Sie diesen Raum in Ihrem Herzen finden können, dann werden Sie ein großes Wesen. Das ist Rahman.

Seien Sie vorsichtig mit der Vorstellung von Grenzen Ihres Wesens, denn Sie sind so klein oder so groß wie die Grenzen, die Sie für Ihr Wesen festsetzen. Und um einen Mythos zu entlarven: Wie sehr Sie sich auch ausdehnen, Sie können sich niemals verlieren, obwohl Sie vielleicht denken, Sie hätten sich verloren. Es gibt Menschen, die sich verlieren wollen, weil sie sich selbst nicht mögen. Sie gehen in *Samadhi*, aber sie schaffen es nie, sich zu verlieren, denn es geht nicht, auch wenn man es versucht. Es ist wie ein Strudel auf der Oberfläche eines Sees: Sie verlieren ihn aus den Augen und glauben, daß er verschwunden ist. Aber er ist lediglich in ein Welleninterferenzmuster einbezogen. Man kann ihn noch wiederfinden. Das ist ein guter Gedanke.

Es ist sehr gefährlich, danach zu streben, sich zu verlieren. Sie können sich einreden, Sie können sich dahin bringen zu glauben, Sie hätten sich verloren. Es liegt sogar eine Art von Stolz darin, sich zu verlieren. Aber denken Sie an die Worte der Sufis: *Es ist aus Liebe zu dir, daß ich aus der Einsamkeit der Einheit herabgestiegen bin.*[2] Es wäre sehr undankbar gegenüber Gott, genau den Zweck zerstören zu wollen, den Er/Sie in Ihnen suchte.

Wir haben mit der Peripherie unseres Wesens gearbeitet. Jetzt werden wir uns zum Zentrum hinbewegen. Und wir entdecken etwas Merkwürdiges: Elemente der Umgebung, die die Verteidigung passiert oder durchbrochen haben und dem Zentrum sehr nahe gekommen sind, können eliminiert werden, indem sie in die Leere in Ihrem Innern eingesaugt werden. Das Zentrum eines Wirbels ist eine Leere. Das erfahren Sie, wenn Sie Ihren Atem nach der Einatmung anhalten.

Denken Sie an eine Leere. Eine sehr gute Metapher ist Buddha, der inmitten eines Sturms sitzt, doch wo er sitzt, ist vollkommener Friede. Er sitzt im Zentrum eines Sturms, in einem Vakuum. Das ist ein guter Gedanke. Sie können an Ihr

Leben denken, wie es voller Aufruhr und Auseinandersetzungen ist. Doch Sie sitzen da in einem friedevollen Zustand inmitten all der Turbulenz. Sie haben das Vakuum erreicht, wo alles resorbiert wird. Wie das Meer bis zu einem bestimmten Ausmaß die Verschmutzung absorbiert, die wir ihm zufügen, ist das Vakuum in Ihnen so freundlich, einen gewissen Grad an Verschmutzung zu resorbieren.

Es sind nicht die Eindrücke von außen, die hier resorbiert werden. Es sind die Eindrücke, die so sehr ein Teil Ihres Wesens geworden sind, daß Sie sie nicht einmal mehr als Eindrücke ansehen können. Vielleicht möchten Sie sich vorstellen, daß hier ein Reinigungsprozeß stattfindet und daß Sie ständig recyclet werden - das ist wahr. Zum Beispiel wird jede Welle ins Meer zurückgeworfen, und es ist das ganze Meer, das sich als jede neue Welle erhebt.

Aber es gibt eine andere Sichtweise: Sie werden ständig immer wieder neu geboren. Das ist eine viel bessere Art, den Aspekten in Ihrem Wesen zu begegnen, die Sie nicht mögen. Das bedeutet, indem Sie sie durch etwas Positives ersetzen. Da ist Kreativität von entscheidender Bedeutung, und das hat wieder mit Ihrem Denken zu tun. Es geht darum zu akzeptieren, daß Sie ein völlig neuer Mensch sein können, anstatt zu denken, daß Sie Ihr altes Wesen in die Zukunft mitschleppen müssen.

Konzentrieren Sie sich darauf: Nach dem Einatmen halten Sie den Atem an, und im Augenblick des Übergangs vom Atemanhalten zum Ausatmen haben Sie das Gefühl, als ob etwas Neues aus der Leere aufgetaucht wäre - *ex nihilo*, aus der Leere - und daß Sie ein neuer Mensch sind.

Wir bereichern uns nicht nur durch die Interaktion mit dem Universum, sondern durch Kreativität - die selbst-organisierende Kreativität, die aus dem Innern auftaucht. Dieses Gleichgewicht ist sehr wichtig, besonders für einen schöpferischen Menschen. Verarbeiten Sie nur einfach die Eindrücke, die Sie von außen empfangen haben? In einer musikalischen Komposition beispielsweise, wenn Sie ein Komponist sind: Geben Sie nur das wieder, was Sie von der Umgebung aufgenommen haben, oder ist es etwas völlig Neues? Tatsache ist, daß die Eindrücke von außen als Katalysator wirken und etwas Neues hervorrufen, das aus der Tiefe Ihres Wesens auftaucht. Sonst sind wir nicht kreativ, wir reagieren lediglich, anstatt zu agieren.

Sie sehen, von Anfang an haben Sie die ganze Zeit abgewechselt zwischen "sich der Umgebung bewußt sein" und "sich nach innen wenden", zwischen diesen beiden haben Sie hin und her geschaltet. Dann, an einem bestimmten Punkt, haben Sie begonnen, Übereinstimmung zu sehen: zum Beispiel, Sie haben sich in einem anderen Menschen gesehen und den anderen Menschen in sich selbst. Es gibt eine Entsprechung zwischen dem Inneren und dem Äußeren. Wir müssen uns in anderen "Wirs" sehen, um besser in der Lage zu sein, zu manifestieren, was wir sind.

Von dort aus sind Sie dahin gekommen, der Interaktion mit der Umgebung einen neuen Faktor hinzuzufügen: das, was aus dem Innern auftaucht. Nun, wie macht man das?

Es ist hilfreich, während Sie meditieren, keine Wand zwischen sich und die Umgebung zu stellen, um sich nicht in Ihrer Psyche abzukapseln. Dennoch stellen Sie Wächter auf, die die Eindrücke filtern, und Sie könnten eine Situation herbeiführen, in der Sie für eine kurze Zeit die Umgebung ausschalten. Und wenn es nur aus dem Grunde ist, daß Sie an einen Punkt kommen, wo sich die Eindrücke aus der Umgebung so stauen, daß Sie sich selbst Zeit geben müssen, sie zu verdauen. Aber das ist nur einer der Gründe.

Der andere Grund, dies zu tun, das heißt, die Umgebung auszuschalten, liegt darin, daß Sie die Sterne nicht sehen können, wenn die Sonne am Himmel steht. Es ist sehr schwierig, sich des ganzen Reichtums im Innern bewußt zu werden, wenn Sie noch damit beschäftigt sind, wie die Dinge im expliziten Zustand aussehen. Es bedeutet, wie Pir-o-Murshid sagt, den Spiegel zu nehmen, der normalerweise der physischen Welt, der Wahrnehmung und auch dem Ausdruck zugewandt ist, und ihn in die entgegengesetzte Richtung zu drehen.[3] Da finden Sie diese Metapher von der/dem Verschleierten. Sie sind nicht nur von Zonen umgeben, wo Wächter die Wahrnehmungen filtern, sondern jetzt schirmen Sie sich wirklich eine Zeitlang gegen die Umgebung ab. Denken Sie aber daran, daß dies eine Übung ist, die man nur im Retreat macht.

Sie könnten das mit Ihrem Willen tun, doch das wäre schädlich. Sie müssen es mit Ihren Emotionen machen. Das Wort, das im Osten dafür gebraucht wird, ist *Vairagya*, Gleichgültigkeit gegen äußere Umstände. Wir erkennen, daß das für das materielle Leben sehr ernste Folgen hat, aber man muß fähig sein, es für eine kurze Zeit zu tun, und besonders in einer Retreat-Situation.

Sie ziehen Ihr Interesse von den äußeren Bedingungen ab: körperlich, sozial und die Umgebung betreffend. Sie nehmen keine Eindrücke mehr aus der äußeren Welt auf, so daß Sie offen sind für Intuition, das heißt, für Eindrücke, die von innen auftauchen.

Normalerweise nehmen Sie beim Einatmen Eindrücke aus der Außenwelt in sich auf, und beim Ausatmen strahlen Sie sie aus. In gewissem Sinne, von Ihrer gewöhnlichen Perspektive aus gesehen, betätigt Ihr Atem das *Holomovement* - das ist ein Begriff von Dr. David Bohm - zwischen dem Äußeren und dem Inneren, dem Expliziten und dem Impliziten. Nun müssen wir uns eine ganz neue Art des Denkens über den Atem aneignen: Betrachten Sie ihn nicht länger als ein Metronom, das Ihren Wechsel zwischen der äußeren und der inneren Welt bestimmt.

Wie machen Sie das? Nun, indem Sie den Atem anhalten, indem Sie eine Pause machen zwischen Ein- und Ausatmen - denn Ihr Einatmen und Ausatmen wirken als ein Metronom. Wenn Sie den Atem verlangsamen, verlangsamen Sie Ihrem Gefühl nach den Rhythmus des Werdeprozesses. Aber wenn Sie die Atmung ganz unterbrechen, verlieren Sie das Zeitgefühl.

Wenn wir über den Atem sprechen, meinen wir damit das, was die Hindus *Prana* nennen, Energie, das Pulsieren von Energie. Das ist ein Wort, das in der Wissenschaft von Bedeutung ist. Zum Beispiel, Wellen sind nicht Wellen von Luft, sondern Wellen von Energie. Wenn wir an Energie denken, dann denken wir an das magnetische Feld oder sogar an Licht. Das sind die Manifestationen von Energie, aber sie sind nicht Energie, sie sind die Manifestationen von Energie. So wie eine Welle eine Welle in einem Weizenfeld oder in einem Feld von Gras sein könnte. Nicht das Gras ist die Welle. Die Welle ist eine Welle von Energie.

Wenn Sie so denken, dann denken Sie an den Atem nicht mehr als an die Energie, die die Sterne bewegt, sondern als etwas viel Tiefgreifenderes. Es ist sehr schwer zu beschreiben, aber dies ist die Methode, die Sie anwenden könnten: Nach dem Einatmen, wenn Sie den Atem anhalten, könnten Sie sich zum Beispiel vorstellen, daß der Sauerstoff Ihren ganzen Körper durchdringt, indem er in die Arterien und schließlich in die Zellen Ihres Körpers fließt. Das vermittelt Ihnen einen Eindruck davon, was im esoterischen Gesetz mit innerer anstatt äußerer Energie gemeint ist.

Dies ist nur *eine* Methode. Es ist hilfreich, Ihren Atem nicht auf das Ein- und Ausatmen zu beschränken, sondern daran zu denken, wie die Energie in Ihren Körper einströmt. Vielleicht ist es nur eine Metapher, aber dennoch, wir wollen tiefer gehen, das heißt, anstatt mit dem Körper zu atmen, wollen wir - wenn wir so sagen dürfen - mit der Seele atmen.

Es gibt Sufi-Übungen, die Ihnen helfen werden, das ganz feine Gefühl für das zu entwickeln, was wir mit *Quddus* meinen, die Energie des reinen Geistes. Zunächst wollen Sie zwischen vier Kräften unterscheiden. Versuchen Sie, ob Sie diese Kräfte erleben können.

Als erstes stellen Sie sich vor, daß Sie in der Natur sitzen, umgeben von herrlichem Grün, und sich sonnen. Sie fühlen all diese Energie um sich herum. Sie nehmen diese Energie mit dem Einatmen in sich auf, und sie gibt Ihnen eine Menge Lebenskraft, spürbare Lebenskraft. Ihr Körper wird dadurch gestärkt, während Sie einatmen. Und während Sie ausatmen, denken Sie, daß dort, wo Sie sitzen, die Blumen anfangen zu blühen. Sie übermitteln Leben an alles um Sie herum.

Diese Art von Energie nennen wir *Hayy*. Sie kommen zu einem Punkt, an dem das für Sie etwas sehr Wichtiges ist: zu fühlen, daß Sie überall dorthin, wohin Sie gehen, Leben bringen. Sie kennen diese wunderbaren Zeilen: *Wo immer du gehst, sollen rosige Blumen sprießen, und alles soll erblühen.*[4] Sie vermitteln Leben all den Menschen, denen Sie begegnen, den Blumen, den Tieren.

Diese Energie verstärken Sie, indem Sie daran denken, wie Ihr magnetisches Feld das magnetische Feld des Kosmos konvergiert. Denken Sie auch daran, wie Ihr magnetisches Feld sich erweitert und die Umwelt dynamisiert. Sie können sogar eine solch unglaubliche Ausdehnung von Magnetismus, einer Zone von Magnetismus um Ihren Körper wahrnehmen, daß Sie es schwierig finden, durch eine Tür zu gehen. Die Menschen werden es spüren und werden sich zu Ihnen hingezogen fühlen, denn Sie werden eine Quelle von Energie sein. Das ist es, was die Menschen am meisten brauchen, viel mehr als Verständnis: Lebensenergie.

Wenn Sie Ihren Atem zwischen Ein- und Ausatmen anhalten und in den innerlichen Zustand wechseln, dann werden Sie eine neue Energie entdecken, die aus der Leere aufsteigt. Diese Energie regeneriert nicht nur Ihren Körper, sondern alles um Sie herum. Das Wort dafür ist *Muhyi*. Sie werden noch eine andere Kraft entdecken, die irgendwie immer gegenwärtig ist, wenn Muhyi aktiv ist, und das ist *Mu'id*: die Kraft der Wiederherstellung, die Fähigkeit aller Dinge, in den Zustand zurückzukehren, in dem sie waren, bevor sie beeinträchtigt wurden.

Der Zweig des Baumes kehrt in seine Position zurück, nachdem Sie ihn gebogen haben. Wenn Sie die Regenwälder beeinträchtigen, werden sie danach wieder wachsen. Das ist Therapie. Therapie beruht auf der Rückkehr zum ursprünglichen gesunden Zustand. Aber Muhyi repräsentiert die Fähigkeit, nach einer Krankheit besser zu sein, als man vorher war. Mit anderen Worten, sich zu erneuern, weiterzuentwickeln, zu verbessern. Es ist nicht statisch. Mu'id ist statisch, während Muhyi dynamisch ist. Natürlich muß es ein Gleichgewicht zwischen den beiden geben, sonst würden die Kräfte der Erneuerung Amok laufen. Da muß es ein gewisses Gleichgewicht geben.

Das erleben Sie, wenn Sie Ihren Atem anhalten. Sie werden sehen, daß Sie die neue Energie in dem Augenblick erfassen, wenn Sie vom Anhalten des Atems zum Ausatmen übergehen. Da fühlen Sie Muhyi, die Kraft der Erneuerung. Mu'id fühlen Sie, wenn Sie vom Einatmen zum Atemanhalten übergehen.

Dann haben wir eine vierte Kraft, die wir *Quddus* nennen und die auf Sie herabzukommen scheint, anstatt aus der Tiefe aufzutauchen. Sie hat die Macht, zu erschüttern; sie erschüttert Sie. Sie zerschlägt den Status quo und löst Muhyi und Hayy aus. Sie belebt.

Wenn Sie Ihre Atemübungen machen, ist es wichtig, jede dieser vier Kräfte zu erkennen.

Nachdem Sie eingeatmet haben und bevor Sie ausatmen, folgen Sie Ihrem Atem, indem Sie den Atemfluß verinnerlichen. Während Sie Ihren physischen Atem anhalten, stellen Sie sich vor, daß Ihre Seele ein- und ausatmet, anstatt ihres Körpers. Sie halten Ihren physischen Atem zurück. Sie kommen in Berührung mit der wirklichen Energie, die das Universum bewegt.

Die Energie, die das Universum bewegt, ist nicht die Energie, die Sie anzapfen oder die Sie nachweisen können, indem Sie die Energie der physischen Welt messen. Es ist eine Art innerer Energie, die sich nach außen verbreitet, um sich in der physischen Welt zu manifestieren. Es ist eine völlig andere Form von Energie. Pir-o-Murshid gebraucht die Worte: *Sie kommen in Berührung mit dem verborgenen Mechanismus hinter allem, was sich an der Oberfläche manifestiert.*[5]

Wenn Sie Ihr Leben ansehen, könnten Sie es so betrachten, als ob es sich von innen zur Oberfläche hin, nach außen bewegt. Wir haben es schon gesagt, aber dies macht alles viel deutlicher: Das Licht Ihrer Aura ist einfach die Offenbarung des Lichts, das Sie sind. Also, anstatt zu denken, daß das die Wirklichkeit ist - das Licht Ihrer Aura -, verstehen Sie, daß das wirkliche Licht das Licht ist, das sieht, nicht das Licht, das gesehen werden kann. Wenn Sie so denken, dann können Sie die tiefen Quellen Ihres Wesens ständig zum manifesten Zustand erwecken. Die Möglichkeiten Ihres Wesens werden sichtbar, hörbar, greifbar und erkennbar werden.

Die vielleicht stärkste Erfahrung hier ist Emotion. Ihre tiefe Emotion erhebt sich, wie sich die Wellen aus der Tiefe des Meeres erheben. Ihre Emotion erlangt eine sehr große Macht. Sie bewegt die Seelen der Menschen. Es ist nicht Freude, und es ist nicht der Schmerz, den Sie erleiden - sie gehen an der

Oberfläche weiter, aber hinter den persönlichen Emotionen ist eine Art kosmische Emotion, die aus der Tiefe Ihres Wesens aufsteigt. Vielleicht ist es *Ishq Allah*, die göttliche Sehnsucht. Sie sind so bewegt von der Bedeutung des Lebens, von Ihrer Bedeutung im Leben, von der Bedeutung der Menschen im Leben. Worum es bei alldem geht, was sichtbar wird, was an die Oberfläche kommt und auf welche Weise, und was es bedeutet.

Sie sehen, das ist etwas ganz anderes, als zu denken, daß Sie das physische Universum konvergieren. Sie arbeiten innerlich. Denken Sie an die Worte von Rumi: *Wenn ich nur ausdrücken könnte, was meine Seele bewegt - die Macht ihrer Emotion würde die Welt überfluten.*[6] Dieser Gedanke verbindet Sie mit dem Grund Ihres Wesens, dem tiefsten Urgrund Ihres Wesens. Wenn Sie sich dann Problemen oder bestimmten Umständen gegenübersehen, sind Sie in der Lage, sich die Macht dieser Emotion zunutze zu machen. Es ist von entscheidender Bedeutung für die Art und Weise, wie Sie mit Problemen und Situationen umgehen. Sie handeln nicht von der Oberfläche Ihres Wesens, sondern von der Tiefe aus.

Wenn Sie die Fensterläden Ihrer Seele zur äußeren Welt hin schließen, dann hat Ihr Bewußtsein keine andere Wahl, als das Erleben im Inneren zu suchen. Lassen Sie sich durch die Gedanken und Emotionen Ihrer persönlichen Psyche nicht täuschen, denn sie repräsentiert eine relativ oberflächliche Ebene Ihres Wesens. Wir sprechen von einer viel tieferen Ebene als der Ebene, die im allgemeinen die Psyche oder das Unbewußte genannt wird und die die Psychotherapeuten zu erreichen versuchen. Diese Ebene des Denkens ist das Ergebnis von etwas Tieferem. Ihre Psyche ist der Ausdruck von etwas viel Tieferem. Sie kommen nicht wirklich an den Kern Ihres Wesens heran, indem Sie Ihre persönliche Psyche erforschen. Die tieferen Wurzeln sind mehr und mehr unpersönlich. Denken Sie an Ihre Psyche als an eine Projektion Ihres wahren Wesens.

5. Dhikr

Wenn Sie mit den Sufi-Übungen vertraut sind, dann haben Sie vielleicht schon erkannt, daß all das, was wir in den vorhergehenden Kapiteln betrachtet haben, in der Übung des *Dhikr (oder: Zikr)* enthalten ist. Beginnen Sie die Übung, indem Sie Ihren Kopf kreisen lassen, in einer Bewegung von Ihrer linken Schulter hinunter in Richtung zu Ihrem linken Knie, hinüber zu Ihrem rechten Knie, aufwärts zu Ihrer rechten Schulter und zurück zum Zenit. Stellen Sie sich vor, daß Sie mit Ihrem dritten Auge einen Kreis von Licht beschreiben. Sogar Ihr Herz zeichnet einen Kreis von Licht. Aber wenn Sie sich des Kronenchakras oberhalb Ihres Kopfes bewußt werden, dann scheinen Sie eine Spirale zu ziehen, die zunehmend weiter wird, während Sie kreisen, und die bis hinauf zu den Sternen reicht.

Während Sie dies tun, und besonders wenn Sie in das Gefühl der Spirale kommen, werden Sie die zentrifugalen Kräfte spüren. Und entsprechend dem, was wir gesagt haben, gibt es da zwei Aspekte: der eine ist die Ausdehnung Ihres Wesens, und die Ergänzung dazu ist das Abwehren von Eindrücken aus der Umgebung, die Sie nicht in sich aufnehmen wollen - beides zugleich. Sie betonen die Peripherie Ihres Wesens, Ihrer Psyche und sogar Ihres Körpers, an der es zwischen Ihnen und der Umgebung einen Überlauf von der Umgebung gibt.

Betrachten Sie den Aspekt Ihrer Psyche, den Sie *Ihre* Psyche nennen, den Sie für Ihr eigen halten - Ihre Gedanken zum Beispiel - als ganz außen an der Peripherie. Er ist oberflächlich, er ist nicht die Tiefe Ihres Wesens. Er vermischt sich ständig mit der Umgebung, der psychischen Umgebung, und er wird nach und nach aufgelöst und erneuert. Im Moment denken Sie, daß er aufgelöst wird.

Das Zentrum, um das Sie gravitieren, um das Sie kreisen, ist Ihr Solarplexus. Anstatt zu denken, daß Ihr physischer Körper kreist, könnten Sie sich mit Ihrem magnetischen Feld identifizieren. Sie wirbeln das magnetische Feld der Umgebung mit Ihrem magnetischen Feld auf. Dann könnten Sie sich vorstellen, daß es Ihre Aura ist, die kreist. Anstatt daß sie nur ein Kreis von Licht ist, funkelt sie von Licht - wie bei diesen Statuen Schiwa Nataradscha von Lichtfunken umgeben ist.

Sie sind sich intensiv der Tatsache bewußt, daß Sie ein Zentrum umkreisen. Sie wissen, daß das Umkreisen eines Zentrums Ihre Konzentration auf das Zentrum verstärkt. Während Sie da draußen nahe der Peripherie sind, spüren Sie den Sog des Vakuums im Zentrum - des Vakuums in der Mitte eines Wirbels, wie wir gesagt haben. Sie treten in dieses

Zentrum durch Ihren Solarplexus ein. Dieses Zentrum ist unbewegt und still, während der Kreis aktiv ist.

An einem bestimmten Zeitpunkt werden Sie fühlen, werden Sie erkennen, daß Sie nicht nur zentrifugale Kräfte erzeugen, sondern auch zentripetale, wie in einer Zentrifuge. In dem Augenblick, wenn Sie in einem Zustand labilen Gleichgewichts sind - dann, wenn Ihr Kopf dem Zenit zugewandt ist - ist die Anziehung, der Zug des Solarplexus so stark, daß Ihr Kopf sich beugt, er neigt sich zum Solarplexus.

Um dies nun in die Übung einzufügen: Beschreiben Sie nur einen Kreis mit Ihrem Kopf anstatt eine Folge von Kreisen, und konzentrieren Sie sich dabei im Ausatmen auf die zentrifugalen Kräfte. Sie atmen aus, Sie verbreiten sich, wie wir schon gesehen haben. Dann, wenn Ihr Kopf dem Zenit zugewandt ist, beginnen Sie einzuatmen. Das zieht Ihr Bewußtsein in das Vakuum in der Mitte Ihres Körpers, das Zentrum Ihres Lebensfeldes, das Sie durch den Solarplexus erreichen. Ihr Kopf neigt sich zum Solarplexus, während Sie mit der Einatmung beginnen.

Denken Sie an den Solarplexus als an eine Schwelle, die Ihnen Zutritt zum umgekehrten Raum gewährt. An dieser Stelle wenden Sie sich nach innen. Wir haben schon über das Nach-innen-Wenden gesprochen und über das Verbreiten aus dem Inneren. Dann tauchen Sie neugeboren aus diesem Vakuum-Zustand auf. Etwas Neues ist aus den Tiefen Ihres Wesens freigesetzt worden. Während Sie das tun, bewegt sich Ihr Kopf nach oben. Sie verlagern Ihre Aufmerksamkeit vom Solarplexus zum Herzzentrum. Das Zentrum Ihres Wesens ist nun nicht mehr der Solarplexus. Es ist das Herzzentrum. Das tun Sie, während Sie weiter einatmen. Ihre Einatmung ist in zwei Hälften geteilt. Die erste Hälfte fängt an, wenn der Kopf sich zu neigen beginnt. Die zweite Hälfte beginnt, wenn der Kopf sich etwas nach oben bewegt und mit dem Herzzentrum in Verbindung tritt anstatt mit dem Solarplexus. Nach dem Einatmen halten Sie den Atem an.

Etwas sehr Merkwürdiges passiert in diesem Moment. Es ist nicht *Samadhi*, Sie verlassen nicht Ihren existentiellen Zustand. Sie heben Ihren Kopf nicht hoch, nein. Der Schlüssel ist, daß Sie Zeuge der alchimistischen Hochzeit zwischen Geist und Materie werden. Genauer, so wie in der katholischen Kirche Christus geboren wird, so werden wir alle aus der Begegnung zwischen dem Heiligen Geist und der jungfräulichen Mutter Erde geboren. Aus dieser Begegnung entsteht eine neue Geburt.

Denken Sie sich die Erde als den makellosen Zustand, den Sie in Ihrem Solarplexus gefunden haben. Beim Senken des Kopfes denken Sie an alles, was Ihr Wesen während Ihres Abstiegs durch die Sphären durchlebt, indem es sich darauf vorbereitet, allem zu begegnen, was die Erde Ihnen zu bieten hat, nachdem sie es im Verlaufe von Äonen entwickelt hat. Was für ein Wunder ist Geburt!

Aber dies ist eine Neugeburt, eine ständige Neugeburt. Sie feiern die immer wiederkehrende Neugeburt. Sagen wir, daß die Faktoren Ihres Wesens, die Sie metaphorisch dem Bereich oberhalb Ihres Kopfes, Ihrem Kronenchakra zuschreiben könnten, und diejenigen, die Sie Ihrem Solarplexus zuschreiben könnten, sich in Ihrem Herzen begegnen. Dort findet die Neugeburt statt, wenn Sie Ihren Atem anhalten.

Natürlich ist es Gott, der jedesmal als Sie neu geboren wird. Anstatt zu denken, daß Sie neu geboren werden, denken Sie, daß es das ganze Universum ist, das sich ständig als Sie gebiert und als jeder von uns.

Da findet eine Reinigung von innen her statt, nach innen - ein Einsaugen in die Leere. Auch an der Peripherie findet eine Reinigung statt, wie wir schon gesehen haben. Die Elemente, die mehr innerlich sind, werden von innen gereinigt. Die beste Weise, das zu tun, ist sich vorzustellen, daß Sie ein Tempel sind und daß der Bereich um das Heiligtum gesäubert oder gereinigt wird.

Der Tempel hat Wände, möglicherweise Zonen, die dafür sorgen, einen bestimmten Grad an Sauberkeit innerhalb des Tempels sicherzustellen. Aber Reinigung ist besonders wichtig im *Sanctum sanctorum*, dem Allerheiligsten. Dort müssen Sie zulassen, daß alles, was nicht völlig im Einklang ist mit Ihrem Ideal von Heiligkeit, in die Leere eingesaugt wird. Nur durch das Wiederentdecken des makellosen Zustands Ihres Wesens - wie die Stimme von Caruso in der verzerrten Aufnahme - können Sie neu geboren werden oder kann Gott als Sie neu geboren werden. Das ist die Bedeutung der Jungfräulichkeit von Maria, der Mutter Christi.

Wenn Sie sich auf diesen innerlichen Zustand einstimmen, werden Sie in Ihrem Solarplexus feststellen, daß er wie ein Kind ist. Er ist sehr verletzlich, vertrauensvoll und wehrlos. Das ist der Grund, warum Sie all diese Verteidigungseinrichtungen an der Peripherie brauchten. Wenn Sie näher nach innen kommen, da sind Sie wehrlos. Die einzige Weise, wie Sie gereinigt werden können, ist, alles Widrige in die Leere einsaugen zu lassen.

Wir entdecken das Kind in uns, entdecken, daß es noch da ist innerhalb der Verformung. Sie werden den Eindruck bekommen, daß Sie eine Maske tragen: daß nicht nur Ihr Körper, sondern auch Ihre Persönlichkeit wie eine Maske ist, die Ihr wahres Wesen schützt. Ihr wahres Wesen ist wehrlos und rein und wird durch seine Begegnung mit dem Herabstieg des Heiligen Geistes - das heißt, durch all die Einflüsse der himmlischen Sphären - fähig, die mehr peripheren Elemente Ihrer Persönlichkeit zu transformieren. Deswegen denken Sie, daß Sie neu geboren sind: weil Sie transformiert sind.

Ein anderer Aspekt des Solarplexus ist, daß er nicht nur das

Kind, sondern die ursprüngliche Zelle des Embryos vor der Differenzierung ist. Darin sind alle Qualitäten vorhanden, der ganze Code der DNS. Auf dieser Stufe gibt es noch nicht den Unterschied zwischen Zellen, in denen bestimmte Gene wirksam und andere rezessiv sind, und anderen Zellen. Da ist eine grundlegende Einheit. Die Vielfalt entwickelt sich, wenn sich die Zellen vermehren.

Sie berühren also einen ursprünglichen Zustand. Es ist, wie noch einmal ganz von vorne zu beginnen. Eine wirkliche Neugeburt ist ein Neubeginn ganz von Anfang an - *Tabula rasa*, ein reiner Tisch, wie man im Lateinischen sagen würde.

Es ist, als müßten Sie, um neu geboren zu werden, alles aufgeben, was Sie erreicht haben. Sonst wäre Ihre Persönlichkeit eine Collage; Sie würden versuchen, Dinge miteinander zu verbinden, die nicht gut zusammenpassen. Es muß ein Neubeginn sein. In gewisser Weise ist es beinahe einfacher, nichts zu sein und neu anzufangen, als zu versuchen, den Schaden zu reparieren. Also, diesen Zustand, den Zustand der ursprünglichen Zelle, nennen die Sufis *Imkan*, den Zustand der All-Möglichkeit.

Dann natürlich werden die Möglichkeiten eingeschränkt, sobald die Vielfalt einsetzt. Aber denken Sie daran, daß der Zustand der All-Möglichkeit im Kern Ihres Wesens gegenwärtig ist. Das bedeutet, Ihre Möglichkeiten sind grenzenlos. Wir begrenzen sie dadurch, daß wir nicht an sie glauben, durch mangelndes Vertrauen und natürlich durch unsere Fehler.

Es gibt noch einen weiteren Aspekt des Solarplexus, eigentlich noch zwei. Wir müssen wieder unsere Art zu denken ändern, um diese weiteren Aspekte zu erforschen. Wenn Sie einatmen, denken Sie, daß Sie irgendwie die Umgebung in sich aufnehmen und umwandeln, veredeln, sie destillieren. Ja. Aber es gibt noch einen anderen Aspekt davon, den uns Pir-o-Murshid zeigt. Die Elemente dessen, was er das Abstrakte nennt, werden in ein Zentrum hineingezogen, während Sie einatmen. Mit abstrakt sind eher die Elemente der latenten Möglichkeiten gemeint als die Elemente dessen, was sich im Universum in Gang gesetzt hat.

Das ist nicht dasselbe wie die Konvergenz des Universums. Das haben wir betrachtet, als wir mit uns selbst gearbeitet haben: daß wir das Universum konvergieren. Es ist eine nützliche Sichtweise. Aber jetzt wollen wir unsere Aufmerksamkeit auf die All-Möglichkeiten innerhalb des Vakuum-Zustandes im Zentrum unseres Wesens richten. Das Wort dafür ist eher Koagulieren als Konvergieren. Pir-o-Murshid verdeutlicht das mit dem Bild der Sonne. Ursprünglich ist das Licht des Universums diffus - er nennt es *das alles durchdringende Licht* -, und dann muß, damit Existenz stattfinden kann, dieses alles durchdringende Licht sich in einem Zentrum sammeln, so wie die Sonne. Dann strahlt es von diesem Zentrum aus.

Während Sie einatmen, könnten Sie, anstatt zu denken, daß Sie das Universum konvergieren, denken, daß Sie den Reichtum Ihres Wesens in einem aktiven Zentrum konzentrieren, aus dem er schließlich ausstrahlen wird. Im impliziten Zustand ist alles überall, so ist in der Leere alles von allem anderen durchdrungen. Der Übergang findet statt, wenn - wie Dr. David Bohm zeigt - die All-Möglichkeit sich entfaltet. Ein gutes Beispiel wäre die Art und Weise, wie die All-Möglichkeit der Radiowellen durch das Radio zu einzelnen Tönen verarbeitet wird.

Das alles durchdringende Licht zieht sich nun also in einem Punkt zusammen und strahlt dann als unsere Aura aus. Es ist besser zu denken, daß man Licht ausstrahlt als Magnetismus. Wenn Sie in der zweiten Hälfte der Einatmung Ihre Aufmerksamkeit auf das Herz-Zentrum verlagern, ist es wie eine Explosion von Strahlung, von Freude, von Kraft.

Jetzt warten Sie auf das, was wir den Herabstieg des

Heiligen Geistes nennen. Es verlangt wirklich, daß Sie mit den himmlischen Sphären wieder in Verbindung treten, sich verbinden, denn wenn Sie denken, daß Sie der Empfänger des Heiligen Geistes sind, denken Sie in Begriffen von Dualität. In der Hochzeit gibt es keine Dualität, es ist ein Aufgehen in dem Einen. Sie müssen vom Gefühl des Einsseins durchdrungen sein. Sie müssen die zwei Pole Ihres Wesens verbinden. Sie müssen sich des himmlischen Pols Ihres Wesens bewußt sein, und nicht nur denken, daß Sie das physische Gefäß sind, das durch den Heiligen Geist belebt wird.

Sie werden also die himmlischen Ebenen Ihres Wesens zu erforschen haben. Wir haben mit dem Nach-innen-Wenden und dem Verbreiten gearbeitet, mit der kosmischen Dimension. Wir werden viel mehr mit der transzendentalen Ebene zu arbeiten haben. Wir können das jetzt nicht alles machen, aber wir zeichnen den nächsten Schritt vor.

Wir arbeiten mit Metaphern. Wie Sie wissen, ist die einzige Methode, wie man ein Hologramm projizieren kann, einen Laserstrahl auf die Lichtformationen zu richten, die bereits vorhanden sind. Das ist etwa wie der Herabstieg des Heiligen Geistes. Es ist auch die göttliche Intelligenz, die das alles in den Brennpunkt rückt. Die kosmische Dimension ist das Hologramm, und die transzendentale Dimension ist der Laserstrahl, der alles in den Brennpunkt rückt. Denken Sie daran. Wenn Sie den Atem anhalten, denken Sie an einen Lichtstrahl, der die Strahlung Ihrer Aura auslöst.

Sie wissen, wenn es klick macht und Sie etwas verstehen, dann hellt sich Ihr ganzes Gesicht auf. Tatsächlich leuchtet Ihre Aura heller. Das ist die Wirkung des Lichtes der Intelligenz auf die Ausstrahlung der physischen Aura. Wenn Sie den Atem anhalten, das ist der Moment des Erwachens im Leben anstatt jenseits des Lebens. Es ist nicht *Samadhi*, es ist Erwachen im Leben.

In dieser Hochzeit sehen wir die Verbindung zwischen dem menschlichen Geist und dem Körper *(engl.: mind/body connection)*, was nicht bedeutet, daß er, um zu wissen, auf den Körper angewiesen wäre. Ich möchte diese Worte von Dr. David Bohm hervorheben: *Wundern Sie sich nicht, wenn ein plötzlicher Klick in Ihrem Denken neue Kreisläufe in Ihrem Gehirn bahnt.*[1] Wenn wir fehlerhafte Eindrücke der Welt in die Zellen unseres Gehirns hineintragen - und das tun wir die ganze Zeit -, sind die Kreisläufe in unserem Gehirn in schlechtem Zustand. Sie sind in einem Zustand von Entsetzen. Es ist nicht verwunderlich, daß wir uns dumm anstellen, denn alles basiert von Anfang an auf diesen völlig falschen Eindrücken. Wir haben sie nicht überprüft, bevor sie Bahnen in den Zellen unseres Gehirns gezogen haben.

Jede neue Erkenntnis ändert die Bahnen und bringt sie in einen sinnvolleren Schaltkreis, eine neue Konfiguration. So wirkt der Laserstrahl auf das Hologramm. Er bringt Übereinstimmung in eine Situation, die zunächst ungereimt oder zufällig erschien. Das erleben Sie, wenn Sie den Atem anhalten.

Jeder auf der Welt ist das, was seiner Erkenntnis entspricht. Der Körper und sogar der menschliche Geist *(engl.: mind)* sind der Unterbau.

Das sind die Gedanken, die zu Erleuchtung führen. Natürlich, seien Sie nicht überrascht, wenn eine Veränderung Ihres körperlichen Zustandes neue Erkenntnisse in Ihrem Denken auslöst. Das ist der Grund dafür, daß Sie bei der Ausübung des Dhikr den Körper einladen, an Ihrer Erkenntnis teilzuhaben. Hier gibt es viele Faktoren, auf die wir eingehen müssen. Indem Sie Ihre Aufmerksamkeit auf einen bestimmten Plexus Ihres Nervensystems richten - das sind die *Chakren* -, beeinflussen Sie Ihren Körper. Die Tibeter sagen, der Körper sei ein wunderbares Instrument, die Erweckung zu fördern, vorausgesetzt, man transformiere ihn. Sie transformieren Ihren

Körper durch Ihre Übungen.

Dadurch, daß Sie sich zum Beispiel auf den Solarplexus konzentrieren, beeinflussen Sie Ihre Bauchspeicheldrüse. Sie regen eine Reihe von endokrinen Drüsen zur Tätigkeit an, denn sie sind alle miteinander verbunden. Indem Sie sich auf das Kronenchakra konzentrieren, fördern Sie die Ausschüttung von Betaendorphin in das Blutsystem. Sie beeinflussen Ihren Körper, und das wird umgekehrt Ihren Erkenntnisprozeß beeinflussen. Es funktioniert in beiden Richtungen. Indem Sie sehr tief in den Solarplexus hineingehen, beeinflussen Sie sogar Ihre Nebennieren, die Schockwellen durch das ganze System senden und eine Neugeburt auslösen.

Es gibt eine weitere Vorstellung, die Sie benötigen oder die hilfreich ist, um diese wunderbare Übung in der besten Weise zu nutzen. Denken Sie sich Ihr Gemüt oder Ihre Psyche als an der Peripherie Ihres Wesens. Sie erreichen eine Ebene Ihres Wesens, die tiefer ist als die Ebene des Denkens und Fühlens oder die psychische Ebene, tiefer als die Ebene der Psyche. Damit ist nicht das Unbewußte gemeint, denn das Unbewußte ist ganz Teil der Psyche. Man kann sagen, daß das Bewußte nur *der* Teil der Psyche ist, der durch Ihr Gewahrsein erleuchtet ist. Aber wir sprechen von einer tieferen Ebene Ihres Wesens. Wenn Sie ein Physiker oder ein wissenschaftlich denkender Mensch sind, werden Sie erkennen, was jetzt als die *skalare Ebene* bezeichnet wird, eine tiefere Ebene der Wirklichkeit, die durch ihre Instabilität gekennzeichnet ist. Es bedarf nur sehr wenig Energie, um das System zu verändern. Sie verfügen über eine Ebene der Wirklichkeit, die so empfindlich ist, daß sie sich leicht von einem Zustand zum anderen verschieben kann. Das ist das unsichere Gleichgewicht, von dem Prigogine spricht. Da beginnt Kreativität.

Wenn Sie sich nach innen wenden, erkennen Sie, wie verletzlich der Kern Ihres Wesens ist, wie leicht er sich in der einen oder anderen Weise verändern kann. Das hat den Vorteil, daß er offen ist für die All-Möglichkeit. Es gibt keine Begrenzung, weil es keinen Widerstand gibt. Sie sehen, daß Ihre Kreativität in Fluktuationen aus diesem unsicheren Gleichgewicht besteht. Sie müssen daher sehr, sehr fein eingestimmt sein. Das Wort dafür ist *Latif* mit der Bedeutung "fein" oder auch das lateinische Wort *implicare*, was "feingewebt" meint. Alles steht mit allem anderen in Verbindung. Es ist ein sehr feines System, ein ursprünglicher Zustand.

Anstatt daran zu denken, die fehlerhafte Einstellung Ihrer Psyche zu reparieren, ist es besser, an eine neue Geburt von diesem ursprünglichen Zustand aus zu denken. Es ist sehr wichtig für Psychotherapeuten, das zu sehen. Das ist der Unterschied zwischen *Mu'id* und *Muhyi*. Mu'id wäre Reparatur, Therapie. Muhyi ist erneuernd, man könnte sogar sagen, man macht sich das Handikap zunutze. Wir gebrauchen das Wort Handikap, es ist ein viel besseres Wort als Unfähigkeit, denn ein Handikap ist ein Hindernis, das man überwinden kann, während Unfähigkeit absolut endgültig klingt.

Drehen Sie den Spieß um gegen Ihre Schwächen. Benutzen Sie sie als Leitern, um besser zu werden, als Sie vor dieser Schwäche waren. Eine Neugeburt beginnt immer mit der vollkommenen großartigen, vielfältigen Totalität der Gene. Am Anfang, wo die Kreativität sich eröffnet, gibt es keine Einschränkung. Erst wenn sie fortgeführt wird, setzt Begrenzung ein.

Das Geheimnis ist, wirklich an das zu glauben, was die Sufis unsere göttliche Erbschaft nennen. Vielleicht ist glauben nicht das richtige Wort. Es gibt einen Unterschied zwischen Glauben und Vertrauen. Oft glauben Sie etwas, weil jemand es gesagt hat. Aber Vertrauen bedeutet, Sie trauen Ihrer Intuition, auch wenn sie dauernd durch Ihr logisches Denken in Frage gestellt wird.

Es kommt eine Zeit, da brauchen Sie nicht mehr die Bewegung des Dhikr zu machen oder Ihren Atem mit der Bewegung zu koordinieren. Wenn die verschiedenen Einstimmungen in Ihrer Vorstellung klar sind, fördern Sie ihr Wirken durch Ihr Gewahrsein.

Beim Meditieren werden Sie sehr sensibel, und wenn Sie in diesem empfindlichen Zustand sind, sehen Sie, wie Ihre Gedanken unmittelbar die Einstimmung Ihrer Seele beeinflussen. Sie sehen, wie die Einstimmung Ihrer Seele Ihre Beziehung zur Umgebung beeinflußt. Also wählen Sie nicht einfach irgendein Meditationsthema.

Sie haben damit begonnen, daß Sie Ihre Probleme betrachtet haben anstatt eines künstlichen Objekts. Aber nun sind Ihre Einstimmung und Ihre Erkenntnis die Objekte Ihrer Meditation. Sie sind auf einer sehr hohen Ebene des Gewahrseins. Sie kämpfen nicht mehr mit zufälligen Gedanken. Es spielt keine Rolle, die Gedanken tun einfach, was sie zu tun haben - sie sind an der Peripherie, aber darauf konzentrieren Sie sich nicht.

Baby Carrot Top (Kleine Möhre) *Fotografie © Walter Chappell*

6.

Ein Überblick über die Ebenen

Es gibt noch eine andere Dimension der Erweckung, die wir erforschen wollen: Erweckung in der transzendentalen Dimension im Gegensatz zur kosmischen Dimension. Sie könnten sich diese beiden als Länge und Breite vorstellen, zwei Dimensionen, die voneinander abhängig sind.

Wenn Sie meditieren, ist es wichtig, sich immer wieder daran zu erinnern: *Ich bereite mich vor, ich habe ein Ziel vor Augen, und dieses Ziel ist, zu erwachen.* Pir-o-Murshid hat gesagt: *Jedes Atom, jeder Planet, jedes Wesen im Universum wartet auf den Moment der Erweckung.*[1] Stellen Sie sich darunter einen plötzlichen Durchbruch vor, wie beispielsweise das Küken aus dem Ei hervorbricht. Das ist die Bedeutung von *Satori*, sozusagen ein plötzlicher Ruck. Erweckung könnte als ein plötzlicher Wechsel der Perspektive beschrieben werden. Sie können nicht vom unerwachten in den erwachten Zustand hinübergleiten, es gibt da keine Übergangsstufen. Entweder ist es das eine oder das andere. Lassen Sie uns das selbst in Erfahrung bringen.

Stellen Sie sich vor, daß Sie einen Würfel auf eine Tafel gezeichnet haben, und Sie sehen ihn aus einer bestimmten Perspektive. Dann wechseln Sie die Perspektive. Sehen Sie, was ich meine? Sie können ihn auf die eine oder auf die andere Weise anschauen. Das wäre ein Beispiel für die Fähigkeit, die Perspektive zu verändern und zwischen zwei Perspektiven zu wechseln, hin- und herzuschalten. Sie könnten das üben, indem Sie den Würfel beim Ausatmen von der einen Perspektive aus sehen, und beim Einatmen von der anderen.

Lassen Sie uns ein Beispiel für einen Wechsel der Perspektive geben, das ein guter Hinweis ist auf den Unterschied zwischen der kosmischen und der transzendentalen Dimension. Wir haben schon gesagt, daß diese Dimensionen in Beziehung zueinander stehen, daß sie voneinander abhängig sind. Der Unterschied zwischen ihnen ließe sich veranschaulichen durch den Vergleich zwischen dem Gehen in einer extrem weiten Landschaft und dem Eingeschlossensein in Ihrem Raum. Das gibt Ihnen ein Gefühl für die Ausdehnung Ihrer Perspektive. Die kosmische Dimension umfaßt zwei Aspekte: Ausdehnung und Nach-innen-Wenden. Um zu verstehen, was wir mit Nach-innen-Wenden meinen, stellen Sie sich vor, in einem Wald spazierenzugehen. Es muß nicht unbedingt ein Wald sein, es können Berge sein. Es könnte überall geschehen, daß Sie sich einer verklärten Welt finden oder daß Sie sehen, was durchscheint durch das, was erscheint. Zum Beispiel die Art, wie die Fotografien von Walter Chappell Aspekte von Blumen zeigen, die man in gewöhnlichem Licht nicht wahrnehmen kann. Sie sind mit ultraviolettem Licht aufgenommen. Das wäre ein Hinweis auf das, was wir mit der kosmischen Perspektive meinen.

Aber nun nehmen wir an, daß Sie in einem Raumschiff fliegen, so hoch, daß Sie einen wirklichen Überblick über den ganzen Planeten haben. Sie können den Planeten in seiner Beziehung zum Sternenhimmel sehen, anstatt Ihres gewöhnlichen Blickwinkels von der Erde. Das wäre sicherlich ein Wechsel der Perspektive. Das würde bis zu einem gewissen Grad verdeutlichen, was wir mit der transzendentalen Dimension meinen. Nennen wir es einen Überblick.

Die kosmische Dimension wäre die Fähigkeit, die Beziehung zwischen zwei Dingen zu sehen, die Sie vorher nicht gesehen haben. Ein typisches Beispiel dafür ist der Intelligenztest für Affen. Außerhalb des Käfigs liegt eine Banane und im Käfig ein Stock. In einem bestimmten Moment erkennt der Affe den Zusammenhang zwischen den beiden. Das ist eine sehr einfache Form des Erwachens: die Beziehung zwischen zwei Dingen zu sehen, die Sie vorher nicht gesehen haben. Darauf haben wir uns in den vorhergehenden Kapiteln konzentriert.

Der Vorteil des impliziten Zustandes, des wirren Zustandes, in dem alles sich gegenseitig durchdringt, ist der, daß die Dinge sich in einem so engen Kontakt miteinander befinden, daß man leichter die Beziehung zwischen ihnen erkennen kann. Einer der Aspekte der kosmischen Dimension, der typisch ist für das Nach-innen-Wenden, ist der Traumzustand. Der Verstand in seiner alltäglichen, normalen Beschaffenheit weiß nicht, wie er mit diesen Eindrücken umgehen soll, die keine getrennten Eindrücke sind, sie sind alle vermischt. Aber die Folge ist, daß Sie eine Bedeutsamkeit sehen, die Sie nicht sehen, wenn die Dinge zu isoliert voneinander sind.

Wohingegen Erweckung in der transzendentalen Dimension

durch ein Konzept zu verdeutlichen wäre, das im Westen ziemlich unbekannt ist, aber das man im Vedanta findet: Erwachen im Tiefschlaf. Das ist die beste Art, *Samadhi* zu beschreiben. Es ist ein Zustand, in dem Sie ein Gefühl für die Programmierung hinter dem Universum bekommen. Ein anderes Beispiel wäre der Unterschied zwischen der Besichtigung eines Gebäudes in Begleitung des Architekten, der einem erklärt, wie alles funktioniert, und einem Besuch im Büro des Architekten, bei dem man sich lediglich die Baupläne anschaut. Die transzendentale Dimension der Erweckung wäre, einfach die Baupläne zu kennen und nicht unbedingt zu wissen, wie alles funktioniert.

Das ist der Schlüssel: diese beiden Arten der Kenntnis. Laut Pir-o-Murshid Inayat Khan gibt es zwei Arten des Erwachens: Erwachen jenseits des Lebens, und dann Erwachen im Leben. Was Pir-o-Murshid Weisheit nennt, wird geboren aus der Kombination dieser beiden Arten des Erwachens.[2]

'Ein weiteres Beispiel wäre in einem Gemälde Leonardo da Vincis zu finden. Hinter der Malerei steht eine intensive Arbeit des Entwerfens und Denkens. Es ist, als ob es hinter dem Firnis der Oberfläche verborgene Strukturen gäbe, Strukturen, die auf dem goldenen Schnitt und bestimmten mathematischen Prinzipien basieren. Oder, wenn Sie eine Prélude von Chopin studieren, dann entdecken Sie, daß dahinter eine Menge an Denken steht; da sind bestimmte geometrische Muster, mathematische Progressionen, numerische Progressionen. Einen Einblick in diese Art der Gestaltung zu haben - sagen wir, in die Weise, wie reine Einsicht sich in einer Form gestalten kann -, gibt Ihnen einen Hinweis bezüglich des Erwachens im Leben.

Erwachen in der transzendentalen Dimension würde jedoch bedeuten, die Absicht zu erfassen: Warum gründet Leonardo da Vinci seine Malerei auf dieses Muster? Was ist seine Absicht? Pir-o-Murshid beschreibt Erwachen als *das Erfassen der Absicht hinter dem Universum.*[3] Das ist der Grund, warum die Sufis sagen: *Sie sind an den Hof des Königs eingeladen.* Das bedeutet, Sie sind eingeladen, etwas von der Strategie zu verstehen. Es gibt Erwachen im Leben und Erwachen jenseits des Lebens, und sie sind voneinander abhängig.

Wie löst man das Erwachen in der transzendentalen Dimension aus? Es gibt Meditationstechniken, die Ihnen helfen werden, sofern Sie sich darüber im klaren sind, daß es Ihr Ziel ist, einen Überblick - eine höhere Sicht anstatt eine umfassende Sicht zu gewinnen. Versichern Sie sich, daß Sie den Unterschied erkennen: Eine höhere Sicht, das bedeutet, Sie sehen die Absicht dahinter, anstatt lediglich eine Gesamtsicht zu haben.

Lassen Sie uns mit ganz präzisen Übungen beginnen. Für die kosmische Dimension, wenn Sie sich erinnern, dehnen Sie Ihr Bewußtsein beim Ausatmen in immer weitere Bereiche aus. Sie denken an Sterne. Oder Sie können es noch mehr stufenweise machen.

Stellen Sie sich zum Beispiel vor, daß Sie in der Natur sitzen, und Ihr Bewußtsein verbreitet sich in Ihrer unmittelbaren Umgebung: die Bäume, die Blumen, Insekten, einige Tiere. Dann dehnt sich Ihr Bewußtsein weiter aus, in ein größeres Blickfeld. Ihr Bewußtsein dehnt sich jenseits dessen aus, was Sie sehen können. Schließlich denken Sie an den ganzen Planeten. Dann verbreitet sich Ihr Bewußtsein in den Sternenhimmel, und Sie denken: *Was ich vom Sternenhimmel visualisiere, ist nur ein ganz kleiner Teil des Kosmos. Der Kosmos ist weit jenseits von allem, was ich jemals sehen oder mir vorstellen könnte.* Das ist eine der Methoden, das Bewußtsein im Raum auszudehnen.

Sie könnten es auch in der Zeit ausdehnen. Sie könnten denken: *Dieser Körper existierte bereits als Sternenstaub zu Beginn der Zeit, er ist im Verlaufe von Äonen geformt worden.* Sie könnten an die ganze Geschichte des Universums denken. Das hat wiederum die Wirkung, Ihr Bewußtsein zu erweitern. Dagegen hatten in der Vergangenheit und haben vielleicht an manchen Orten bis zu einem gewissen Grade auch heute noch die Menschen, die nur auf ihr Dorf beschränkt sind, keine Ahnung von dem Ganzen, von der Unermeßlichkeit des Ablaufes der Zeit.

Diese Ausdehnung des Bewußtseins sollte verbunden sein mit einer Erweiterung Ihrer Vorstellung von sich selbst. Wenn Sie an sich selbst als an ein magnetisches Feld denken, so wird Ihnen das schon ein weiteres Gefühl von sich selbst geben, als es gewöhnlich der Fall ist. Und wenn Sie an sich selbst als an eine Aura denken, so wird Ihnen das ein noch weiteres Gefühl von sich selbst geben; Sie finden sich in gegenseitiger Durchdringung mit dem Licht der Sterne.

Wir haben dieser Übung - wenn Sie sich erinnern - Pir-o-Murshids Beitrag hinzugefügt: Sie werden sich klar über die Reichweite Ihres Wesens - wie es um Sie herum die Menschen und die Situationen beeinflußt. Er nennt das *Ihren Bereich.*[4] Sie werden ein Gefühl bekommen für die Einwirkung Ihres Wesens auf das Universum als Ganzes, für Ihren Beitrag zu dem - sagen wir - großen Drama, das sich im Universum abspielt. Das wäre die kosmische Dimension.

Um mit dem anderen Aspekt der kosmischen Dimension zu arbeiten - wenn Sie sich erinnern -, wenden wir uns nach innen und halten unseren Atem an. Wir verbreiten uns von innen, wir beginnen vom Standpunkt anderer Menschen aus zu denken und so weiter. Das ist eine komplementäre Perspektive zu der weitreichenderen.

Um die Erweckung in der transzendentalen Dimension zu begünstigen, verschieben Sie Ihre Aufmerksamkeit beim Einatmen vom unteren Ende der Wirbelsäule aufwärts. Bei der kosmischen Dimension haben Sie sich auf den Solarplexus konzentriert, als Sie den Atem anhielten. Jetzt steigen Sie beim Einatmen die ganze Wirbelsäule hinauf und konzentrieren sich auf den Punkt oberhalb des Kopfes, während Sie den Atem anhalten. Verschieben Sie Ihre Aufmerksamkeit beim Ausatmen die Wirbelsäule hinunter. Das ist natürlich eine Anfangsübung.

Auf einer weiteren Stufe setzen Sie die Bewegung nach oben fort und konzentrieren Ihre Aufmerksamkeit aufwärts im Raum, nachdem Sie den Scheitel erreicht haben. Beim Anhalten des Atems ist es so, wie wir gesagt haben: Bellerophon reitet Pegasus auf seinem Weg zum Olymp, und in einem bestimmten Moment kann Pegasus nicht höher fliegen, und Bellerophon muß seinen Weg allein fortsetzen.

Also stellen Sie sich vor, daß Ihr Atem Pegasus ist, und er trägt Ihr Bewußtsein nach oben. In einem bestimmten Moment kann Ihr Atem Sie nicht weiter tragen - aber er hat Ihnen Schwung verliehen. Sie nutzen diesen Schwung, um sich in die höheren Sphären zu erheben. Drehen Sie die Augen nach oben, während Sie den Atem anhalten.

Wir müssen das weiter verfolgen, indem wir uns der verschiedenen Ebenen bewußt werden und sie erforschen, sonst könnte es sein, daß wir uns in einem sehr vagen Zustand verlieren, in einer Art von Nicht-Wissen. Beim Ausatmen versuchen Sie die Erinnerung an Ihren Abstieg durch die Sphären in Ihr Gedächtnis zurückzurufen. Eine Methode wäre, zu denken, daß Sie ein Bewohner des Weltraumes sind. Sie sind auf dem Planeten Erde gelandet, um die Bedingungen auf dem Planeten zu erfahren und sogar einen gewissen Einfluß auf ihn zu nehmen. Infolgedessen erleben Sie oder erforschen Sie Ihre Verbindung mit der Gesundheit Ihres Körpers und mit Körperlichkeit im allgemeinen - die das Gerüst nicht nur des Planeten, sondern des ganzen Universums ist.

Es geht nicht nur darum, Ihre Aufmerksamkeit beim Aufstieg von einem Chakra zum nächsten zu übertragen. Sie verschieben Ihr Identitätsgefühl. Dies ist einer der Schlüssel. Sie fühlen sich wie ein ätherischer Körper, und dann fühlen Sie sich wie ein Lichtwesen. Das sind Grundschritte.

Eine fortgeschrittenere Art, dies zu tun - Ihr Identitätsgefühl zu verschieben -, ist: genauer zu sein, so klar wie möglich. Sie erkennen, daß Ihr Denken mit Materie verknüpft sein kann. Denken Sie an etwas, was Materie beinhaltet. Wenn Sie ein Tischler sind, arbeiten Sie mit Holz. Oder sogar wenn Sie ein Musiker sind, gehen Sie mit Klang als Materie um. Aber Sie können auch einen Punkt erreichen, an dem Materie bei der Gestaltung nicht beteiligt ist. Es gibt verschiedene Ebenen von Gedanken.

Das gibt Ihnen einen Hinweis darauf, wie Sie zur transzendentalen Dimension erwachen: wenn Sie während der Meditation Ihr Denken so verändern, daß es nicht mehr mit irgendeiner Vorstellung der physischen Welt verbunden ist - zum Beispiel, wenn Sie ein Wazifa kontemplieren. Das ist einer der Schritte: weder an ein materielles Objekt noch überhaupt an räumliche Anordnung zu denken. Die Folge ist, daß Ihr Denken sich aufwärts in die transzendentale Dimension verlagert, und das hat eine sofortige Wirkung auf Ihr Identitätsgefühl.

Unsere Ausgangsposition ist das Denken in räumlichen Begriffen, wie etwa in der Formulierung: *Wir heben unser Bewußtsein aufwärts*. In einem bestimmten Moment ist Raum nicht mehr relevant, und wenn Sie dann weiter denken, daß Sie sich im Raum erheben, dann werden Sie in einen Astralzustand geraten - das ist keine Meditation. Der Schlüssel ist, zu erkennen, daß die Vorstellung von Raum mit Materie assoziiert ist.

Um in der transzendentalen Dimension zu erwachen, müssen Sie Ihr Denken so verändern, daß sowohl Raum als auch Zeit keine Bedeutung mehr haben. Als Folge davon entdecken Sie, daß Sie immer existiert haben und daß Sie nicht im Raum lokalisiert sind. Auf einer bestimmten Stufe hat Raum keine Bedeutung.

Der Schlüssel ist in den Worten von Pir-o-Murshid zu finden: *Sie können sich selbst willentlich aus Ihrem irdischen Zustand erheben.*[5] Die Methode, das zu tun, ist davon auszugehen, daß Ihr Identitätsgefühl nur ein Zustand ist. Das ist das richtige Wort: Es ist ein Zustand, so wie die Welle ein Zustand des Meeres ist. Sie lösen also Ihren Identitätsbegriff von der Vorstellung, ein erdgebundenes Wesen zu sein. Dadurch beginnen Erinnerungen Ihres himmlischen Zustandes in Ihrem Gedächtnis aufzutauchen.

Das ist die Bedeutung davon, der Sohn oder die Tochter Gottes zu sein anstatt der Sohn oder die Tochter Ihrer Eltern. Solange Sie von sich selbst denken, daß Sie die Person sind, die in jenem Haus wohnt und diesen Job macht, oder daß Sie der Sohn oder die Tochter dieser Eltern und dieser Vorfahren sind, werden Sie nie fähig sein zu erwachen. An dem Punkt stehen die meisten Menschen.

Es könnte nützlich sein, von sich zu denken, daß Sie wie bestimmte Vögel sind - Sturmschwalben zum Beispiel -, die die meiste Zeit am Himmel verbringen. Sie lassen sich nur zur Erde herab, um einen Fisch zu fangen, und dann schwingen sie sich wieder empor zum Himmel.

Natürlich müssen wir zwischen Ein- und Ausatmen abwechseln, und Sie halten dazwischen sogar den Atem an. Beim Ausatmen werden Sie sich des Wunders bewußt, wie Sie mit Ihrem eigenen Körper in das Gefüge des Planeten einbezogen sind oder in das Gefüge des Universums.

Diese Verbindung ist so paradox, daß es unmöglich ist, sie zu erklären. Aber sie wird sehr deutlich sichtbar, wenn Sie sich fragen: *Wie kommt es, daß mein Arm sich bewegt, wenn ich daran denke, ihn zu bewegen? Wie kann ich dieses Fleisch durch einen mentalen Akt bewegen?* Diese Verbindung ist sehr tief. Sie müßten Physiologie studieren, um zu sehen, wo und was diese Verbindung ist: das Feuern der Neurotransmitter, die Hormone und die ganze innere Struktur - was wir die esoterische Chemie nennen würden.

Tatsache ist, daß Materie mit Intelligenz ausgestattet ist. Sie kommunizieren mit dem Verstand der Zellen. Oder man könnte sagen, daß der übergeordnete Verstand des Körpers, der Person sich mit dem Verstand der Zellen in Verbindung setzt und eine Aktivität auslöst. Das ist heutzutage eine mehrheitlich akzeptierte Auffassung: die "Geist-Körper-Beziehung" *(engl.: mind/body connection)*. Aber es wird bezweifelt, daß das Denken ohne Gehirn funktionieren kann. Wir sagen, daß dort, wo Materie eine Rolle spielt, das Denken bestimmten Mustern folgen muß, es gibt da gewisse Zwänge. Aber das Denken ist fähig, mit Gedanken umzugehen, in denen Materie nicht vorkommt.

Das ist eine philosophische Frage, eine metaphysische Frage. In der Praxis würden wir sagen: *Um zu erwachen, denken Sie, daß Sie ohne Gehirn denken können.* Sie haben schon gedacht, bevor Sie gezeugt wurden oder einen Körper bekamen, und Sie werden nach der Auflösung des Körpers fortfahren zu denken. Der Körper liefert Ihnen ein sehr gutes Hilfssystem, aber - wie Pegasus - Sie können ohne ihn auskommen. Ab einem bestimmten Punkt können Sie ohne ihn auskommen.

Beim Anhalten des Atems geschieht es, daß Ihr Bewußtsein sich emporhebt. Aber denken Sie nicht, daß es sich im Raum aufwärts hebt. Um das zu vermeiden, brauchen wir irgendeinen Hinweis auf die verschiedenen Sphären oder Ebenen, in denen wir existieren. Wenn sich die Aufmerksamkeit auf den Bereich oberhalb Ihres Kopfes verlagert hat und Sie den Atem anhalten, setzen Sie den Aufstieg fort - aber nicht im Raum. Es ist eher so, daß Sie von einer Sphäre zur anderen wechseln, als daß Sie sich im Raum aufwärts heben.

Um ein Gefühl für die erste Sphäre zu gewinnen, die *Nasut* genannte Ebene, denken Sie von sich selbst, daß Sie aus feinstofflicher Materie bestehen. Zu denken, daß Sie ein Lichtwesen sind - nicht physisches Licht, sondern ein Lichtwesen -, wird Sie in Ihrem Denken von der Vorstellung physischer Materie, die in Raum und Zeit lokalisiert ist, befreien. Sie waren vor Ihrer Geburt und vor der Empfängnis ein Wesen von Licht, und Sie werden es weiterhin sein. Wir sprechen nicht von physischem Licht.

Da Raum hier nicht von Bedeutung ist, hat das Licht Ihres Wesens offensichtlich keine Grenze und befindet sich nicht irgendwo im Raum. Wir sind so daran gewöhnt, in Begriffen von Lokalisierung in Zeit und Raum zu denken, und davon, aus Materie zu bestehen, daß es sehr schwierig ist, dieses gewohnheitsmäßige Denken zu überwinden und unseren Identitätsbegriff zu verändern. Das ist natürlich ein Schlüssel: sich von seinen Denkgewohnheiten zu befreien. Es gibt Methoden dafür, und ich werde Ihnen eine Methode zeigen.

Stellen Sie sich vor, daß Sie zu einer Reise in den Weltraum aufbrechen. Heutzutage wird das gemacht, und es ist ohne weiteres möglich. Sie unternehmen einen Raumspaziergang, auch das ist machbar. Aber hüten Sie sich davor zu denken: *Wie wunderbar, diese Sterne zu sehen und den Planeten dort draußen im Raum.* Wenn Sie an sich selbst als an eine Aura denken und daran, daß die Sterne als Ihre Aura konvergieren, dann sind die Sterne nicht mehr das Objekt Ihrer Kenntnis. Sie selbst sind das Licht der Sterne. Ihr ganzer Identitätsbegriff hat sich verschoben - weg von der Vorstellung, der Beobachter zu sein, das Individuum, und auch davon, sich im Raum zu befinden und in der Zeit.

Dies sind Übungen für die Vorstellungskraft, die Macht der Imagination, die einen sehr starken Druck auf Ihre gewöhnlichen Annahmen ausüben. Um zu erwachen, müssen Sie sich wirklich aus Ihren gewöhnlichen Annahmen aufrütteln. Erwachen ist immer eine plötzliche Verschiebung der Perspektive.

Wir können dankbar dafür sein, daß wir in der Zeit leben, in der Joseph Campbell uns den Wert der Mythen bewußt gemacht hat.[6] Die zweite Ebene wird *Mithal* genannt. Sie hebt uns über das oberflächliche Niveau der gewöhnlichen Erfahrung. Wir entdecken eine Ebene unseres Denkens, die wir in unserem abgeflachten Universum vernachlässigen. Die Alten fühlten sich mit dem Mythos besser als auf die Art, wie wir in unserer materialistischen Gesellschaft konditioniert worden sind.

Es ist wichtig zu erkennen, daß der menschliche Geist *(engl.: mind)* so denkt, wie das Universum denkt. Wenn es anders wäre, könnten wir niemals das Universum verstehen. Auf einer bestimmten Ebene unseres Denkens denkt das Universum daher als unser Denken - in der Art, wie wir denken. Das geschieht auf der Ebene der Metapher. Es ist vergleichbar mit der Art des Denkens, das in einem Komponisten vor sich geht, bevor es sich in Noten, in Rhythmen, in Orchestrierung materialisiert. Die h-moll Messe von Bach ist ein Mythos, und er materialisiert sich in Noten. Ursprünglich ist sie ein Mythos.

Vorläufig gehen wir durch diese Ebenen einfach als eine Art von Kostprobe. Später müssen wir ein bißchen mehr in die Tiefe gehen. Die nächste Ebene, *Malakut*, ist wirklich wie eine Erweckung - ganz plötzlich erinnern Sie sich, Sie sehen sich als einen gefallenen Engel. Das ist ein sehr gutes Wort dafür. Eine der Möglichkeiten, das zu tun, liegt darin, das Kind in

Ihnen zu entdecken. Sie sehen, daß das Kind im reifen Menschen noch vorhanden ist. Natürlich hat der reife Mensch Qualitäten entwickelt, die im Kind verborgen waren, die noch nicht in Erscheinung getreten waren. Aber es ist dieser wehrlose, verletzliche, idealistische Aspekt Ihres Wesens, der Ihnen Zugang verleiht zu den himmlischen Sphären.

In der Meditation oder während eines Retreats mögen Sie beispielsweise fühlen, daß Sie an der kosmischen Feier im Himmel teilgenommen haben. Sie kehren zurück zu Ihrem irdischen Zustand, zu Ihrem Job und zu den Menschen in Ihrer Umgebung, zum Supermarkt und so weiter, und Sie denken: *O Gott, was für ein Absturz! Ich habe vergessen, wer ich bin.* Es ist unglaublich - nicht nur, was für ein Absturz, sondern was für eine Unwissenheit! Andererseits, wenn wir nicht unwissend wären, würden wir vielleicht nicht herumlaufen und die materiellen Dinge tun, die wir tun, und wir würden verhungern.

Möglicherweise sind wir also so programmiert, unwissend zu sein. Aber Erweckung ist natürlich das Gegenteil von Unwissenheit, ein Umkehren dieser Unwissenheit. Es ist schwer, ein erwachter Mensch zu sein und sich mit dem Kleinkram des Lebens zu beschäftigen. Aber das ist, was von uns verlangt wird. Wir sind so lange durch unsere Unwissenheit geschützt, bis wir diesen Schutz nicht mehr brauchen.

Alle diese Ebenen, diese Sphären sind Übergänge: jede ist der Übergang zwischen der Ebene über ihr und der Ebene unter ihr. Auf der Ebene, die Malakut genannt wird, der himmlischen Ebene, gibt es noch eine Art von Gestaltung. Es ist nicht genau eine Form, denn es gibt kein Profil. Das Wort *Antlitz* kommt einem in den Sinn, eher der Gesichtsausdruck als das Gesicht - wie die Fotos von Walter Chappell. Aber um höher zu gelangen als zur Ebene der Engel müssen wir jedes Gefühl, jeden Rest von dem aufgeben, was wir unter Form verstehen.

Das Schlüsselwort für diese nächste Sphäre ist Glanz, das Reich von Glanz. Buddha spricht von den *Wesen von reinem Glanz:*[7] keine Form, kein Bewußtsein - Intelligenz, aber kein Bewußtsein. Wir nennen die Ebene von reinem Glanz *Jabarut.* Es ist klar, daß diese Ebene nur durch Emotion zugänglich ist, durch die Einstimmung unserer Emotionen, nicht durch unseren Willen oder durch unser Denkvermögen. Lassen Sie sich durch eine Vorstellung tragen, durch ein Vorgefühl von Seligkeit, das wir in unserem Leben gewöhnlich dämpfen. Wir erwarten keinen Glanz. Wir entscheiden uns eher für Kieselsteine als für Perlen. Über Geschmack läßt sich nicht streiten.

Es ist erhabene Emotion - nicht die Emotion Ihres persönlichen Ärgers oder Grolls oder Ihrer Befriedigung, sondern erhabene, unpersönliche Emotion -, die Ihr Bewußtsein von der himmlischen Ebene in die Sphäre von Jabarut erheben wird. Auf dieser Ebene löst sich Ihr Gefühl, ein Individuum, ein getrenntes Individuum zu sein, auf. Tatsächlich verlieren Sie jegliches Identitätsbewußtsein. Sie wissen nicht, wer Sie sind. Sie haben das Gefühl, daß Sie sich durch Ihren Identitätsbegriff haben täuschen lassen und durch die Erscheinung der Dinge und Ihr Engagement in der materiellen Welt. Das Leben auf der Erde scheint tatsächlich ein Traum zu sein.

Es gibt höhere Sphären, aber möglicherweise fühlen Sie sich schwindelig, diese Höhe erreicht zu haben. Alles, was wir über weitere Ebenen sagen könnten, wären nur Worte, es wäre Theorie anstatt Wirklichkeit. Man findet Aussprüche von Mystikern, die etwas von diesen weiteren Ebenen vermitteln.[8] Das Höchste natürlich ist die göttliche Absicht. Sie mögen ein Computerprogramm haben, aber das Programm ist zugeschnitten auf Ihre Ziele. Die Absicht ist eine höhere Ebene als die Programmierung. Die Programmierung des Universums zu entdecken ist schon ziemlich aufregend, aber die Absicht dahinter, die göttliche Absicht - das erschüttert unser Begriffsvermögen.

Wenn wir den Versuch machen, eine solche Erfahrung in etwas zu übersetzen, was unser Verstand erfassen kann, dann erscheint das ziemlich banal. Wie zum Beispiel: *Der ganze Zweck des Lebens ist Liebe, die göttliche Liebe.* Nun, das ist die beste Art, wie wir es sagen können. Aber wenn wir tatsächlich lieben und nicht nur über Liebe sprechen, dann macht es den höchsten und äußersten Sinn. Es wird die äußerste Bedeutung vermitteln.

Vielleicht könnten wir das Wort Großherzigkeit verwenden, das fast noch besser ist als Liebe. Ein Beispiel für Großherzigkeit wäre, wenn ein Vater oder eine Mutter nicht nur wünschte, daß seine/ihre Tochter oder der Sohn ein wunderbares Abbild von ihm/ihr selbst wäre, sondern daß der Sohn oder die Tochter besser als er/sie selbst würde. Das ist die Bedeutung von *Rahmaniat*: es ist die Absicht hinter dem Ganzen. Ein sehr gutes Modell dafür wäre die Vorstellung, daß Gott hofft, daß die Kinder Ihn/Sie auch übertreffen. Das ist natürlich nur ein Modell; es könnte uns helfen, etwas jenseits unseres Verstandes zu begreifen.

Es gibt ein Wort des heiligen Augustinus: *Gott wird Mensch, damit der Mensch Gott wird.*[9] Das ist die Absicht hinter alldem. Denken Sie an Gott als dynamisch anstatt statisch, Gott im Werdeprozeß als uns, statt in einem vollkommenen Zustand seit jeher bestehend, von dem wir nur ein sehr dürftiges Abbild sind. Das ist die Bedeutung von *Dhul-Jelal wa-l-Ikram*: Gott im Prozeß des Gottwerdens, als uns - nicht *durch* uns, sondern *als* uns.

Der Schlüssel zu dieser Ebene, die *Lahut* genannt wird, ist in den Worten von Pir-o-Murshid Inayat Khan zu finden: *Gott entdeckt Seine Vollkommenheit in unserer Unvollkommenheit.*[10] Sie können die Stimme Carusos in ihrer Verzerrung finden.

Wenn wir erwachen, entdecken wir die göttliche Vollkommenheit durch unsere Unvollkommenheit. Wir sind in der Lage, uns über unseren irdischen Zustand zu erheben. Wir müssen uns mit unserer Vollkommenheit identifizieren, die die göttliche Vollkommenheit innerhalb unserer Unvollkommenheit ist, anstatt bei unserer Unvollkommenheit zu verweilen, was uns in unserem irdischen Zustand festhält.

Sie sehen, wenn wir die Wörter Vollkommenheit und Unvollkommenheit verwenden, sprechen wir immer noch in Begriffen von Vielfalt. Lahut ist die Ebene der Archetypen. Aber es gibt eine Ebene darüber, die *Hahut* genannt wird, wo jedes Gefühl von Vielfalt aufgehört hat. Man kann nicht sagen, daß man die Einheit sieht, denn man taucht ein in diese Einheit. Das kommt in den Worten von al-Hallaj zum Ausdruck: *Ana'l-haqq! (Ich bin die Wahrheit!)*[11] Das bezieht sich auf das eine und einzige Ich. Sie entdecken sich selbst als den göttlichen Zuschauer anstatt als das Mittel, durch das die göttlichen Qualitäten in Tätigkeit gesetzt werden.

Vielleicht können wir diesen Überblick über die Ebenen mit einer Wiedergabe des *Hadith* beenden, das im Mittelpunkt des ganzen Sufismus steht.[12] In der Tradition geben Sufi-Lehrer eigene Kommentare dazu ab, wie zum Beispiel Ibn 'Arabi. Unser Kommentar ist, daß Gott spricht: *Ich war ein verborgener Schatz, und ich liebte es, bekannt zu sein* (es bedeutet also nicht: *Ich sehnte mich danach, bekannt zu sein* oder *mich selbst zu kennen*). *Und deswegen wurde ich im Bewußtsein aller Wesen das Subjekt meiner Selbst-Entdeckung, und in der Natur aller Wesen wurde ich das Objekt meiner Selbst-Entdeckung.* An dieser Stelle tritt Dualität in Erscheinung: um die göttliche Absicht zu erfüllen. Doch ursprünglich existiert nur ein verborgener Schatz. Sowohl Subjekt als auch Objekt spielen sich innerhalb der höchsten Einheit ab.

Das ist der Grund dafür, daß das Ziel im Vedanta Einheit jenseits der Dualität ist. Vedanta und Sufismus sind gleich.

7.

Stufen von Samadhi

Wir müssen Übungen machen, um das anzuwenden, was wir untersucht haben. Als erstes seien Sie sich ganz im klaren darüber: Um zu erwachen, müssen Sie äußerst lebendig sein. Manche Menschen scheinen beim Meditieren halbtot zu sein, in einem nebelhaften Trance-Zustand. Doch Sie wollen sehr gewahr und sehr wach sein. In einem erwachten Wesen gibt es nichts von einem tranceähnlichen Zustand. Sehr gewahr zu sein bedeutet, hinter den Vorhang zu schauen, zu sehen, was als das Drama des Lebens gespielt wird.

Was suchen wir in der Erweckung? Wir möchten uns selbst innerhalb des Universums sehen, unseren Zweck erkennen. Wir sehen ein, daß es keine Möglichkeit gibt, dies mit unserem gewöhnlichen Denken zu erfassen. Wir haben das Gefühl, daß wir irgendwie getäuscht werden, daß wir uns durch die Erscheinung der Dinge täuschen lassen. Also, Erweckung bedeutet wirklich, die Täuschung von *Maya* zu entlarven. Daran besteht kein Zweifel. Es erfordert einen Stoß, das Freisetzen von Energie, einen Durchbruch von Energie. Pegasus verkörpert die Energie unseres Wesens, die das Bewußtsein über die Mittelmäßigkeit hinaushebt - so wie Einstein sich vorstellte, wie es wäre, mit Lichtgeschwindigkeit auf einem Photon zu reiten.

Es gibt einen Satz, den die Tibeter verwenden: *Das Denken reitet den Wind.* Denken Sie immer daran: Unser Bewußtsein wird immer von Energie getragen und unterstützt. Damit unser Bewußtsein in höhere Ebenen aufsteigen kann, müssen wir feinere Energie anwenden. Die Tibeter sagen das auch; sie sprechen von verschiedenen Niveaus von Energie und von den verschiedenen Formen des Denkens, die jeweils einem Energieniveau entsprechen. Als wir damit gearbeitet haben, unser Bewußtsein von einem Chakra zum nächsten zu übertragen, haben wir die Energie erweckt, die der jeweiligen Ebene entspricht, die Energie jedes einzelnen Chakras.

Jedes Chakra repräsentiert ein bestimmtes Niveau von Energie. Man kann zum Beispiel an einen Gong denken: Indem Sie ihn anschlagen, erwecken Sie ihn. Das Wort *Erweckung* bezieht sich hier auf das Freisetzen von Energie. Der Gong klingt bereits, auf eine Weise, die wir nicht vernehmen können. Die Moleküle und Atome vibrieren schon. Aber indem Sie ihn anschlagen, wirken Sie mit einer neuen Kraft auf ihn ein. Die Folge davon ist, daß die verschiedenen Atome aufgrund ihrer gegenseitigen Resonanz sich miteinander zu verbinden beginnen und definierte Wellenmuster bilden. Also, Sie schlagen den Gong an, um ihn zu erwecken.

Stellen Sie sich vor, daß Sie auf die gleiche Weise - sagen

wir - die ganze Komposition von Energien in Ihrem Wesen anschlagen müssen, damit Ihr Bewußtsein erwacht.

Ein anderes Beispiel wäre, sich eine Flamme vorzustellen, die in Ihrer Wirbelsäule aufflammt. Denken Sie sich Ihre Wirbelsäule als einen Kamin, und eine Flamme steigt darin auf. Am unteren Ende ist sie rot, und indem sie aufsteigt, wird sie orange, dann gelb, dann grün, dann blau - das ganze Spektrum der Farben. Das bloße Vorstellen der Farben wird Ihnen helfen, die Energieebenen zu wechseln, während Sie einatmen. Sie erwecken Fähigkeiten in sich einfach durch die Macht des Denkens über die Materie, durch die Macht der Vorstellungskraft.

Eine andere Betrachtungsweise ist, sich vorzustellen, daß Sie im Schlaf aus Ihrem Tagesbewußtsein erwachen, anstatt zu denken, daß Sie vom Schlaf zum Tagesbewußtsein erwachen. Die Technik, die man dazu anwendet, besteht darin, sich an der Schwelle zwischen Tagesbewußtsein und Schlaf zu halten - Schlaf mit Träumen -, so daß Erinnerungen an die Welt noch in Ihrem Gedächtnis verweilen, aber sie sind eher wie ein Echo.

Sie erinnern sich nur an einen winzigen Bruchteil des außerordentlichen Reichtums, den Sie die ganze Zeit wahrnehmen. Wenn Sie beispielsweise versuchen, sich daran zu erinnern, wie es aussah, im Schnee spazierenzugehen, stellen Sie fest, daß das, woran Sie sich erinnern, sehr wenig ist im Vergleich mit dem Reichtum der Umgebung. Und doch dauert diese Erinnerung in Ihrer Psyche fort. Es ist sehr wichtig zu wissen, daß die Welt in unserer Psyche weiterlebt. Unsere Psyche ist mit den Eindrücken der Welt ausgestattet. Sie sind in unsere Psyche eingebettet, sie leben und wirken dort weiter und befruchten sich gegenseitig mit anderen Eindrücken.

Wichtiger noch, die Vorstellung, die wir uns von der Welt machen, ist, wenn nicht falsch, so doch zumindest sehr armselig. Sie ist sehr unzulänglich. Ihre Psyche ist mit einer Menge Zeug ausgerüstet, das unwahr klingt. Das setzt sich in Ihre Träume hinein fort. Sie träumen von Eindrücken, mit denen Sie in Ihrem Tagesbewußtsein nicht angemessen umgegangen sind. Wie wir schon gesehen haben, ist der Traumzustand der implizite Zustand des menschlichen Geistes *(engl.: mind)*. Alle diese Eindrücke sind miteinander vermengt, und so bewegen Sie sich durch den Prozeß der Assoziation von einem zum anderen, ohne einen wirklichen Zusammenhang.

Erkennen Sie, wie Sie im Traumzustand den Zugriff zu Ihrem zusammenhängenden Denken verloren haben? Mit anderen Worten, Sie haben das Gefühl für Übereinstimmung verloren. Der Verstand versucht Zusammenhänge zu erkennen, die jenseits seiner üblichen Fähigkeit liegen. Deshalb sind die Eindrücke in Träumen so verwirrend. Wenn Sie sich an der Schwelle halten, sind Sie der Eindrücke der physischen Welt gewahr, jedoch nur undeutlich. Was Sie während des Meditierens tun können, ist, den Input von Eindrücken aus der physischen Welt immer entfernter werden zu lassen. Es scheint, daß sie irgendwo ist, aber Sie können sie nicht richtig erreichen. Sie erinnern sich daran, aber Sie erleben es nicht. Das ist die erste Stufe in den Samadhi-Übungen.

Die Methode, die Eindrücke etwas weiter von Ihrem Bewußtsein wegzuschieben, ist zu denken, daß sie irreführend sind. In gewisser Weise entwerten Sie Ihre Einschätzung der physischen Welt, und das gleiche gilt für Ihre Probleme. Sie erinnern sich an Ihre Probleme, oder, besser gesagt, woran Sie sich erinnern, ist Ihre Einschätzung Ihrer Probleme. Es sind nicht Ihre Probleme, es ist Ihre Einschätzung.

Überzeugen Sie sich davon, daß Ihre Einschätzung nicht absolut sein kann. Also muß sie relativ sein, und wahrscheinlich liegt sie völlig daneben. Die Folge ist, daß die Herrschaft, die diese Probleme über Ihr Bewußtsein ausüben, geschwächt wird. Jetzt scheinen die Probleme ein bißchen nebulös zu sein, und tatsächlich scheint die ganze physische Welt ein bißchen nebulös zu sein. Das geschieht, wenn Sie dabei sind einzuschlafen, wenn Sie an der Schwelle sind.

Wenn Sie von der Schwelle ein kleines bißchen zum Traumzustand hinüberwechseln, dann verlieren Sie Ihre Erinnerung an die physische Welt, außer, daß sie in Ihrer Vorstellung Gedanken, schöpferische Gedanken auslöst. Die Erinnerung an Ereignisse in der physischen Welt wirkt als Katalysator, der Bilder und Gedanken hervorruft, die nicht ganz übereinzustimmen scheinen. Ihre emotionalen Frustrationen werden durch den Rückstand von Erinnerungen des täglichen Lebens ausgelöst, vielleicht durch den Assoziationsprozeß. Im Traumzustand versuchen unentwickelte Wünsche, Enttäuschungen oder Frustrationen sich Ihnen bemerkbar zu machen, indem sie sich in Formen oder sogar Szenarios gestalten. Es ist nicht immer klar, was diese Gestaltungen bedeuten.

Zum Beispiel: Sie sehen plötzlich Ihren Reisepaß, und Sie verstehen den Traum nicht. Vielleicht sagt Ihnen der Traum, daß Sie sich ein wenig klarer sein möchten über Ihre Identität. Oder Sie sehen ein Pferd: Das könnte einen Ausbruch von Energie bedeuten, die zurückgehalten wurde.

Der Rückstand von Erinnerungen der äußeren Welt löst schöpferische Vorstellungen aus. Die Vorstellungen selbst, die Formen, die sie annehmen, sind nur das Mittel, durch das tiefere Ebenen Ihres Wesens versuchen, sich Ihnen bekannt zu machen. Wenn Sie an der Schwelle stehen, sind Sie in der Lage, diesen Zusammenhang zu erkennen. Dies ist schon ein Grad von Gewahrsein, den wir nicht erreichen können, wenn wir einfach in der physischen Szenerie der Welt gefangen sind. Da gibt es Eindrücke, die aus der Tiefe Ihres Wesens durchzukommen versuchen. Aber wenn wir emotional an unsere

Probleme gebunden sind oder an unsere Frustrationen oder unsere Wünsche, dann werden diese Bilder über die Eindrücke herrschen, die aus den himmlischen Sphären durchzukommen versuchen. Es ist klar, es ist jetzt offensichtlich, daß Sie, wenn Sie Ihr Bewußtsein zu dem anheben wollen, was man *Samadhi* nennt - zur Erweckung -, daß Sie dann zunächst eine Menge Klärungsarbeit leisten müssen, was Ihre persönlichen Wünsche betrifft. Wahrscheinlich ist das der Grund, warum Buddha sagt, daß der Weg zum *Nirwana* bedeutet, wunschlos zu sein, ohne Wünsche zu sein.

Das scheint konträr zu allem, was wir über den Wunsch gesagt haben, eine schöne Welt mit schönen Menschen zu schaffen. Irgendwie scheint es häufig so, als ob Sie in dem Maße, wie Sie an dem Erbauen dieser schönen Welt beteiligt sind, Ihren persönlichen Gewinn oder Vorteil verfolgen wollen - oder jedenfalls, was Sie für einen persönlichen Vorteil halten. Aber wenn Sie es schaffen, das Abrutschen in dieses rein egoistische Streben zu vermeiden, dann können Sie Erfüllung im Leben suchen mit dem Ziel, Vorzüglichkeit zu erlangen. Sie können auch als hingebungsvoller Mensch Verwirklichung im Leben suchen - in dem Fall werden Sie nicht in Ihren emotionalen Frustrationen steckenbleiben.

Der Schlüssel, um Zugang zu den himmlischen Ebenen Ihres Wesens zu haben, ist also, zu handeln, ohne daß Ihr Handeln durch Begierde bestimmt ist. Die Folge ist, daß sich der ganze Bereich frustrierter Wünsche klären wird. Aber der Schlüssel dazu ist *Vairagya*, ein Wort, das man in Indien findet; es bedeutet Losgelöstheit und Indifferenz. Pir-o-Murshid sagt: *Indifferenz und Unabhängigkeit sind die beiden Flügel, die der Seele die Fähigkeit verleihen zu fliegen.* Und: *Indifferenz ist eine Treppe, die Sie von irdischen Bindungen befreit und Ihnen Zugang gibt zu den himmlischen Sphären.*[1]

Wir arbeiten mit zwei Dingen: einerseits mit dem Erfüllen

von *Ishq Allah*, der Sehnsucht, eine schöne Welt mit schönen Menschen zu erbauen, und andererseits mit Losgelöstheit. Nun entdecken wir, daß das Ego auf den Plan tritt, wenn Sie etwas zustandebringen wollen - es sei denn, Sie sind sich völlig im klaren über Ihre Motivationen. Deshalb steht nach Auffassung der Sufis am Beginn jeder Meditation *Muhasibi*: Sie konfrontieren sich mit Ihrem Gewissen, anstatt mit dem Bewußtsein zu arbeiten. Sie fragen sich: *Was sind meine Motivationen? Warum tue ich das?*

Wenn Sie diese Gewissensüberprüfung nicht machen, dann mangelt es Ihren Träumen an Klarheit. Sie sind sich im unklaren; es gibt eine Art von Zwiespältigkeit in Ihren Zielen im Leben. Sobald Sie den Mut gehabt haben, sich Ihre Absichten genau anzusehen - da wenden Sie das Wazifa *Ya Haqq*, Wahrheit, an -, scheint sich alles in Ihrer Psyche zu ordnen. Die Sufis nennen das *das Klären des Spiegels*. Dann beginnen Sie im Schlaf zu erwachen, anstatt von all dem Zeug zurückgehalten zu werden, das Sie noch zu verdauen haben. Deshalb wird im Vedanta eine Unterscheidung gemacht zwischen Tiefschlaf und Schlaf mit Träumen.

Im Vedanta ist Samadhi charakterisiert durch Erwachen im Tiefschlaf. Es gibt keine Bilder. Sie umgehen, was man die *schöpferische Vorstellungskraft* nennt, die Fähigkeit des menschlichen Geistes, Bilder zu projizieren. Und wenn Sie das tun, während Sie sich an die Ereignisse des täglichen Lebens erinnern, dann entlarven Sie die Täuschung. Sie rufen sie sich nicht mehr einfach nur so ins Gedächtnis, wie sie erschienen. Dies wird verdeutlicht im Bild eines nächtlichen Spaziergangs im Wald. Sie denken, Sie sehen eine Schlange. Am nächsten Tag gehen Sie denselben Weg, und Sie erkennen, daß es ein Seil ist. Wenn Sie dann am nächsten Abend denselben Weg wieder gehen, sehen Sie, daß es tatsächlich wie eine Schlange aussieht, aber jetzt wissen Sie, daß es keine Schlange ist. Sie erinnern sich also an die Ereignisse des Tages, aber gleichzeitig entlarven Sie die Täuschung. Die Erinnerung daran kann daher nicht in Ihre Psyche eindringen und sie verunreinigen.

Das ist die erste Stufe in den Yoga-Sutras des Patanjali. Lassen Sie es uns so ausdrücken: Wenn Sie anfangen zu meditieren und dabei versuchen, Ihr Denken zu kontrollieren, führen Sie einen aussichtlosen Kampf, denn das Denken ist stärker. Sie können es nicht kontrollieren. Und es ist kontraproduktiv, die Dynamik des Denkens zu unterdrücken. Wenn Sie anfangen zu meditieren und nicht versuchen, Ihr Denken zu kontrollieren, sondern der kosmischen Dimension Ihrer Emotion freien Lauf geben, dann denken Sie bei sich: *Was für ein Wunder ist diese Welt!*

Dies alles ist verknüpft mit unserem Konzept von Gott. Wir müssen uns darüber ganz im klaren sein. In der einen oder anderen Weise bedeutet Erweckung, in das Denken des Universums hineinzugelangen, es beinhaltet, in das Denken des Universums einzutreten. Sie müssen eine klare Vorstellung davon haben, was Sie mit Gott meinen. Dies sind Konzepte, aber Sie erinnern sich, was Pir-o-Murshid sagte: *Unser Konzept von Gott ist die Stufenleiter zu unserer Gotteserfahrung.*[2] Seien Sie sehr vorsichtig, daß Sie Gott nicht mit Ihrem Konzept von Gott verwechseln. Aber trotzdem müssen Sie mit einem Konzept beginnen und dann erkennen, daß es völlig unzulänglich ist.

Das Konzept von Gott, das heutzutage als das akzeptabelste erscheint, wäre, daß das ganze Universum ein Wesen ist, daß der physische Kosmos der Körper dieses Wesens ist und unser Körper ein Teil dieses Körpers, daß das Universum denkt und daß unser Denken ein Teil des Denkens dieses Wesens ist, des Denkens Gottes, daß das Universum Emotionen zum Ausdruck bringt, also Emotionen hat, und daß wir an diesen Emotionen teilhaben, daß das Universum ein Bewußtsein hat und wir an diesem Bewußtsein teilhaben und daß man dieses Wesen nicht auf einen physischen Körper oder nicht einmal auf Denken und Fühlen begrenzen kann. Man müßte zum Beispiel die Engelssphären einschließen.

Darüber hinaus ist dieses Wesen nicht nur bewußt, sondern intelligent. Intelligenz repräsentiert den Urgrund des Bewußtseins, sie ist also eine tiefere Realität als das Bewußtsein. Im Bewußtsein gibt es immer die Dualität von Subjekt und Objekt, während Intelligenz jenseits dieser Dualität ist. Letzten Endes ist jedes Konzept, das wir uns von Gott machen, völlig unzulänglich. Wir müssen uns davor hüten, Gott auf unser Konzept von Gott zu beschränken. Das ist der Grund dafür, daß es in den meisten Religionen eine Betonung der Transzendenz gibt: das bedeutet, jenseits jedes Konzeptes, das wir von Gott machen können. Und doch müssen wir das Konzept machen.

Irgendwie ist unser Erwachen mit dem Zustand Gottes verbunden. Wenn Sie so wollen, können Sie denken, mit dem Zustand des Universums; das ist zwar eine beschränkte Weise, an Gott zu denken, aber immerhin ist es ein Schritt. Sie könnten Erwachen als Eintreten in das Denken des Universums ansehen. Und wenn das Universum ein bewußtes Wesen ist, erfreut es sich an der Entdeckung seiner Herrlichkeit. Sie nehmen also an dieser Ekstase teil, sobald sie anfangen zu meditieren. In diesem Fall betrachten Sie auch die physische Welt als Gott, anstatt einfach zu denken, daß Gott jenseits des physischen Universums ist. Dies sind die Methoden der Mystiker, es ist nicht die Art vieler religiöser Dogmen.

Das bedeutet, die Dinge vom Standpunkt des Meditierenden aus zu betrachten. Im Sufismus betrachtet man die Dinge immer von dem Standpunkt aus, der dem persönlichen Standpunkt entgegengesetzt ist. Oder besser, man betrachtet die Dinge von beiden Standpunkten zugleich. Vom göttlichen

Standpunkt aus gesehen, enthüllt Gott Sein/Ihr Wesen, Seine/Ihre Natur oder - man kann das nicht genau in Worten ausdrücken - sich selbst jedem Fragment von sich selbst. Die physische Welt, die Art und Weise, wie die physische Welt erscheint, ist einfach eine Fülle von Hinweisen oder Manövern, durch die die göttliche Absicht übermittelt werden kann - so wie beispielsweise der Film *E.T.* voller Hinweise war, mit denen Spielberg als der Schöpfer dieses Films seine Absicht vermittelte. Der Grund, warum sich daraus für Sie ein Sinn ergibt, ist, daß die Hinweise Ihnen Zugang zum Denken Spielbergs geben.[3]

Im ersten Stadium von Samadhi - *Savitarka-Samadhi* genannt - versuchen Sie die Wirklichkeit zu erfassen. In der Sufi-Interpretation ist alles, was Sie wissen oder kennen, das was erscheint - alles, was Sie wissen oder kennen, ist die Art und Weise, wie die Dinge erscheinen. Nach Auffassung der Sufis sind das die *Ayat*: Zeichen, die Art und Weise, wie Gott sich durch Zeichen offenbart. Das ist wie die Fußabdrücke eines Bären im Schnee; Sie haben den Bären selbst nicht gesehen.

In einer Hinsicht - wenn Sie die Fußspuren für den Bären halten - sind Sie völlig im Irrtum. Das ist es, was wir die ganze Zeit tun. Wenn Sie es lediglich als Spuren ansehen, dann ist es nicht *Maya*. Es ist Maya, wenn Sie es für wirklich halten. Wenn Sie es als das Eigentliche ansehen, dann ist es Maya. Wenn Sie es als das Mittel betrachten, durch das Gott Seine/Ihre Natur enthüllt, dann sind es natürlich wertvolle Hinweise.

Lassen Sie uns das ein bißchen weiter verfolgen. Der Eindruck des Laien von der physischen Welt ist extrem dürftig im Vergleich mit dem Einblick in das physische Universum, den der Physiker gewinnt. Im nächsten Stadium, *Nirvitarka-Samadhi*, assimilieren Sie das Bild der physischen Welt in Ihrer

Psyche. Wie wir schon früher entdeckt haben, statten Sie Ihre Psyche mit einer falschen Einschätzung der physischen Welt und Ihrer Probleme aus. Vom Standpunkt eines Psychotherapeuten aus gesehen, ist das sehr bedeutsam. Die Psyche trägt in sich Einschätzungen Ihrer Probleme, die fehlerhaft sind.

Die erste Stufe von Samadhi ist, tiefgehender zu erfassen, was die physische Welt wirklich ist. Das tun die Physiker. Die Art von Bild der physischen Welt, das die Physiker in ihrer Psyche tragen, ist sehr viel angemessener als das Bild, das die meisten Menschen haben. Für die meisten Menschen ist die Vorstellung, die sie sich von ihren Problemen machen, oder ihre eigene Interpretation davon viel relevanter. Dies ist das Stadium, in dem Sie Ihre Einschätzung Ihrer Probleme in Frage stellen müssen. Sie können sogar davon ausgehen, daß Ihre Einschätzung falsch ist.

Es ist nützlich, nicht in Ihrer Einschätzung steckenzubleiben. Geben Sie Ihrem Verstand die Chance, zu erwägen, wie es wäre, wenn Ihre Einschätzung falsch wäre, eine Fehleinschätzung. Die Folge davon ist, daß der Streß, den Ihre Vorstellung von Ihren Problemen auf Ihre Psyche ausübt, vermindert wird. Diese Last, die Sie tragen und die sehr, sehr schwer sein kann, wird erleichtert. Stellen Sie sich einmal vor, daß Sie eine unnötige Last tragen, die völlig auf Selbsttäuschung beruht. Also, das wäre Nirvitarka-Samadhi.

Lassen Sie es uns so ausdrücken und den Kreis schließen: Gott enthüllt Sein/Ihr Wesen durch Hinweise. Es könnten physische Objekte sein. Es könnten Situationen sein. Wir nehmen sie wahr, wir nehmen diese Eindrücke auf, und wir müssen diesen Input verarbeiten. Zum Beispiel: Wenn Sie die Aminosäureketten Ihrer Nahrung nicht mit Hilfe Ihrer Enzyme aufspalten, dann werden Sie Ihren Körper vergiften. Ihr Körper kann die Aminosäuren nicht in der Form aufnehmen, wie die Nahrung sie bereithält. Und genauso wie die Enzyme auf die Aminosäurekette einwirken, gibt es einen Beitrag Ihrer besonderen Eigenheiten zu der Art, wie Sie die Eindrücke in Ihrer Psyche verdauen.

Wenn Sie die Aminosäureketten einfach so aufnehmen würden, ohne sie zu verarbeiten, dann bekämen Sie furchtbare Verdauungsstörungen. Das ist es, was wir mit unseren Problemen machen. Sie müssen die Enzyme Ihrer Psyche berücksichtigen, und diese Enzyme sind Ihre schöpferische Vorstellungskraft. Das ist es, was Ihnen auf der Schwelle zwischen Tagesbewußtsein und Traumzustand begegnet. An dieser Schwelle ist eine Menge Arbeit zu leisten, und bevor Sie nicht mit dieser Ebene klargekommen sind, können Sie sich nach Auffassung des Yoga nicht weiter die Kette hinauf zu *Asamprajnata-Samadhi* erheben, was als Erwachen gilt.

Ein Aspekt unserer Arbeit als Wesen ist es, die grundverschiedenen Elemente des Chaos in einer ordentlichen Weise miteinander zu verbinden. Das ist die Arbeit, die wir mit unserem Denken leisten; wir schaffen Ordnung in unserem Denken. Das bedeutet, niemals irgendeine Zwiespältigkeit im Denken zu dulden. Wenn Sie dazu neigen, über Dinge hinwegzugehen, die Sie nicht verstehen, wird das zu einer Form von schlaffer Haltung führen. Deshalb sagen wir, daß Meditation - zumindest auf den ersten Stufen - hauptsächlich darin besteht, denken zu lernen.

In den ersten beiden Stadien von Samadhi können Sie den Unterschied zwischen dem expliziten und dem impliziten Zustand sehen. Der explizite entspricht Savitarka, wo Sie sich die Welt als aus getrennten Wesenheiten bestehend vorstellen. Dann, wenn er in Ihre Psyche integriert ist, wird er in einen impliziten Zustand umgewandelt, in dem Sie die Bedeutung der Dinge sehen; das ist Nirvitarka. Erinnern Sie sich an das, was wir vorher schon herausgefunden haben: Die Sonne und der Mond stehen auf einer Linie, sie stehen immer auf einer Linie; aber vom Blickwinkel der Erde aus gesehen scheinen sie nur zu bestimmten Zeitpunkten eine Linie zu bilden.

Es gibt zwei Möglichkeiten, dies anzugehen: entweder stellen Sie sich einen Blickpunkt außerhalb der Erde vor, von dem aus sie eine Linie bilden würden, oder Sie stellen sich vor, daß ihre Beziehung zueinander nicht darauf beruhen muß, daß sie eine Linie bilden. Typischerweise erfassen wir nur das, was "klick macht". Wenn unser Begriffsvermögen sich erweitert, können wir Bedeutsamkeit erfassen, wo es nicht klick macht: Im expliziten Zustand kann unser Verstand die Dinge nur dann erkennen, wenn es klick macht, aber im impliziten Zustand sehen wir Zusammenhänge, die nicht das sind, was man seltene Ereignisse oder Singularitäten nennt.

Das nächste Stadium in der Erweckung wird *Savicara* genannt, und darauf folgt *Nirvicara*. Um Savicara-Samadhi zu beschreiben, verwenden wir das Sanskritwort *Tanmatra*, was die subtile Realität bedeutet. Es ist genau, was die Sufis mit *Ajsam* meinen, der feinstoffliche Körper. Er ist viel realer, als wir ihn uns gewöhnlich vorstellen. Die Tibeter nennen ihn den illusionären Körper. Es ist nicht einfach so, daß die physische Szenerie illusionär ist, sondern unsere Vorstellung projiziert eine Illusion, deren Zweck es ist, zu offenbaren, was dahinter liegt.

Das ganze Universum ist die Schöpfung von Maya, das heißt von Vorstellung. Auf dieser Ebene gestalten die Tibeter ihren feinstofflichen Körper, und das wollen wir auch tun: unseren Ajsam-Körper, unseren feinstofflichen Körper formen, wie es ein Bildhauer tun würde. Wenn Sie sich Ihren feinstofflichen Körper als aus Licht bestehend vorstellen, ist es leichter, ihn zu formen, als wenn Sie an ihn als an ein magnetisches Feld denken oder als das, was wir unter feinstofflicher Materie verstehen.

Nirvicara-Samadhi wäre das Stadium, wo wir uns in einer verklärten Welt befinden. Anstatt sich mit Ihrem physischen Körper zu identifizieren, identifizieren Sie sich als ein Wesen von Licht. Wenn Sie in der Natur spazierengehen, werden Sie ganz plötzlich bemerken, daß die ganze Natur verklärt erscheint. Sie leben in einer verklärten Welt. Und Sie denken bei sich: *Stell dir vor, ich habe mir die ganze Zeit vorgemacht, daß die Welt so wäre, wie sie aussieht. Jetzt erkenne ich, daß sie überhaupt nicht so ist, wie sie aussieht.*

Denken Sie an die Fotos von Walter Chappell: sie sind viel realer, als wie die Blumen bei alltäglichem, gewöhnlichem Licht aussehen. Wenn wir diese Fotos sehen, erkennen wir, daß wir uns selbst etwas vormachen, indem wir denken, daß Blumen so sind, wie sie aussehen, wenn sie bei gewöhnlichem Licht fotografiert werden.

Die Art, wie Gott sich offenbart, wird in den physischen Formen der Welt ziemlich eingeschränkt. Sie ist viel geschmeidiger und vermittelt daher viel mehr in der Form unserer schöpferischen Vorstellungskraft. Gott offenbart sich uns durch unsere schöpferische Vorstellung bereitwilliger als durch die äußere Welt - in der Musik, oder in welcher Weise wir auch immer kreativ sind.

Im Nirvicara-Samadhi versorgen wir unsere Psyche mehr mit unseren Ideen als mit den Eindrücken der äußeren Welt. Stellen Sie sich Bach vor, wie er mit all seiner Musik lebte! Ihre Vorstellungen werden sich als weit wichtiger erweisen als Ihre Eindrücke von der physischen Welt, die Sie als unzulänglich erkennen. Diese Vorstellungen schließen das Bild ein, das Sie sich von sich selbst machen, Ihr Selbstbild, das ständig bereichert wird, wenn Sie dem Traumzustand erlauben, in Ihr Tagesbewußtsein durchzudringen.

Darum geht es bei Kreativität. Musik beginnt mit einem Traum. Brahms hatte einen Traum; in seinem Traum hörte er eine Melodie. Und dann wurde sie zu einer Sinfonie, der Vierten Sinfonie. Es begann mit einem Traum. Was heißt, Träume werden wahr - wir können *unser Leben* zu einem Traum machen, der wahr geworden ist! So passen wir die Welt unserer Vision an, anstatt uns selbst der Welt anzupassen.

Die nächste Stufe wird *Ananda-Samadhi* genannt, und sie entspricht *Malakut*, der himmlischen Ebene. Nur durch Ihre Ekstase haben Sie Zugang zu ihr. Ihre Ekstase ist die Quelle hinter Ihrer Emotion. Da man über Geschmack nicht streiten kann, gibt es sehr grobe Emotionen, die Vorstellungen auslösen werden. Sie müssen daher sehr feinfühlig sein in bezug auf die Natur der Emotionen, wenn Sie die himmlischen Sphären erreichen wollen. Es gibt darüber eine ganze Unterweisung von Buddha: Er macht eine sehr klare Unterscheidung zwischen dem, was er edle Emotionen nennt, und groben Emotionen, und ebenso zwischen dem Pol der Emotionen, der persönlich ist, und dem, der unpersönlich oder universell ist. Es sind keine unterschiedlichen Emotionen, es sind zwei Pole derselben Skala.

Wenn Sie Zugang zu den himmlischen Sphären haben möchten, dann genügen Ihre persönlichen Emotionen nicht. Wenn Sie in das Bewußtsein von Buddha eintreten, wie er unter dem Bodhibaum meditierte, dann werden Sie die Macht der kosmischen Emotion erkennen. Es ist, als hätten Sie Ihre Hand am Puls des Universums. Die Hinweise sind lediglich Hinweise; sie sind zweitrangig im Vergleich mit der Quelle hinter den Hinweisen, der emotionalen Quelle.

Sie werden in sich einen innewohnenden Sinn für Verherrlichung finden. Es sind Ihr Verstand oder Ihre Enttäuschungen oder Ihr Wunsch nach persönlichem Gewinn, die Sie davon abhalten, diesem Bedürfnis nach Verherrlichung freien Lauf zu lassen. Es ist ein sehr tiefes Bedürfnis, denn letzten Endes werden wir durch unsere Verherrlichung erschaffen. Unsere Verherrlichung erschafft unser Wesen. Deshalb sagte Mohammed in einem Hadith: *Indem du Gott verherrlichst, erschaffst du Ihn als dich selbst.*[4] Das ist eine erstaunliche Feststellung. Es ist Ihr Gefühl der Verherrlichung, das Ihnen Zugang zu den himmlischen Sphären verleiht - Zugang, das bedeutet: es wird die Erinnerung an diese Sphären auslösen. Sonst können Sie alles versuchen, was Sie wollen, und werden doch niemals fähig sein, sich willentlich an sie zu erinnern.

Sie erlauben sich, in Ihren Emotionen erschüttert zu sein. Die Derwische sagen, daß man erschüttert und überwältigt ist: *fana* und *baqa*, beides zugleich. Sie können nicht mehr der Beobachter sein. Deswegen sagt der heilige Johannes vom Kreuz: *Das Licht blendet so sehr, daß es als Dunkelheit erscheint.*[5] Das ist die dunkle Nacht der Seele; erst kommt die Erschütterung, dann das Überwältigtsein. Die Tibeter nennen das eine Schwelle.

Während Sie meditieren, erinnern Sie sich die ganze Zeit noch an die physische Welt, aber entfernt. Die physische Umgebung und Ihr Selbstbild dienen als eine Art von Anker. Aber an diesem Punkt geschieht ein wirkliches Auslöschen der Erinnerung. Denken Sie an das, was die Tibeter sagen: *Während Sie sich erinnern, entlarven Sie die Täuschung.* Sie gehen nicht davon aus, daß die Dinge so sind, wie sie erscheinen. In einem bestimmten Augenblick werden sogar diese Erinnerungen gänzlich ausgelöscht. Sie gehen durch eine Auslöschung. Es erscheint tatsächlich als ein Tod. Es ist nur möglich, wenn Sie sich nicht vor dem Tod fürchten, sonst würden Sie umkehren. An dieser Stelle werden Sie möglicherweise dem plötzlichen Ausbruch des klaren Lichts der Glückseligkeit begegnen.

Das wäre die himmlische Ebene. Es gibt eine Erinnerung an Ihren himmlischen Zustand und auch an andere Wesen. Ibn 'Arabi sagt, daß man in seinen hohen Meditationen in die

Gesellschaft der Engel eingeladen ist[6] - es ist, als würden Sie zusammenkommen. Auf dieser Stufe Ihres spirituellen Wachstums haben Sie Träume von Lehrern, von Propheten und Heiligen. Sie träumen von himmlischen Wesen und Engelsszenen.

Sie könnten es andersherum machen: Bevor Sie schlafen gehen, könnten Sie sich all diese Dinge vorstellen; das wird eine Tür öffnen, durch das, was man den Vorgang der Assoziation nennt. Diese Technik ist sehr förderlich, wenn Sie das Erdgeschoß wirklich gereinigt haben.

Lassen Sie mich die Technik durch eine Geschichte verdeutlichen: Eine junge Frau erzählte mir, daß sie als Kind Epilepsie hatte. Sie hatte schlechte Träume, Alpträume. Der Arzt heilte sie, indem er ihr riet, sich vor dem Einschlafen schöne Landschaften vorzustellen. Da sie keine Alpträume mehr hatte, hatte sie auch keine epileptischen Anfälle mehr.

Wir könnten das etwas weiter verfolgen. Denken Sie an die Worte von Dr. David Bohm: *Wundern Sie sich nicht, wenn ein neues Gefühl von Bedeutsamkeit neue Kreisläufe in Ihrem Gehirn bahnt.*[7] Ich würde auch sagen, daß es Erinnerungen an die tieferen Ebenen Ihres Wesens hervorruft - was so wichtig ist für Ihre Selbstbewertung. Wenn Sie diese Kenntnis der Tiefe Ihres Wesens nicht haben, dann ist Ihr Selbstbild, begrenzt durch Ihren irdischen Zustand, nicht nur sehr armselig, sondern ziemlich erschreckend und sogar beängstigend. Menschen gehen durch schreckliches, schreckliches Leid, indem sie versuchen, mit einem Selbstbild fertigzuwerden, das entwürdigend und erniedrigend ist. Diese Ebene der Selbstkenntnis, die Erinnerung an Ihren himmlischen Zustand, ist die Sicherheitsboje.

Die Alten hatten wundervolle Mythen, die diese Ebene ihres Wesens am Leben hielten, auch wenn es wie Wunschdenken aussah. Aber wenn Sie diese Bilder durch Drachen und Kerker ersetzen und all das, dem die Kinder durch das Fernsehen ausgesetzt sind, dann können Sie verstehen, warum es so viel Verbrechen in der Welt gibt. Das sind die Eindrücke, mit denen ihre Psyche ausgestattet wird. Das tun wir unseren Kindern an, und dann wundern wir uns, daß manche von ihnen zu Monstern werden.

Da sehen Sie die Bedeutung von Verherrlichung - sogar einfach in die Kirche zu gehen oder das muslimische Gebet zu sprechen oder in den Tempel zu gehen. Vielleicht erscheint es, naja, ein wenig kindisch - ja, wir sind jetzt erwachsen, und alles ist Dogma und Aberglauben. Ja. Aber es ist eine Dramaturgie, es ist die Art, wie wir in unserer unzulänglichen Weise die kosmische Feier im Himmel abzubilden versuchen. Das hilft uns, uns wieder mit der himmlischen Ebene unseres Wesens zu verbinden, und das ist so wichtig.

Die Ebene jenseits von Malakut ist *Jabarut*. Sie entspricht dem, was im Yoga die *Asmita*-Ebene genannt wird. Auf Asmita wird oft als auf unseren Identitätsbegriff Bezug genommen, aber Sie sollten sich nicht zu sehr nach dieser Interpretation richten. Im Denken des Universums - sagen wir, im göttlichen Denken - liegt Glanz, der eine Emotion, eine himmlische Emotion auslöst. Aber das sind Worte. Auf dieser Ebene gibt es keine Möglichkeit, es zu erklären.

Wenn Sie in der Lage sind, jegliches Gefühl von Form auszuschalten - denn Vorstellung ist die Gestaltung von Form, ein Gedanke oder ein Gefühl wird in eine Form übersetzt -, dann gewinnen Sie einen Einblick in das gesamte Universum. Das liegt jenseits der Vorstellung. Sie erwachen im Tiefschlaf, wo es keine Formen und keine Bilder gibt. Es ist, als seien Sie hinter den Kulissen des Universums und hätten Zugang zu dem Denken dahinter. Sie erkennen nicht nur die Logik dieses Denkens, sie erkennen den Glanz dieses Denkens. Die Wissenschaftler verwenden das Wort *Eleganz*: die Eleganz des

Denkens hinter dem Universum. In den Gesetzen der Physik gibt es Hinweise darauf.

Wenn Sie weiter aufwärts gehen, dann finden Sie eine absolute Parallele zwischen Yoga und Sufismus. Sie entdecken *Lahut*, die Ebene der göttlichen Archetypen, wie diejenigen, die wir auf der archetypischen Ebene in unseren Wazaif anrufen. Im Yoga wird das *Sabija* genannt. *Bija* bedeutet Samen; das heißt, Sie erfassen die Samen hinter dem, was Sie für die Wirklichkeit halten. Eine Blume etwa offenbart oder entfaltet nur einen winzigen Bruchteil der Fülle, die im Samen enthalten ist. Wenn Sie sich an das halten, was Sie von der physischen Welt wissen, dann haben Sie keine Ahnung von dem Reichtum, der im Zustand der All-Möglichkeit schlummert. *Imkan* bedeutet All-Möglichkeit. Dies ist die Ebene der All-Möglichkeit.

Das ist es, was Murshid mit der göttlichen Vollkommenheit meint. Das Außergewöhnliche ist, wenn Murshid sagt: Entdecken Sie Ihre göttliche Erbschaft. Das bedeutet, zu entdecken, daß Sie in Ihrem Wesen die all-mögliche Vollkommenheit tragen, die darauf wartet, erweckt zu werden. Murshid nennt das *Gott in sich erwecken.*[8] Es bedeutet nicht nur Erweckung in Ihrem Verstand, sondern Gott in sich *als sich* zu erwecken.

An dieser Stelle werden die Wazaif sehr praktisch. Anstatt zu denken: *Ich möchte etwas mehr Mitgefühl entwickeln* oder *Ich möchte etwas mehr Meisterschaft entwickeln*, denken Sie: *Ich bin die göttliche Meisterschaft und das göttliche Mitgefühl, aber ich begrenze sie dadurch, daß ich nicht erkenne, daß ich das bin - dadurch, daß ich die göttliche Gabe meiner göttlichen Erbschaft aus falscher Demut zurückweise.* Wir müssen aufhören, an *Gott da oben* zu denken. Sie kennen dieses Denken: *Christus kann vollkommen sein, aber ich kann nicht vollkommen sein.* Das ist lediglich ein Vorwand dafür, nicht so zu werden, wie wir werden könnten, wenn wir das wären, was wir sein könnten.

Dann erreichen wir die Ebene der Einheit. Es gibt Hinweise. An diesem Punkt sagen die Derwische Dinge, die Phantasie zu sein scheinen. Der Derwisch sagt: *Alles, was ich sehe, ist Gott.* Wir denken: *Mit dem stimmt was nicht, alles, was er sieht, ist Gott.* Das ist ein Wort von Baba Kuhi: *Alles, was ich sehe, ist Gott.* Und sogar: *Ich bin Gott*, was das Absurdeste ist, was man überhaupt sagen kann - und die höchste Wahrheit. Aber Sie sollten es nicht sagen, denn Sie würden dafür gekreuzigt werden. Sie dürfen nur dann wagen, es zu denken, wenn Sie Ihr persönliches Gefühl, eine getrennte Wesenheit zu sein, verloren haben.

Anstatt zu versuchen, diese Worte zu verstehen, nehmen Sie sie in sich auf, während Sie meditieren. Sie werden bestimmte Dinge in Ihnen erwecken, vielleicht in jedem Menschen unterschiedlich. Denken Sie daran, äußerst wach zu sein. Das bedeutet nicht, des Hier und Jetzt bewußt zu sein, sondern bewußt auf allen Ebenen und besonders, der Art und Weise bewußt, wie sich das Überall und Immer im Hier und Jetzt offenbart.

8. Arbeiten mit Licht

Wir müssen all das etwas genauer betrachten. Die beste Vorgehensweise ist anzufangen mit Licht zu arbeiten, Übungen mit Licht zu machen. Wir wollen wie Bildhauer arbeiten und unsere Aura formen, so daß wir in der Lage sind, sie so zu gestalten, wie wir sie uns wünschen. Diesen Vorgang nennt man *die Bewußtseinszustände verkörpern.*

Der Bewußtseinszustand selbst bleibt zu unwirklich, zu abstrakt. Wir möchten, daß unsere Erkenntnis sich in eine Wirklichkeit auf der existentiellen Ebene überträgt, daß sie greifbar wird. Unsere Einstimmung oder Erkenntnis muß eine Form annehmen. *Alle Gesichter sind Sein Gesicht* ist ein Wort aus dem Koran. Eigentlich ist es das *Antlitz*, das durch unser

Gesicht leuchtet, das etwas von der göttlichen Natur offenbart.

Dies ist eine Methode, konkreter mit all dem zu arbeiten, was Sie mit Ihrem Bewußtsein zu erreichen versucht haben. Übertragen Sie Ihre Einstimmung in eine greifbare Form.

Beginnen Sie auf ganz einfache Weise: Stellen Sie sich vor, daß Ihr Körper beim Einatmen Licht aus der Umgebung absorbiert und beim Ausatmen Licht in die Umgebung ausstrahlt. Nach unserer wissenschaftlichen Kenntnis ist das absolut machbar. Aber was hier besonders bedeutsam ist, ist die Einwirkung der Vorstellung auf den Körper.

Das heißt, indem Sie bewußt Licht aufnehmen, nehmen Sie mehr Licht auf, und indem Sie bewußt Licht ausstrahlen, strahlen Sie mehr Licht aus. Sie reflektieren nicht Licht wie ein Spiegel. Eher ist es so, daß die Elektronen in den Zellen Ihres Körpers zu tanzen beginnen: Sie benutzen die Lichtenergie, um sich aus dem Zwang ihrer Orbitale zu befreien, und fangen an, von einem Orbital zum anderen zu springen. Es ist wirklich eine Art Tanz.

Sie können das fühlen: Wenn Sie zwischen Ein- und Ausatmen den Atem anhalten, spüren Sie dieses wunderbare Aufwallen von Energie, das Funkeln in den Zellen Ihres Körpers. Die Elektronen verbrauchen so viel von der absorbierten Energie, wie sie können. Die Energie, die dann noch übrig bleibt, wird als Aura ausgestrahlt.

Denken Sie sich Licht als Nahrung. Nahrung ist Energie, und Energie gibt einem Freiheit. Es ist die Freiheit der Elektronen, die zur Strahlung der Aura führt. In gewisser Weise steht die Ausstrahlung Ihrer Aura in Beziehung zu Ihrer Freude. Wenn Sie sich selbst sehr bedauern, können Sie nicht viel Licht ausstrahlen. Pir-o-Murshid sagte es so: *Es ist der selbstlose Mensch, das heißt, der Mensch, der sich nicht so sehr um sich selbst sorgt, der mehr Licht ausstrahlen kann.*[1]

Anstatt daran zu denken, daß Sie Licht ausstrahlen, können Sie nun diesem Licht folgen, wie es sich im Universum ausbreitet. Ein wunderbarer Gedanke, während Sie ausatmen ist, daß Ihr Licht die Sterne bombardiert. Es ist eine Tatsache, daß die Photonen Ihrer Aura mit einer Geschwindigkeit von 300.000 Kilometern pro Sekunde durch den Raum reisen. Können Sie sich das vorstellen: *300.000 Kilometer pro Sekunde!* Schließlich treffen sie die Sterne.

Es gibt noch eine andere Art, es zu betrachten: daß das Licht Ihrer Aura und das Licht der Sterne sich gegenseitig durchdringen, so wie ein Strudel und ein Welleninterferenzmuster an der Oberfläche eines Sees einander durchdringen.

Im zweiten Schritt dieser Übung identifizieren Sie sich mit Ihrer Aura, anstatt an sich selbst als an einen Körper zu denken, der Licht absorbiert. Sie werden merken, daß Ihre Aura tatsächlich pulsiert. Sie neigt dazu, sich zusammenzuziehen, während Sie beim Einatmen das Licht der Sterne konvergieren. Ihre Aura wirkt wie ein Wirbel, und in gewisser Weise wird das Licht der Sterne in diesen Wirbel hineingezogen. Das Licht wird konvergiert, konzentriert, eingezogen, und infolgedessen gibt es einen Aufbau von Licht. Wenn Sie dann ausatmen, breitet sich dieses Licht aus.

Die nächste Übung ist, mit der transzendentalen anstatt mit der kosmischen Dimension zu arbeiten. Wenn Sie nach dem Einatmen Ihren Atem anhalten, entdecken Sie ein neues Licht, das von innen her auftaucht. Sie geben nicht einfach das Licht, das Sie aus der Umgebung aufgenommen haben, wie einen Bumerang zurück: Sie fügen ein ganz neues Licht hinzu. Es ist eine völlig andere Dimension.

Wir möchten gerne sehen, wie dies in das derzeitige Wissen der Physik hineinpaßt. Was Pir-o-Murshid dazu sagt, ist: Licht in seinem expliziten Zustand ist im Universum zu finden, so wie wir uns physisches Licht vorstellen, aber in seinem impliziten Zustand, wo alle Frequenzen "durcheinander" sind, ist es das, was Pir-o-Murshid *das alles durchdringende Licht* nennt. Was wir mit alles durchdringendem Licht meinen ist, daß es nicht von einem Zentrum ausstrahlt, es ist "durcheinander", und das verstehen wir unter dem impliziten Zustand.

Aber was Murshid sagt, ist, daß man, indem man sich nach innen wendet, dieses implizite, alles durchdringende Licht zentrieren kann. Man kann es an die Oberfläche ziehen. Was Sie bewußt tun, ist: Sie ziehen es vom Solarplexus in Ihr Herz. Es strahlt von Ihrem Herzen aus. Dieses Licht, das implizit, "durcheinander" oder vermischt ist, wird nun in ein Zentrum gezogen und von diesem Zentrum ausgestrahlt.

Innerlich tun Sie genau das gleiche wie äußerlich. Wir haben das Licht des Universums konvergiert, und dann haben wir es ausgestrahlt. Jetzt konvergieren wir das alles durchdringende Licht und strahlen es vom Herzzentrum aus. Wenn Ihnen das, was ich sage, nicht verständlich ist, wird es vielleicht anschaulicher, wenn Sie sich ein weißes Loch im Weltraum vorstellen, durch das neue Energie von tiefer liegenden Universen in dieses Universum eintritt. Das meinte ich vorhin, als ich sagte, daß wir ständig neu geboren werden - Auftauchen aus der Leere.

Dieses innere Licht ist anders. Wenn Sie versuchen, den Unterschied zu definieren, so ist das sehr schwierig. Die beste Erklärung ist zu sagen, daß wir von dem Licht sprechen, das sieht, anstatt von dem Licht, das gesehen werden kann. Wir sprechen nicht von physischem Licht. Die einzige Weise, dieses Licht zu verstärken, ist, an sich selbst als an ein Lichtwesen zu denken, anstatt zu denken, daß Sie ein Körper sind, der Licht absorbiert. Sie selbst sind ein Lichtwesen.

Um diese Übung weiter zu erforschen, könnten Sie leuchtende Gedanken und leuchtende Emotionen hegen. Gedanken werden leuchtend, wenn sie große Klarheit gewinnen. Das Gegenteil davon wäre Vieldeutigkeit. Wenn Sie es mit der Wahrheitsliebe nicht sehr genau nehmen, wird Ihr Denken unklar sein; Sie machen sich tatsächlich selbst etwas vor. Je öfter Sie die Übung von *Muhasibi* machen - sich Ihre Absichten, Ihre Motivationen vor Augen halten -, desto schärfer und klarer werden Ihre Gedanken, anstatt undeutlich. Die Folge davon ist, daß Sie mehr Licht ausstrahlen.

Ob dies tatsächlich einen Einfluß auf die physische Strahlung hat - die *Biolumineszenz*, wie sie in der Biologie genannt wird - oder ob wir davon sprechen, die Ausstrahlung des Lichts zu beeinflussen, das sieht, anstatt des Lichts, das gesehen wird - das ist nicht sicher, aber es macht nicht wirklich etwas aus, solange wir bewußt Licht ausstrahlen.

Um dies weiter zu verfolgen, werden wir aufwärts und abwärts atmen, anstatt zentripetal und zentrifugal. Das wird uns helfen, der Dimension gewahr zu werden, die wir die transzendentale Dimension nennen. Denken Sie an eine Flamme, die in Ihrer Wirbelsäule aufsteigt, während Sie einatmen. Und denken Sie an all die verschiedenen Farben: Rot am unteren Ende Ihrer Wirbelsäule, dann eine Art Terrakotta im zweiten Chakra, Orange im Solarplexus, Gold im Herzzentrum, Grün im Kehlzentrum, Blau in den Augen, Violett im dritten Auge, und dann farbloses Licht oberhalb des Kopfes.

Anstatt sich nur darauf zu konzentrieren, wie diese Flamme aufsteigt, stellen Sie sich die Verbreitung der Flamme vor. Ihre Aura entwickelt eine Art von Ausdehnung, und sie wird eher wie eine Reihe von Regenbogen, die sich gegenseitig durchdringen: ein roter Regenbogen, dann ein terrakottafarbener Regenbogen, ein orangefarbener - und so weiter. Sie durchdringen einander. Es wäre eine wunderbare Herausforderung für einen Künstler, zu versuchen, das zu malen.

Nun begegnen wir einem neuen Faktor: Nachdem Sie Ihre Aufmerksamkeit von einem Chakra zum nächsten übertragen haben, halten Sie den Atem an. Sie setzen diese Übertragung der Aufmerksamkeit in höhere Ebenen hinein fort - aber das bedeutet nicht unbedingt höher im Raum. Dann, wenn Sie den Atem anhalten, machen Sie einen Quantensprung. Ganz plötzlich hören Sie auf, sich mit Ihrer Aura zu identifizieren, und Sie identifizieren sich mit reiner leuchtender Intelligenz.

Wenn Sie ausatmen, erfahren Sie die Einwirkung der Intelligenz auf Ihre Aura. Wie wir gesehen haben: Damit ein Hologramm kohärent und damit sichtbar wird, müssen wir es hell beleuchten, es mit einem Laserstrahl erleuchten. Stellen Sie sich also vor, daß Sie Ihre Aura, das Licht, das gesehen werden kann, beleuchten mit dem Licht, das sieht, mit dem Licht der reinen Intelligenz. Sie erleben einen Ausbruch von Licht. Ihre Aura leuchtet plötzlich auf, einfach durch den Akt des Erwachens.

Nun, nachdem Sie Erwachen geübt haben, sehen Sie, daß es ein plötzlicher Wechsel der Perspektive ist. Es wird Ihnen einen Ruck geben, und mit einem Mal brennt Ihre Aura heller. Sie leuchtet plötzlich auf, und Sie erleben ihren funkelnden Glanz.

Auf der nächsten Stufe formen Sie bewußt Ihre Aura. Es scheint *a priori* so, als ob Sie sie ganz nach Ihrem Wunsch formen könnten. Aber wenn Sie zum Beispiel begännen, Musik zu komponieren, würden Sie erkennen, daß, obwohl Sie komponieren könnten, was immer Sie wollen, die Komposition tatsächlich etwas von Ihrem Wesen ausdrückt. Jenseits des Wirkungskreises Ihres eigenen Willens oder Bewußtseins gibt es Kräfte, die die Führung übernehmen. An diesem Punkt in unserer Arbeit oder in der Gestaltung unserer Aura versuchen wir uns inspirieren zu lassen durch das, was wir entdecken, während wir unser Bewußtsein in die himmlischen Sphären erheben.

Rufen Sie sich noch einmal die Ebene *Malakut* ins Gedächtnis, die Ebene, die Sie berühren, wenn Sie durch ein Bedürfnis nach Verherrlichung, nach dem Heiligen bewegt sind. Sie löst die Erinnerung daran aus, daß Sie vor Ihrer Geburt, vor der Empfängnis in diesem himmlischen Zustand gewesen sind.

Versuchen Sie sich das *Antlitz* vorzustellen - nicht die Konturen oder das Profil, sondern den Ausdruck Ihres Gesichts auf der Ebene von Malakut, der Engelebene. Die vielleicht verständlichste Weise, es zu sagen, ist: *Versuchen Sie Ihr wirkliches Gesicht zu entdecken.* Denken Sie, daß Ihr physisches Gesicht eine Maske ist. Diese Maske trägt eine Menge Gesichtszüge, wie Abwehr, Enttäuschungen, Bitterkeit. Da kommt vieles durch, was auf Ihre Existenz, die Umstände oder Ihre Vorfahren zurückzuführen ist.

Doch Ihr wirkliches Gesicht ist hinter dieser Maske. Es ist jenseits Ihrer Abstammung, jenseits der Eindrücke der Welt und unabhängig von Ihren Eltern. Es ist, so könnte man sagen, was Sie ewig sind. Das ist nicht ganz exakt, aber dennoch, man könnte sagen, ewig. Dieses Gesicht hat nicht wirklich Konturen, aber wenn Sie es sich mit Konturen vorstellen, ist es zumindest ein Anfang. In Wirklichkeit ist es eher ein Antlitz als ein Gesicht.

Es ist Ihre emotionale Einstimmung, die dieses Antlitz bestimmt. Dieses Antlitz ändert sich sehr schnell. Es ändert sich ständig, abhängig von Ihrer Einstimmung. Denken Sie an etwas sehr Schönes; stellen Sie sich zum Beispiel die Engel im Himmel vor, die große Feier und die Prozessionen und die Kerzen, das Licht und die Musik. Wenn Sie sich das vorstellen und wie erhebend es ist, wird Ihr ganzes Gesicht etwas von Ihrer Einstimmung reflektieren.

Es trifft sogar auf Ihr physisches Gesicht zu, aber Ihr Antlitz auf der Ebene von Malakut, der himmlischen Ebene, ist viel formbarer als Ihr physisches Gesicht. Es ändert sich viel leichter und überläßt sich viel bereitwilliger dem Ausdruck von Emotion. Einer der Schlüssel ist, daß es eher wie ein Kind ist, es ist unschuldig und wehrlos. Es ist nicht reif.

In gewissem Sinne ist die Rückkehr zu der Art, wie wir waren, bevor wir in den Werdeprozeß verwickelt wurden, eine Form von Regression. Es erscheint wie eine Regression in der Zeit, eine Regression zurück ins Babyalter. Nur wenn es Ihnen gelingt, in die Stimmung des Kindes in Ihnen zu kommen, werden Sie das Antlitz Ihres himmlischen Körpers erfassen.

Es könnte da eine Verwechslung geben, denn es gibt zwei Arten von Engeln. Pir-o-Murshid hat gesagt, daß es diejenigen gibt, die sich noch nicht inkarniert haben, und diejenigen, die auferstanden und zu dieser Ebene zurückgekehrt sind und die all die Weisheit und Reife mit sich bringen, die sie auf der existentiellen Ebene gewonnen haben. Sie haben nicht mehr das Antlitz von Babys oder Kindern. Sie haben das Antlitz sehr weiser Wesen.[2]

Wenn Sie also Ihr himmlisches Antlitz zu erfassen versuchen, könnten sie entweder in der Zeit zurückgehen und Ihren ursprünglichen Zustand zu erfassen versuchen, der makellos ist - oder Sie könnten die Zukunft vorwegnehmen. Das bedeutet, Sie stellen sich vor, daß die Eigenschaften der Reife, die Sie während Ihres existentiellen Lebens gewonnen haben - die Weisheit und Einsicht - schließlich destilliert oder umgewandelt oder sublimiert werden. Dann ist es nicht einfach nur ein weiser Mann oder eine weise Frau, es ist eher wie ein Meister oder, was wir unter einem Meister verstehen.

Die Kenntnisse, die ein Arzt erwirbt, sind in den himmlischen Sphären nicht von Nutzen, aber die Weisheit, die er oder sie entwickelt hat, ist es. Die Kenntnisse waren der Unterbau für diese Weisheit. Diese Weisheit wird ihr Merkmal hinterlassen, sie wird ihr Merkmal dem Antlitz des Menschen aufprägen, der auferstanden ist.

Da haben Sie zwei Bilder, und Sie können mit beiden arbeiten. Das eine ist, wie Sie vor Ihrem Herabstieg durch die

Sphären waren; und das andere ist, wie Sie sein werden, wenn Sie sich von Ihrem jetzigen Zustand weiterentwickeln und verwandelt werden.

Wir haben gesagt, daß dieses Antlitz sich ständig verändert. Es wäre richtiger zu sagen, daß der Ausdruck des Engelsgesichts nicht von den Emotionen oder der Einstimmung auf der menschlichen Ebene beeinflußt wird. Es ist etwa wie eine Sicherheitsboje, die Sie bei Nacht im Sturm sehen: nur gelegentlich stoßen Sie auf sie, und dann verschwindet sie wieder. Sie können es nicht festhalten. Aber wenn Sie es einmal erfaßt haben, dann *wissen Sie*. Es macht irgendwie klick: Sie wissen, *das bin ich*. Daran besteht kein Zweifel. Dieses Antlitz kann sehr verschieden sein von Ihrem physischen Gesicht, aber Sie wissen, daß es viel mehr Sie ist als Ihr physisches Gesicht.

Allerdings ist es Sie in Ihrem ursprünglichen Zustand. Es gibt das andere Sie, das mehr wie die Zukunft in unendlicher Regression ist, und es ist dieses, das sich entsprechend Ihrer Stimmung verändert. Dennoch ist es nur ein Antlitz. Selten ist mehr als ein flüchtiger Blick davon zu erhaschen; es nimmt selten Gestalt an.

Wir werden das alles viel genauer betrachten, wenn wir mit der Gestaltung unserer Aura arbeiten. Kommen Sie zurück zu der Vorstellung von sich selbst als einem Lichtwesen und zu der Flamme, die in Ihrer Wirbelsäule aufsteigt, und dem Regenbogen.

Das sind in gewisser Weise geometrische Formen. Sie können tatsächlich der Strahlung Ihrer Aura eine Form geben. Es ist etwas sehr Merkwürdiges. Metaphorisch stellen Sie sich vor, daß Sie fähig sind, Licht mit Ihren Händen zu formen, Sie können ihm eine Form geben. Es wird sich niemals ganz dazu eignen, aber bis zu einem gewissen Grade ist es formbar.

Sogar die physische Aura paßt sich den Konturen des physischen Körpers an. Wenn Sie Ihre physische Aura sehen könnten, würden Sie erkennen, daß in der Mitte drei Säulen sind. Das Nervengewebe absorbiert mehr Licht als andere Gewebearten. Und die Kerne Ihrer Zellen absorbieren mehr Licht als der restliche Teil der Zellen.

Sie werden also feststellen, daß Ihre Aura tatsächlich die Konturen Ihres Körpers und Ihres Gesichts umschließt. Es ist nicht ganz wie Konturen; die Aura hat keine Haut. Es ist wie die Fotografien von Walter Chappell. Aber beachten Sie, wie sie sich verändert als Folge Ihrer Einstimmung und Ihres Denkens, Ihrer Erkenntnis.

Lassen Sie uns damit experimentieren. Denken Sie an die Art von Emotion, die Sie entwickeln, wenn Sie eine Situation meistern - beispielsweise einen Berg besteigen oder Ski fahren oder einen Chor dirigieren. Sie üben Meisterschaft aus. Rufen Sie sich die emotionale Einstimmung ins Gedächtnis, die Sie entwickeln, wenn Sie daran denken, wie Sie eine Situation meistern.

Jetzt könnten Sie sich vorstellen, wie Ihr Gesicht aussieht. Achten Sie auf den Unterschied zwischen Ihrem Gesicht, wenn Sie sich auf Meisterschaft konzentrieren, und wie es aussieht, wenn Sie sich zum Beispiel auf Mitgefühl konzentrieren. Wechseln Sie übungsweise zwischen diesen beiden. Denken Sie an den Ausdruck Ihres Gesichts, wenn Sie Meisterschaft ausüben. Dann denken Sie an jemanden, der leidet, und Sie fühlen sich so traurig über dieses Leid, daß Sie alles tun würden, um zu helfen. Sehen Sie, wie der Ausdruck auf Ihrem Gesicht sich verändert hat.

Das ist nur der Ausdruck Ihres Gesichts. Es bedeutet nicht unbedingt, daß das Profil Ihres Gesichts sich verändert hat. Aber es ist ein Ausdruck, der durchgekommen ist. Das versuchen wir zu betonen. Identifizieren Sie sich mit dem Ausdruck und übertragen Sie ihn auf Ihre Aura: Ihre Aura wird durch Ihre Stimmung gestaltet werden.

Wenn Sie also mit Meisterschaft arbeiten, mit *Wali*, wird der Stoff Ihrer Aura - das ist Licht - die Erscheinungsform annehmen, die Meisterschaft ausdrückt. Es ist nicht ganz so, als ob Sie einfach die Gestaltung einer Statue phantasieren, das heißt, eine Statue mit Hilfe Ihrer Phantasie formen. Diesmal ist es Ihre Konzentration auf die *Wazaif*, auf die göttlichen Qualitäten, die die Form dieser Statue bestimmt, die Sie aus Licht formen. Sie setzen eine Einstimmung in eine Form um. Es ist die Form Ihres eigenen Wesens.

Sie werden entdecken, daß Ihre Aura viele verschiedene Formen annehmen kann, während Ihr Körper diesem Formungsprozeß großen Widerstand entgegensetzen würde. Der Körper und sogar Ihr Gesicht verändern sich nicht annähernd so sehr wie das Antlitz Ihrer Aura. Sie können sich daher vorstellen, daß Ihre Aura das Vergehen Ihres physischen Körpers überleben wird, so wie das Licht eines Sterns das Vergehen eines physischen Sterns überlebt. Wir können unseren Tod überleben und jenseits des Todes weitergehen zu dem, was wir Auferstehung nennen.

Diese Gestaltungen, die Ihre Aura beeinflussen, und auch Ihre Aura ändern sich ständig, indem Sie sich auf verschiedene Qualitäten konzentrieren. Diese facettenreichen Gestaltungen Ihrer Aura werden weiter destilliert. Eine konkrete Weise, dies zu betrachten, wäre, sich vorzustellen, daß nach dem Tod Ihres Körpers Ihr magnetisches Feld weiterlebt, und wenn Ihr magnetisches Feld stirbt, lebt die Aura weiter, und so fort. Die Merkmale Ihres physisches Körpers werden in Ihre Aura übernommen, jedoch verfeinert. Die Merkmale Ihrer Aura werden verfeinert in Ihren himmlischen Körper übernommen auf der Ebene *Malakut*. In gewisser Weise beeinflussen Sie also Ihren himmlischen Körper, indem Sie an Ihrer Aura arbeiten.

Denken Sie weiter an die verschiedenen Qualitäten. Wenn Sie mit den Wazaif der Sufis vertraut sind, können Sie an das

Gesicht von Wahrheit denken ... und an das Gesicht von Meisterschaft ... und an das Gesicht von Barmherzigkeit ... und das Gesicht von Großzügigkeit ... und das Gesicht von Leben - Leben zu geben oder zu übermitteln ... und das Gesicht, wenn man Führung zu erhalten wünscht, und so weiter. Stellen Sie sich alle diese verschiedenen Gesichter vor, jedes von ihnen entspricht einem anderen Wazifa, einer anderen Qualität. Ihre Aura, dieselbe Aura, ändert sich ständig. Durch die bloße Vorstellung einer bestimmten Qualität erwecken Sie die entsprechende Emotion und die Form, die dadurch ausgelöst wird.

Es gibt eine umstrittene Theorie, die Rupert Sheldrake vorgetragen hat.[3] Sie ist noch nicht bewiesen, aber es gibt ja eine Menge Theorien, die noch nicht bewiesen sind. Es hat viele Jahrzehnte gedauert, bis das Einstein-Podolsky-Rosen-Experiment vorgeführt wurde. Dies mag also auch eines Tages demonstriert werden.

Sheldrakes Theorie besagt folgendes: Wenn in einem Labor in New York ein Kristall gezüchtet wird, und zwei Wochen später beginnt jemand in Paris mit dem gleichen Vorgang, dann entwickelt sich der Kristall in Paris schneller, weil ein anderes Labor diesen Prozeß schon einmal durchgeführt hat - auch wenn die beiden Labors nicht miteinander kommuniziert haben. Das beruht auf dem, was er das *morphogenetische Feld* nennt. Anstatt zu denken, daß die Schablone auf der Ebene *Malakut* beispielsweise die Gestaltung auf der Ebene *Ajsam* beeinflußt, weist er darauf hin, daß das, was Sie auf der Ebene Ajsam tun, einen Einfluß auf die Ebene Malakut hat.

Sie können mit der Gestaltung des Auferstehungskörpers arbeiten. Mit anderen Worten: Wir können sein, was wir sein wollen in der Welt. Obwohl wir uns dessen nicht bewußt sind, wissen wir es alle. Aber wir können auch in der Zukunft sein, was wir sein wollen, nach dem Tode.

Wild Carrot (Wilde Möhre) *Fotografie © Walter Chappell*

9.

Die Meditation ins Leben bringen

Wir haben zwei Arten des Erwachens erforscht, das eine jenseits des Lebens und das zweite im Leben - *Samadhi*, und dann Erwachen im Leben. Wir haben das damit verglichen, einerseits einen Architekten zu besuchen und die Baupläne anzuschauen, oder andererseits, den Architekten zu begleiten und zu sehen, wie die Pläne in die Praxis umgesetzt sind. Nun wollen wir versuchen, eine Brücke zu bauen, die das, was wir gelernt haben, mit unseren Situationen im Leben verbindet.

Wir alle haben Probleme. Natürlich gibt es verschiedene Arten von Problemen. Es gibt Probleme, die Ihre Aktivität in der Welt betreffen: erfolgreich zu sein oder nicht, zum Beispiel. Es gibt Probleme in Ihren Beziehungen mit Menschen, zumindest mit bestimmten Menschen. Es gibt Probleme im Hinblick darauf, wie sehr wir uns selbst mögen oder nicht mögen. Und obwohl wir es nicht immer als Problem bezeichnen: Da ist unser Streben, den Zweck unseres Lebens zu erfüllen. Dieses problematische Streben, unsere spirituelle Entfaltung zu fördern, kann sich als wichtiger als alles andere herausstellen. Es hängt lediglich davon ab, was wir wertschätzen.

Dies sind verschiedene Arten von Problemen. Wir werden das systematisch untersuchen und mit einem Problem beginnen, das Ihre Aktivität in der Welt betrifft. Das Problem könnte sein: *Also, diese Situation ist wirklich unerträglich, aber ich sehe keine Alternative.* Oder es könnte sein: *Ja, ich habe eine Wahl, aber ich möchte das während der Rezession nicht riskieren.* Vielleicht gibt es keine Wahl, aber wenn es eine Wahl gäbe, dann wäre das ein Problem.

Die Probleme können sehr, sehr hart sein. Zum Beispiel die Entscheidungen, denen Eltern gegenüberstehen, die ein schwerbehindertes Kind haben. Oder den Tod oder Weggang eines Menschen zu akzeptieren, den man liebt. Oder durch eine dunkle Nacht zu gehen, wenn es nichts gibt, was die Verzweiflung mildert. Es könnte ein Gefühl sein, nicht anerkannt oder nicht geliebt zu werden, und dann fängt man an zu überlegen, ob etwas mit einem nicht stimmt. Das Problem könnte also Ihre Selbstachtung sein. Wir können nicht alle Probleme aufzählen, es gibt so viele.

Vielleicht haben Sie das Gefühl, daß Sie viele Probleme haben. Aber aus Ihren verschiedenen Problemen wählen Sie eines aus, mit dem Sie während dieser Meditationsübung arbeiten wollen. Wählen Sie ein Problem. Im Hinblick auf das, was wir gelernt haben, schauen Sie, ob Sie einen Zusammenhang zwischen diesem Problem und Ihrer eigenen Natur, Ihren eigenen Wesensmerkmalen entdecken können. Vielleicht gibt es einen, vielleicht auch nicht. Aber erinnern

Sie sich an die Worte von Jung: *Wenn Sie sich Ihrem Schatten nicht stellen, wird er Ihnen als Ihr Schicksal begegnen.*[1]

Jung sah eine Beziehung zwischen zwei Dingen, wo wir wahrscheinlich keine Beziehung sehen. Vielleicht ist es schwierig zu sehen; es wäre sehr schwierig, zu akzeptieren, daß wir die Probleme anziehen, die uns zufällig erscheinen, oder die wir dem Schicksal oder sogar einem Unfall zuschreiben. Jung sah da einen Zusammenhang, aber es mag Fälle geben, in denen ein Zusammenhang besteht, und andere, in denen keiner besteht.

Versuchen Sie also, ob Sie in Ihrem besonderen Fall einen Zusammenhang erkennen können.

Vielleicht wäre es zu hart Ihnen selbst gegenüber, sich für eine Situation verantwortlich zu machen, die anscheinend nichts mit Ihrem Charakter zu tun hat, oder für Situationen, die außerhalb Ihrer Kontrolle zu liegen scheinen. Vielleicht wäre es einfacher, sich zu fragen: *Könnte es sein, daß ich geprüft werde im Arbeiten mit einer Qualität, im Entwickeln einer Qualität, die in dieser Situation verlangt ist? Und wenn ja, welche Qualität ist es?*

Sie werden sofort sagen, daß Sie es nicht auf eine Qualität beschränken können, und wahrscheinlich haben Sie recht. Sie könnten daher einige Qualitäten hervorheben, in denen Sie sich geprüft fühlen. Vielleicht finden Sie, daß Ihre Auswahl willkürlich ist und daß Sie tatsächlich in allen Qualitäten geprüft sind, die Sie sich überhaupt vorstellen können.

Betrachten Sie die Qualitäten, die Sie ausgewählt haben, eine nach der anderen. Sehen Sie, wie es das Problem beeinflussen würde, wenn Sie diese Qualität in Ihrer Persönlichkeit stärker entwickeln würden, als Sie es bis jetzt getan haben. Dafür müssen Sie sich eine wirkliche Lebenssituation vorstellen.

Zum Beispiel, Sie treffen sich mit einem Menschen; stellen Sie sich vor, daß Sie ehrlicher oder geduldiger sind - daß Sie mehr von der Qualität haben, die Sie jeweils entwickeln müssen. Wie wäre Ihre Beziehung zu diesem Menschen? Wie würde es Ihre Gespräche oder Ihren Umgang mit diesem Menschen verändern?

Während Sie verschiedene Qualitäten aufzählen, erlauben Sie sich, in den Geist jeder einzelnen einzutreten. Die Qualitäten werden von den Sufis als *Asma ilahi*, die Namen Gottes bezeichnet.[2] Wir nennen Sie die *Wazaif*, das bedeutet Wiederholung, wie bei einem Mantra.

Sagen wir zum Beispiel, daß Sie sich vorstellen, ehrlicher zu diesem Menschen zu sein. Sie stellen sich eine Unterhaltung vor, in der Sie dem Menschen sagen, wie Sie sich wirklich fühlen. Es besteht die Gefahr, daß die Beziehung daran völlig zerbricht. Trauen Sie sich zu, es zu sagen und dieses Risiko auf sich zu nehmen - es natürlich höflich zu sagen, aber doch zu sagen?

Die Frage muß auch gestellt werden, ob Sie diesen Menschen vor etwas bewahren, das vielleicht hart zu hören ist, und ob es immer, in jedem Fall nützlich oder hilfreich ist, diesen Menschen zu schonen. Ihre hauptsächliche Überlegung ist natürlich, daß Sie ihn nicht verletzen wollen. Die Frage ist, ob Sie dem Menschen schaden, indem Sie ihn schonen.

Wir stellen fest, daß es nicht reicht, mit nur einer Qualität zu arbeiten. Die Qualitäten sind manchmal im Tandem, komplementär. Zum Beispiel könnten wir zusammen mit Wahrhaftigkeit die komplementäre Qualität berücksichtigen: Mitgefühl. Denken Sie an jene Person. Wenn Sie mehr Mitgefühl für diesen Menschen empfinden würden, würde es Ihre Beziehung vereinfachen? Oder vielleicht befürchten Sie, daß, wenn Sie mehr Mitgefühl hätten, dieser Mensch es ausnutzen und als Schwäche interpretieren würde.

Jetzt haben Sie also zwei Qualitäten als Tandem: Wahrhaftigkeit und Mitgefühl. Sie können sehen, ob Sie die beiden miteinander verbinden und gleichzeitig wahrhaftig und mitfühlend sein können; oder ob Sie das eine oder andere wählen, aber die beiden nicht miteinander verbinden können. Anstatt an die Theorie zu denken, denken Sie an eine konkrete Lebenssituation. Fragen Sie sich ganz klar, wie es Ihr Problem mit diesem Menschen beeinflussen würde, wenn Sie diese Qualität in sich verstärken und in Ihrer Beziehung zu diesem Menschen anwenden würden.

Was auch immer die Antwort ist, wir wissen, daß wir, wenn wir willentlich versuchen, eine Qualität zu verstärken, den Schatten dieser Qualität verstärken. Lassen Sie mich das verdeutlichen. Jede Qualität hat ihren Schatten. Wenn Sie mit Ihrem Willen versuchen, Ihre Wahrhaftigkeit zu verstärken, könnten Sie einfach grob werden und nicht besonders feinfühlig.

Der Schatten von Mitgefühl wäre Freizügigkeit oder übermäßige Nachgiebigkeit. Also, wenn Sie mehr Mitgefühl für die Menschen entwickeln würden, bestände die Gefahr, daß Sie zu nachgiebig würden. Anstatt beispielsweise Ihr Pferd zu reiten, würden Sie es grasen lassen, während Sie darauf sitzen. Das wäre übertriebenes Mitgefühl.

Wenn Sie wissen wollen, was Ihre Qualitäten sind, brauchen Sie sich eigentlich nur zu fragen, was Ihre Fehler sind - denn Sie haben die Qualitäten, von denen Ihre Fehler die Schatten sind. Wenn Sie faul sind, sind Sie ein friedlicher Mensch. Wenn Sie albern sind, sind Sie ein freudvoller Mensch.

Wenn Sie versuchen, Qualitäten willentlich zu verstärken, werden Sie den entsprechenden Fehler verstärken. Es gibt auch Grenzen, bis zu welchem Ausmaß Willenskraft die Qualitäten Ihres Wesens verstärken kann. Aber wir können etwas Besseres tun. Jedesmal, wenn Sie mit einer Qualität arbeiten möchten, versuchen Sie die Qualität in ihrer archetypischen Dimension zu erreichen. Sehen Sie sie in ihrer enormen Reichweite. Denken Sie etwa an das Wort von Pir-o-Murshid: *Das ganze Leben ist eine Prüfung, in der die Wahrheit über die Falschheit triumphiert.*[3]

Dies ist ein bißchen subtil, aber Pir-o-Murshid sagt: *Es hat keinen Sinn, zu streiten und zu sagen: dies ist die Wahrheit - Sie müssen die Wahrheit sein.* Und: *Verfügen Sie über Macht, aber verwenden Sie sie nicht.*[4] Dem Menschen einfach nur die Wahrheit zu sagen, wird wahrscheinlich nichts nützen. Wenn er dagegen spürt, daß Sie ein sehr wahrhaftiger Mensch sind, dann sprechen Sie, ohne es zu sagen. Das ist die subtilere Weise, es zu erreichen. Das Wazifa hier ist *Haqq*, Wahrheit.

Um diese Qualität in sich zu verstärken, damit Sie besser mit Ihrem Problem fertig werden, müssen Sie Wahrhaftigkeit in Ihrem Wesen entdecken. Sie finden die Qualität als Ihrem Wesen innewohnend. Das ist es, was Pir-o-Murshid unsere göttliche Erbschaft nennt, und sie ist bereits in uns eingeschrieben. Erkennen Sie, daß sie da ist, in ihrer Vollkommenheit. Auch daß Sie nicht immer gewußt haben, wie Sie diese Qualität zum Ausdruck bringen sollten, ohne die Menschen einfach nur zu verletzen und Ihr Leben und das anderer Menschen zu verderben.

Wir haben gelernt, uns nach innen zu wenden. Was wir über das Nach-innen-Wenden gelernt haben, können wir auf dieses besondere Problem anwenden, indem wir uns unseren Motivationen stellen, damit wir uns nicht selbst täuschen. Wenn wir uns nicht selbst täuschen, sind wir wahrhaftig - und andere Menschen werden es spüren. Es hat keinen Sinn, einem anderen Menschen die Wahrheit zu sagen, wenn Sie nicht ehrlich zu sich selbst sind.

Dasselbe gilt für jede Qualität, die Sie betrachten. Zum Beispiel Mitgefühl, Erbarmen - *Rahim*: Anstatt zu versuchen zu sehen, ob Sie mehr Mitgefühl im Umgang mit diesem

Menschen zum Ausdruck bringen können, schauen Sie in Ihr eigenes Innere. Zunächst einmal erkennen Sie an, daß in der Tiefe Ihres Wesens Ihr Herz in Tränen ist, um es metaphorisch auszudrücken. Gestehen Sie sich ein, daß Sie innerlich extrem gebrochen sind als Folge des Leids, das Sie in der Welt sehen. Wir leben in einer harten, einer rauhen Welt. Sie haben sich verhärtet, denn sonst stellen Sie fest, daß Sie sehr verletzlich sind. Wir sind - so beschreiben es die Sufis - wie eine Nuß, deren Schale sehr fest ist, aber innen ist sie ganz weich. Wir haben Mühe, das Mitgefühl in uns anzuerkennen, denn es würde uns das Gefühl geben, weich oder sogar übermäßig empfindsam zu sein, und wir finden es schwierig, es einem anderen Menschen entgegenzubringen.

Noch einmal, es ist dieses Entdecken der Qualitäten in Ihnen selbst, das Entdecken, daß sie in Ihnen vorhanden sind - als das, was man Ihre göttliche Erbschaft nennt -, das Ihnen helfen wird, sie auf andere Menschen anzuwenden. In Wirklichkeit, wenn Sie es in sich haben, brauchen Sie nicht zu versuchen, mitfühlend zu sein; Ihr Mitgefühl ist da, und die Menschen werden es sofort spüren. Mit anderen Worten, Ihre Beziehung zu den Menschen verlangt von Ihnen, mit Ihrem tieferen Selbst in Berührung zu kommen.

Da kommt Meditation ins Spiel. Wenn Sie fragen, wie Sie die Meditation im täglichen Leben anwenden können - das ist eine der Antworten. Was wir in der Meditation gelernt haben, sollte uns helfen. Wir haben gelernt, uns nach innen zu wenden.

Ein beziehungsreicheres Tandem von Qualitäten wäre *Meisterschaft* im Gegensatz dazu, *auf Ihre Führung zu hören*. Das ist ein sehr nützliches Paar, denn das Streben nach Meisterschaft, *Wali*, scheint uns nach außen zu ziehen, und *Hadi*, Führung, bringt uns dazu, uns nach innen zu wenden.

Betrachten Sie also wieder Ihr Problem. Jede Situation ist

anders, aber es könnte der Fall sein, daß es einen Kampf zwischen den Willenskräften gibt: Dieser Mensch versucht Sie zu beherrschen, oder Sie versuchen ihn zu beherrschen. Es besteht ein Tauziehen der Willenskräfte zwischen Ihnen. Wenn Sie nachgäben, das erkennen Sie, würde dieser Mensch Sie beherrschen, und es hätte ernste Auswirkungen auf Ihre Fähigkeit, Ihr Ziel im Leben zu erfüllen. Leider ist so das Leben.

Aber was meinen wir eigentlich mit Meisterschaft? In unserem Verstand assoziieren wir Meisterschaft mit Kontrollieren, das heißt, anderen Menschen unseren Willen aufzuzwingen. Dafür gibt es in der Welt eine Menge Beispiele. Wenn Sie auf diesem Schlachtfeld herausgefordert werden, dann wird die Person gewinnen, die das stärkste Ego hat.

Pir-o-Murshid warnt uns, nichts zu unternehmen, was jenseits unserer Fähigkeiten liegt.[5] Meisterschaft muß immer irgendwie auf Ihre Fähigkeiten abgestimmt sein. Indem Sie mehr Macht entwickeln, werden Sie fähig, etwas Herausfordernderes zu unternehmen.

Wenn Sie in Ihrer Herausforderung zu waghalsig sind, können Sie damit rechnen, der Verlierer zu sein. Das ist eindeutig nicht die beste Art, es anzugehen. Wenn Sie sich selbst überfordern, verlieren Sie das Selbstvertrauen. Es ist sehr schwierig, diese Tendenz umzukehren. Sie müssen immer weiter nachgeben und nachgeben und nachgeben.

Es gibt eine andere Lösung. Sie liegt darin, eine größere Macht als Ihre eigene aufzurufen. Betrachten Sie Ihren Willen als den Zweig eines Baumes und den göttlichen Willen als den ganzen Baum. Anstatt zu denken, daß Ihr Wille ein bestimmter Wille und der göttliche Wille ein anderer Wille ist, sehen Sie es als einen einzigen Baum an. Dann können Sie irgendwie eine Ebene Ihres Wesens aufrufen, die Sie nicht auf Ihr individuelles Ego begrenzen und die Ihnen viel mehr Macht geben wird.

Wenn Sie Macht haben, werden andere Menschen es unmittelbar spüren. Pir-o-Murshid macht das an einem Beispiel deutlich: *Wenn Sie Klavier spielen, benutzen Sie dann nur den Druck Ihrer Finger auf der Tastatur, oder ist es Ihr Handgelenk, oder ist es Ihr Ellbogen, oder Ihre Schulter, oder ist es das Gewicht Ihres gesamten Rumpfes?*[6] Es gibt verschiedene Ebenen, aus denen Sie Macht gewinnen können. Wenn Sie die mehr individuellen Dimensionen Ihres Wesens verwenden, ist Ihre Macht begrenzt, und die Menschen nutzen das sehr schnell aus.

Sie müssen lernen, wie Sie diese weiteren Dimensionen Ihres Wesens aufrufen können. Hier sollten Ihnen wieder unsere Meditationen helfen: zum Beispiel die Meditationen, in denen Sie die Ausdehnung Ihres Wesens erfassen, wenn Ihr Bewußtsein direkt bis zu den Sternen reicht. Es gibt ein Gefühl von räumlicher Unermeßlichkeit.

Ihr magnetisches Feld gibt Ihnen ein Gefühl von Magnetismus, es gibt Ihnen ein Gefühl von Stärke, von Energie. Wenn Sie den Umfang Ihres magnetischen Feldes vergrößern, dann bekommen Sie das Gefühl, viel mehr Kraft zu haben. Vielleicht eines der größten Geheimnisse, denen wir hier begegnen, ist wieder ein Gedanke von Pir-o-Murshid Inayat Khan: *Bedenken Sie Ihre Reichweite, Ihren Verantwortungsbereich, auf den Sie eine Art von Einfluß ausüben.*[7]

Was sind die Meditationen dafür? Wir sind ihnen schon begegnet. Während Sie meditieren, denken Sie daran, wie die Umstände Sie beeinflussen und wie Sie die Umstände beeinflussen. Sie können sehen, wie die Umstände Sie beeinflussen: Sie sind traurig oder froh oder niedergeschlagen oder aufgemuntert. Sie können den Einfluß der Umstände auf Sie selbst erkennen. Aber Ihr Einfluß auf die Umstände - wir sprechen nicht von Kontrolle, wir sprechen von Einfluß - ist viel schwieriger zu erkennen.

Sie wissen, daß Ihre Gedanken andere Menschen erreichen. Nicht nur das, Sie wissen auch, daß die Menschen in Ihnen leben, daß die Menschen in Ihnen gegenwärtig sind. Das bedeutet, daß diese Menschen einen Einfluß auf Sie haben. Als Gandhi starb, trafen wir eine Frau in den Randbezirken von London, die weinte. Wir fragten sie, warum sie so traurig sei wegen Gandhi, da doch die ganze Zeit so viele Menschen sterben. Sie antwortete: *Er hat meine Überzeugung gestärkt über das, was richtig ist.* Irgendwie hatte er einen Einfluß auf sie. Sie haben also einen Bereich von Einfluß auf Menschen, wenn auch ungewollt.

Vielleicht wird das Ganze ein bißchen aufgebauscht, indem man das sagt, aber so denken die Derwische. Es gibt ein Sprichwort: *Der Derwisch ist ein König, ob in einem Palast oder in einer Hütte.* Es ist nicht die Art von Einfluß, die der König durch seine Armee hat, sondern eine Art von Einfluß durch die Reichweite seines oder ihres Wesens. Es gab einen weiblichen Derwisch namens Hazrat Babajan; sie lebte in einer bescheidenen kleinen Hütte, aber ihr Einfluß auf die Menschen war enorm.[8]

Das Gefühl für Ihre Einwirkung auf das Universum wird Ihnen ein Gefühl von Meisterschaft geben. Das heißt, wenn Sie die Bereiche kennen, wo Ihr Einfluß gefordert ist, und wenn Sie die Verantwortung übernehmen, dafür zu sorgen, daß diese Situationen richtig gehandhabt werden. In einer Situation, für die Sie verantwortlich sind, lassen Sie nicht zu, daß Fehler passieren, ohne daß Sie eingreifen.

Wenn Sie einen Chor dirigieren, lassen Sie niemals zu, daß jemand eine falsche Note singt, ohne daß Sie reagieren. Sie unterbrechen sofort und sagen: *Machen wir es noch einmal*. Sie erlauben niemals, daß etwas außerhalb Ihrer Kontrolle geschieht, das heißt, in Bereichen, wo Sie eine Verantwortung haben. Mit anderen Worten, Verantwortung zu übernehmen, wird Ihre Macht verstärken.

Das ist ein tieferer Sinn der Bedeutung von Wali. Man könnte vielleicht sagen, daß Wali bedeutet, Verantwortung zu übernehmen. Die Menschen, die Gurus aufsuchen, wollen, daß der Guru Verantwortung übernimmt anstatt sie selbst. Unser Weg ist der Weg der Freiheit, wir müssen also lernen, selbst Verantwortung zu übernehmen. Und die Menschen spüren es sofort. Sie spüren, hier ist jemand, auf den wir uns verlassen können. Wenn Sie diese Art Mensch sind, werden Sie den Job bekommen. Aber wenn die Person in der Firma denkt: *Ich weiß nicht, ob dieser Mensch sehr verläßlich ist*, dann werden Sie den Job nicht bekommen. Das ist Wali.

In seiner höchsten Form repräsentiert Wali das Erkennen der göttlichen Macht, mit der Ihr eigenes Wesen ausgestattet ist. Das ist etwas, das in der Meditation durchkommt. Vielleicht haben Sie bemerkt, daß Sie, als Sie ganz tief in Meditation gegangen sind, das Gefühl hatten, mit einer großen Macht ausgestattet zu sein. Das trifft zum Beispiel besonders nach einem Retreat zu.

Die Sufis unterscheiden zwischen Ausstrahlen und Umfassen. Das Gebiet Ihrer Reichweite, Ihres Einflusses ist, was Sie umfassen. Es wird oft als ein Königreich bezeichnet. Wenn Sie nur ausstrahlen, wird Ihre Energie von selbst zerstreut werden. Pir-o-Murshid sagt etwas, das in diesem Zusammenhang gilt: *Ein sehr aktiver Mensch hat eine Menge Magnetismus, aber dieser Magnetismus wird sehr schnell zerstreut.*[9]

Sie müssen wissen, wie Sie den Magnetismus Ihres Wesens aktivieren können. Wie groß auch immer seine Reichweite ist, betrachten Sie sie als eine Zone mit einer festgelegten Schwelle oder Grenze. Betrachten Sie sie nicht als einen Wirbel, der keine Grenze hat. Stellen Sie sich Ihr magnetisches Feld als Zonen vor. Wenn Sie das magnetische Feld von

Menschen spüren könnten, würden Sie erkennen, daß es da wirklich Quantensprünge gibt: Da ist eine bestimmte Zone, und dann scheint da eine Schwelle zu sein; und dahinter gibt es eine andere Zone. Aber es ist nicht linear; es ist wie Quantensprünge in einem Atom.

Also jeden Tag in Ihrer Meditation, anstatt in *Samadhi* zu gehen, überprüfen Sie Ihr Königreich. Fragen Sie sich: *Was ist mit dem Menschen dort? Ich sollte ihn anrufen.* Und: *Ja, ich habe diesem Menschen dies und das versprochen, aber ich habe es nicht getan.* Und so weiter. Die Menschen sind Teil Ihres Bewußtseins.

Wenn Sie dazu berufen sind, spirituelle Führung zu geben, dann müssen Sie täglich in der Meditation an jeden dieser Menschen denken, die Sie führen. Vielleicht spüren Sie, daß eine/einer von ihnen durch eine Krise geht und daß Sie ihr/ihm eine neue Übung geben müssen. Das bedeutet wirklich Verantwortung für Menschen zu übernehmen. Es hilft Ihnen, Wali zu entwickeln. Es gibt Ihnen *Vilayat*, das ist die Bedeutung von Vilayat. Es gibt Ihnen Meisterschaft, und die Menschen spüren es unmittelbar - Sie brauchen keinen Hammer zu nehmen, um eine Fliege zu töten. Sie können Kraft und Macht haben, aber das bedeutet nicht, daß Sie sie verwenden müssen. Ein großer Hund braucht nicht zu bellen, es ist der kleine Hund, der bellt.

Andererseits muß Wali durch Hadi ausgeglichen werden - in unseren Übungen werden die Qualitäten im allgemeinen als Tandem berücksichtigt. Sonst werden Sie eigensinnig, stur. Sie wollen sich dann nicht belehren lassen. Sie sitzen auf Ihrem hohen Roß und wollen nicht einsehen, daß Sie im Unrecht sind. Es gibt viele Leute, die so sind.

Manche Leute denken, es sei erniedrigend einzugestehen, daß sie einen Fehler gemacht haben. Es ist ein Kennzeichen großer Wesen, ihre Fehler zuzugeben. In Wirklichkeit lernen wir durch unsere Fehler. Es ist ein Mechanismus, der in unsere Programmierung eingeschrieben ist - so wie es bei der Nachbildung der DNS durch die RNS Enzyme gibt, die die Fehler korrigieren, und wenn sie es nicht tun, entwickelt sich Krebs.

Sie haben überlegt, wie sich Ihre Beziehung zu einem bestimmten Menschen ändern würde, wenn Sie fähig wären, die große Macht in Ihrem Wesen aufzurufen. Das tun Sie, indem Sie Ihr Bewußtsein ausdehnen oder erweitern, und auch indem Sie sich nach oben wenden und die göttliche Macht als die Grundlage erkennen, aus der Ihre Kraft erwächst.

Dann müssen Sie mit Hadi arbeiten, damit wenden Sie sich an Ihre Intuition. Wir nennen es um Führung bitten, aber in Wirklichkeit läuft es darauf hinaus, daß Sie sich an Ihre Intuition wenden. Es ist wirklich nicht wünschenswert, andere Menschen um Rat zu bitten, obwohl wir es die ganze Zeit tun. Es bedeutet, nicht die Verantwortung zu übernehmen. Die Leute sind nur allzu froh, Ihnen ihren Rat zu erteilen, und sie sind sich nicht immer der sehr ernsten Konsequenzen bewußt, die ihr Rat haben kann.

Anstatt an die Situation zu denken, die Sie bis jetzt betrachtet haben, denken Sie über eine Situation nach, in der Sie wirklich nicht wissen, was Sie tun sollen. Sie brauchen wirklich Führung. Wenn Sie niemanden um Führung bitten können, wie können Sie diese Führung dann in Ihrer Intuition finden? Das Problem ist, daß Intuition trügerisch sein kann, es könnte bloßes Wunschdenken sein.

Meditation kann Ihnen helfen.

Wenn Sie sich immer darin üben, sich nach innen zu wenden, werden Sie fähig einzuschätzen, wie Sie auf bestimmte Situationen reagieren, oder, wie Murshid sagt: *wie die Umstände Sie beeinflussen.*[10] Zum Beispiel, Sie fühlen sich ermuntert, oder Sie fühlen sich entmutigt, oder Sie fühlen sich aufgebracht oder zornig oder beleidigt: wie Sie durch die Umstände beeinflußt werden. Es gibt also eine Übereinstimmung zwischen innen und außen.

Sie haben schon gesehen, daß es eine Übereinstimmung gibt, aber Sie erinnern sich daran, daß Sie, um sich nach innen zu wenden, aufhören müssen, die Dinge auf explizite Weise zu betrachten. In der impliziten Weise sind die Gedanken durcheinander; es ist sehr schwierig, da eine klare Führung zu erkennen, einen klaren Hinweis. Es scheint ein bißchen formlos, nebelhaft.

Sie lernen sozusagen in diesem Dunst zu segeln und Anzeichen wahrzunehmen, die vorübergehend sind und die Tendenz haben, zu verschwinden. Lassen Sie mich ein Beispiel geben. Während des Zweiten Weltkrieges war ich als Offizier der British Navy, die gegen die Nazis kämpfte, auf einem Minensuchboot, das die Streitkräfte schützte. Wir wurden von U-Booten angegriffen. Wir waren im Dunkeln auf der Brücke und versuchten U-Boote im Nebel auszumachen, zu sehen, ob wir sie erkennen konnten. Man hatte uns beigebracht oder zumindest hatten wir gelernt, daß wir sie verpassen würden, wenn wir den Horizont absuchten. Wir mußten unseren Blick in einem Zustand von Bereitschaft halten. Das Außergewöhnliche war, daß wir das U-Boot fühlten; wir konnten es in uns selbst fühlen. Wir fühlten es nicht da draußen, wir fühlten es innerlich - und dann forderte uns irgendetwas auf, hinzuschauen.

Das ist ein Beispiel für das, was Pir-o-Murshid Inayat Khan sagt: *Intuition ist eine Offenbarung Ihres eigenen Geistes.*[11]

Nehmen wir an, Sie sprechen mit einem Menschen, und dieser Mensch schaut Ihnen in die Augen und sieht sehr geradlinig aus. Und dann schließen Sie Ihre Augen und Sie fühlen sich unehrlich. Ihre Intuition sagt Ihnen, daß dieser

Mensch lügt, obwohl nichts im Auftreten dieses Menschen Ihnen irgendeinen Hinweis darauf gibt, daß er lügt. Das ist etwas, wo Meditation sehr hilfreich wäre.

Woher wissen Sie, ob Ihre Intuition stimmt? Pir-o-Murshid sagt, daß es eine Art Barometer in einem gibt, das einem ein Gefühl dafür vermittelt, wie die äußeren Umstände sind. Aber es ist sehr, sehr fein und sehr fein eingestimmt. Nur wenn Sie daran gewöhnt sind, sich nach innen zu wenden, sind Sie in der Lage, überhaupt klug zu werden aus dem, was Ihre innere Führung Ihnen sagt. Sonst ergehen Sie sich nur in Wunschdenken, und Wunschdenken kann sehr irreführend sein und sogar äußerst gefährlich.

Beim Nach-innen-Wenden haben wir gelernt, uns von innen nach außen zu verbreiten. Um zum Beispiel bei diesem Menschen Hadi anzuwenden, müßten Sie versuchen, in sein Bewußtsein einzutreten. Sehen Sie, wie es wäre, wenn Sie dieser Mensch wären. Das wird Ihnen helfen.

Anstatt diesem Menschen einfach nur in einem Tauziehen mit Ihrem Willen zu begegnen, treten Sie in das Bewußtsein dieses Menschen ein. Dann sehen Sie, was die Motive sind, die diesen Menschen bewegen. Und Sie sehen auch, wie dieser Mensch Sie einschätzt. Sie erkennen, daß die Art, wie er Sie einschätzt, nicht die Art ist, wie Sie sich selbst einschätzen. Sie spüren, daß er sich in seiner Einschätzung Ihnen gegenüber irrt, und er verhält sich Ihnen gegenüber in einer Weise, die nicht angemessen ist, weil seine Einschätzung von Ihnen falsch ist.

Nun erkennen Sie, daß Sie ihn in irgendeiner Weise wissen lassen müssen, was Sie fühlen. Es ist festzustellen, daß es besonders in persönlichen Beziehungen einen Zusammenbruch der Verständigung gibt. Die Wut, die sich häufig entwickelt, schafft eine Situation, in der man den anderen nicht anhören möchte. Das ist eines der Gelübde, die wir den Menschen abnehmen, wenn sie getraut werden: zu versprechen, daß sie nicht wütend werden, wenn der andere sich beklagt. Dann sind zumindest die Verständigungswege offen.

Vielleicht stellen Sie auch fest, daß der Mensch Sie weiterhin so einschätzt, wie Sie möglicherweise vor vielen Jahren waren, und nicht erkennt, daß Sie ein neuer Mensch sind. Das ist der Grund, warum Buddha nach seinem Retreat, als seine Schüler aus Neugier zu ihm kamen, um zu sehen, was mit ihm geschehen war, sagte: *Ich habe Erleuchtung erlangt. Habe ich jemals zuvor so zu euch gesprochen?* Er wollte sie wissen lassen, daß er nicht derselbe Mensch war wie vorher. Man muß es aussprechen. Man muß zu seinem Partner gehen und sagen: *Ich bin ein neuer Mensch.* Und vielleicht sagt er: *Oh, du bist wohl bei einem Seminar mit irgend so einem seltsamen Guru gewesen.*

Eigentlich ist die beste Unterhaltung zwischen Menschen, die eine persönliche Beziehung haben: *Wie geht es dir jetzt? Passiert etwas mit dir in deiner Einstimmung? - Ja, da ist etwas. Ich bin zu einer Erkenntnis gekommen.* Man muß sich mitteilen.

Wir haben also gelernt, uns nach innen zu wenden. Wir haben gesagt, daß man sich von innen nach außen verbreiten muß. Dann, in einem bestimmten Moment, haben wir gespürt, daß das Außen ziemlich weit entfernt war. Es mag sogar eine Zeit geben, in der Sie für eine kurze Weile wirklich eine Mauer zwischen Außen und Innen errichten müssen. Erinnern Sie sich daran, daß Sie die Sterne nicht sehen können, wenn die Sonne am Himmel steht.

Um innerlich klar zu sehen, müssen Sie wirklich das Äußere ausblenden - oder zumindest die Art und Weise, wie das Äußere erscheint. Das bedeutet nicht, das Bewußtsein des anderen Menschen von innen zu erreichen. Es geht darum, zu versuchen, diesen Menschen in uns selbst zu finden. Die Menschen, die wir kennen, sind anwesend in uns, in unserer Psyche.

Anstatt einer Mauer könnte es ein Puffer sein. Das wird ausgedrückt im Vierten Klavierkonzert von Beethoven, wo das Orchester, das die Welt darstellt, den Pianisten herausfordert. In seiner Antwort spielt er nicht Ball - er reagiert völlig im Gegensatz zur Herausforderung. Es ist, als würde er sagen: *Ich muß mein tieferes Selbst zu Rate ziehen*. Beethoven lehrt uns eine große Lektion in Meditation.

Betrachten Sie Meditation als Puffer. Wenn Sie mit einem Problem konfrontiert sind, reagieren Sie nicht. Sie verlangen Einhalt, eine Frist, und Sie meditieren. Wenn Sie meditieren, dürfen Sie nicht weiter bei dem Problem verweilen - das wäre Nachdenken, nicht Meditation. Beschäftigen Sie sich damit, wie Sie sich innerlich fühlen.

Was Beethoven eigentlich tat, war, sich die herrliche reiche Vielfalt, das Potential seines Wesens verfügbar zu machen und es zu Rate zu ziehen. Wenn Sie reagieren, ist es nur die Oberfläche Ihres Wesens, die beteiligt ist. Sie rufen nicht alle Ihre Fähigkeiten auf.

Es ist wichtig, sich darüber im klaren zu sein: Wenn er reagiert hätte, wäre diese wundervolle Melodie nicht entstanden. Es ist ebenso wahr zu sagen, daß sie auch nicht durchgekommen wäre, wenn er nicht herausgefordert worden wäre. Sie könnten also die Welt als Katalysator betrachten, der Ihren Einfallsreichtum auslöst.

Manchmal besteht Ihre Führung einfach darin, daß eine bestimmte Qualität oder mehrere Qualitäten hervorgehoben werden, wenn Sie sich nach innen wenden. Sie versuchen nicht, dies mit Ihrem Verstand herauszufinden: *Was sind die Qualitäten, die ich brauche, um diesem Problem zu begegnen?* Stattdessen wenden Sie sich nach innen, und irgendwie hebt die selbstorganisierende Fähigkeit in Ihnen bestimmte Qualitäten hervor.

Wenn Sie mit der Sprache der Wazaif vertraut sind, dann werden Sie diese Qualitäten benennen. Sie werden besser in der Lage sein, sie zu kennzeichnen, wenn Sie damit vertraut sind, was diese Qualitäten sind. Und dann, noch einmal: Sie können genau das tun, was wir getan haben - erkennen Sie, daß Sie diese Qualität tatsächlich in sich haben. Alles, was Sie dann zu tun haben, ist, sich in Ihrem Handeln in dem bestimmten Fall auf sie zu verlassen.

Weil wir zweifeln, ob wir diese Fähigkeiten haben, finden wir es schwierig, sie in Gang zu setzen. Letzten Endes ist es alles eine Frage des Vertrauens. Nicht Glauben - Vertrauen, Vertrauen in Gott, als Sie, in Ihnen. Deswegen hat Pir-o-Murshid gesagt: *Vertrauen in Gott wird durch Vertrauen in Sie selbst genährt.*[12]

Lassen Sie uns nun zwei Qualitäten betrachten, wieder als Tandem, die sehr nah bei Wali und Hadi liegen: das sind *Zahir* und *Batin*. Das Wazifa Zahir hat viele Bedeutungen. Es bedeutet Ausstrahlen. Letztlich bedeutet es *Epiphanie*. Es bedeutet, daß das ganze Universum die Offenbarung des noch nicht Geoffenbarten ist.

Unser Zweck im Leben ist daher, das Nicht-Geoffenbarte in unserem Wesen zu offenbaren. Offenbaren ist natürlich sehr eng mit Ausstrahlen verbunden. Sie könnten Licht ausstrahlen, oder Sie könnten Leben ausstrahlen oder Liebe ausstrahlen oder Macht. Das ist wiederum etwas, was Sie an der Meditation hilfreich finden werden.

Unsere Ausstrahlung wird erschöpft im Umgang mit den sehr groben Situationen, denen wir im Leben begegnen. Es ist sehr schwierig, weiter zu lächeln, wenn alle ärgerlich oder traurig sind; solche Menschen mögen Ihr Lächeln nicht. Es erfordert Mut, zu lächeln. Denken Sie an den Film über Mozart:

Es verlangte Mut, den König so anzulachen, wie er es tat.[13]

Anstatt Macht auszuüben gegen den Menschen, der Sie zu beherrschen versucht, empfehle ich Ihnen, viel Freude und Licht auszustrahlen; das ist sehr zu Ihrem Vorteil. Manchmal, wenn ein Mensch Ihnen mit Ärger begegnet und Sie lachen, lenkt das seinen Angriff ab.

Da sind wir herausgefordert: Wie können wir voller Freude sein, wenn das Leben so hart ist? Es ist ein großes Geheimnis. Die Macht der Freude ist ein großes Geheimnis. Sie können das ganze Universum als einen Ausbruch von Freude sehen ... der Frühling, Schneekristalle - es ist alles ein Ausdruck von Freude.

Wir wissen, daß Freude immer auf Kosten von Leid ist, aber wir müssen unser Leid umwandeln. Es ist in Ordnung, zur gleichen Zeit traurig und glücklich zu sein. Denken Sie nicht, Sie könnten nicht glücklich sein, weil Sie traurig sind - Sie können beides sein. Da ist wieder etwas, das Sie in der Meditation entwickeln.

Mit Licht zu arbeiten, viel Licht auszustrahlen, ist die greifbarste, die konkreteste aller Meditationsübungen. Es ist etwas Einfaches, das Sie ohne Anstrengung tun können, ohne irgendwelche hohen Ansprüche. Alles was Sie zu tun haben, ist, sich die Ausstrahlung Ihrer Aura vorzustellen. Noch wirkungsvoller ist es, mit Ihrem Blick zu arbeiten, bewußt zu arbeiten, sich täglich darin zu üben, Licht durch Ihren Blick auszustrahlen.

Eine Art, das zu tun, ist, sich Ihren Blick als die Lichter, die Schweinwerfer eines Autos vorzustellen. In einem weiteren Schritt arbeiten Sie mit Ihrem dritten Auge. Sie stellen sich vor, daß Ihr drittes Auge wie ein Röntgenstrahl ist, der weiter oder mehr ins Innere sieht als Ihre Augen.

Es geht nicht darum, zu sehen; es geht darum, ein Licht nach vorne zu richten. Wir stellen uns Sehen im allgemeinen als rezeptiv vor, wohingegen dies hier aktiv ist. Es ist sehr hilfreich, beim Einatmen die Augen nach oben zu wenden, und dann nach vorne, wenn Sie Licht ausstrahlen während des Ausatmens.

Es gibt einen weiteren, dritten Schritt. Er besteht darin, durch Ihre Augen zu lächeln. Sie lächeln tatsächlich durch Ihre Augen, wenn Sie hinter der Erscheinung der Dinge Schönheit sehen. Stellen Sie sich vor, Sie schauen einen Menschen an, der elend und gebrochen ist und der so ein schlechtes Selbstbild hat, und Sie sehen Schönheit in diesem Menschen. Wenn Sie lächeln, sieht dieser Mensch seine Schönheit durch Ihre Augen. Stellen Sie sich einmal vor, was Sie für diesen Menschen tun!

Lächeln ist viel subtiler als Lachen. Es gibt ein Wort, das die Sufis verwenden: *die lächelnde Stirn*. Vielleicht ist das, wenn das dritte Auge lächelt. Sie kennen das chinesische Sprichwort: *Lache, und die Welt lacht mit dir; weine, und du weinst allein.*

Das ist Zahir. Nun wollen wir Batin betrachten.

Wenn Sie nach innen gewandt sind, entdecken Sie eine solche Fülle, daß Sie fühlen, Sie würden einen Verrat begehen, wenn Sie versuchten, das in Worte zu übersetzen. Sie fühlen, Sie würden es dem Spott und der Entheiligung aussetzen. Es gibt in Ihnen ein Gefühl dafür, etwas sehr Heiliges zu schützen und es nur so weit zu enthüllen, wie es klug erscheint, es zu tun. Sie enthüllen es denen, die bereit sind.

Dann erkennen Sie, daß die ganze Anschauung der Sufis darin besteht, daß Gott Sein/Ihr Wesen beständig enthüllt und verbirgt, je nach der Fähigkeit der Menschen, mit der Macht dieser Offenbarung umzugehen. Wir werden vor der Macht der Wirklichkeit hinter der Oberfläche der Dinge geschützt durch *Maya*, durch die Erscheinung, durch die Illusion. Das ist unser Schutz nach Ansicht der Sufis.

Aber seien Sie sich der Macht der Heiligkeit in der Tiefe Ihres Wesens bewußt. Sie müssen sie nicht enthüllen. Sie enthüllen sie in dem Maße, in welchem die Menschen damit umgehen können. Aber sie muß geschützt werden, und wenn Sie sie enthüllen, laufen Sie Gefahr, sie der Entheiligung auszusetzen.

Das ist etwas, was in der katholischen Messe vor sich geht: Die Menschen, die zum Altar gegangen sind, um das heilige Sakrament zu empfangen, kehren zu ihren Plätzen zurück, und an der Art, wie sie gehen, und an ihrer ganzen Atmosphäre kann man sehen, daß sie sich fühlen, als trügen sie etwas sehr Heiliges in ihrem Wesen. Hinter diesem Ritual, bei dem die Menschen eine Art von Gebäck essen, steht der Sinn, an der Heiligkeit Gottes teilzuhaben und daß man sie schützen muß. Eines unserer größten Bedürfnisse ist vielleicht, ein Gefühl für die Heiligkeit zu haben, die unserem Wesen innewohnt. Dieses Wissen schützt uns davor, eigensinnig zu sein und beschmutzt zu werden. Das ist die Bedeutung von Batin.

Die Heiligkeit Ihres Wesens zu erkennen, gibt Ihnen eine Macht, die diejenigen beschämt, die nur ihren Willen anzuwenden wissen. Das geschah, als Jesus Pilatus gegenübertrat. Pilatus wusste nicht, wie er mit dem Wesen von Jesus umgehen sollte; er wusch seine Hände. Wenn Sie Streit mit jemandem haben, der sein Ego benutzt, und Sie haben nicht so ein barsches Ego, um ihm zu entgegnen, dann können Sie diese spirituelle Macht aufrufen, die daher rührt, daß Sie die Heiligkeit in Ihrem Wesen anerkennen.

Denken Sie an sich selbst als an einen Tempel. Ein Beispiel dafür ist eine Frau, die im Süden Amerikas von einer wütenden Menge gelyncht wurde, und sie sagte: *Mit meinem Körper könnt ihr machen, was ihr wollt, aber meine Seele könnt ihr nicht erreichen.* Das gibt Ihnen eine sehr große innere Macht. Sie brauchen keine äußeren Mittel anzuwenden, um denen entgegenzutreten, die Sie zu beherrschen versuchen - Sie würden sowieso verlieren. Aber sie können Sie nicht treffen, wo Sie stark sind.

Die Übungen, die diese Qualität verstärken werden, sind der *Dhikr*, der durch seine Bewegung des Umkreisens des Herzens ganz besonders einen Tempel baut, und jede Übung der Verherrlichung (so wie *Azim* oder *Ali* oder *Aziz*) - das bedeutet, wann immer Sie heilige Emotionen aufrufen statt der persönlichen Emotionen wie Ärger, Freude, Zufriedenheit oder Selbstsucht.

Diese Heiligkeit ist auch der Grund für Schweigen in einem Retreat. Aber das äußerliche Befolgen allein reicht nicht. Was Ibn 'Arabi das *Schweigen des Herzens* nennt, ist viel wichtiger. Sie sind sich dieses heiligen Kerns Ihres Wesens immer bewußt, sogar in einem Eiscafé oder im Supermarkt.

Das Ziel ist, in der Lage zu sein, dieses Gewahrsein zu halten, nicht nur in Ihrer Meditation - da können Sie es natürlich erreichen -, sondern im täglichen Leben. Sie brauchen nicht zur Kirche zu gehen, sie brauchen nicht einmal zu meditieren - solange Sie in der Lage sind, dieses Bewußtsein des Heiligen in Ihrem Wesen aufrechtzuerhalten. Es wird Sie davor bewahren, in gewöhnliche Emotionen abzurutschen.

Sie werden sensibel gegenüber der Art von Emotionen, die Menschen aussenden. Wie Pir-o-Murshid gesagt hat: *Man kann den Grad der Evolution eines Menschen erkennen, indem man beobachtet, was ihn zum Lachen und was ihn zum Weinen bringt.*[14] Sie werden sehr sensibel gegenüber der emotionalen Einstimmung der Menschen. Und Sie schützen Ihre emotionale Einstimmung. Tatsächlich sehen Sie, welche Art von Einfluß die Menschen auf Ihre Einstimmung ausüben, und Sie erkennen, wie leicht es ist, in niedrige oder sogar vulgäre Emotionen abzurutschen.

Das bedeutet nicht, scheinheilig zu sein. Es bedeutet lediglich, daß Sie ein Gefühl von Würde haben. Aber es ist wahr, daß Sie auf dieser Ebene einsam sind.

Jeder braucht Raum, so gerne Sie auch sich mit anderen Menschen austauschen und kommunizieren. Es trägt zu glücklicheren Beziehungen zwischen Menschen bei, wenn einer den heiligen Raum des anderen respektiert. Wie Khalil Gibran feststellte: *Große Bäume wachsen nicht im Schatten der anderen.*[15]

In Ihrem täglichen Leben eine Zeit für Meditation zu reservieren, wird in Ihren persönlichen Beziehungen eine Grenze setzen. Es wird klarstellen: *Dies ist der Raum, dies ist der heilige Raum, den ich brauche.* Wenn Sie diesen Raum nicht haben, fühlen Sie sich unwohl und werden mürrisch und ärgerlich - denn Sie haben dieses Bedürfnis, und dieses Bedürfnis muß respektiert werden.

In Ihrer Beziehung zu einem Menschen könnte es sein, daß dieser Mensch darauf hinarbeitet, Macht über Sie zu gewinnen, indem er Ihr Gefühl für das Heilige lächerlich macht. Tatsächlich ist es das, was überall in der Welt passiert. Das ist, was man Entheiligung nennt. Da können Sie klar und deutlich entgegnen, indem Sie sagen *Das ist meine Sache* oder *Das ist mein Bereich.* Wenn die Leute neugierige Fragen stellen, brauchen Sie sie nicht zu beantworten. Sie schulden Gott Ihre Ergebenheit.

Also das ist Batin, der/die Verschleierte. Der Schleier ist ein Schutz. Aber, wie die Sufis sagen, der Schleier verhüllt das Gesicht und ebenso enthüllt er es. Er zeichnet die Konturen des Gesichtes nach. Der Schleier ist durchlässig, aber er gibt Ihnen eine Abschirmung, eine Fähigkeit, zu enthüllen, was Sie als in Ordnung empfinden, und zu verbergen, was Ihrem Gefühl nach geschützt werden muß.

Es gibt noch eine weitere Entwicklung davon, denn offensichtlich steht Batin für das Sich-nach-innen-Wenden. Wie wir schon erfahren haben: wenn wir uns nach innen wenden, entdecken wir die Verdauung der Psyche. Die Psyche verdaut den Einfluß der Umgebung, und Sie fühlen das in Ihrem Solarplexus.

Tatsächlich haben Krebspatienten einen Mangel an einem Hormon der Bauchspeicheldrüse, denn die Bauchspeicheldrüse ist überlastet. Auf der physischen Ebene kann die Bauchspeicheldrüse überlastet sein durch das Essen von zuviel Protein und die Unfähigkeit, die Aminosäureketten zu zerlegen und wieder aufzubauen.

In gleicher Weise kann die Psyche überlastet sein. Sie spüren es im Solarplexus, denn dort ist es, wo wir uns nach innen wenden. Wenn Sie sich erinnern: Der Solarplexus ist die Schwelle, die Ihnen Zugang nach innen gewährt. Das ist, wo Ihnen dieses Gefühl von Batin vermitteln mag, daß Sie ein Bedürfnis nach Schutz haben.

Es gibt ein Wazifa dafür: *Muhaymin*, das bedeutet, um weiteren Schutz zu bitten. Ihre Verteidigung sagt: *Ich will nicht, daß in meine Privatsphäre eingegriffen wird.* Und dennoch lassen Sie es zu, vielleicht aus Mitgefühl oder Freundlichkeit, denn Sie würden einen Menschen verletzen, indem Sie ihn abweisen. Dann sind Sie derjenige, der den Schaden zu verzeichnen hat.

Wir lernen also in der Meditation, wie mit Problemen umzugehen ist. Wir lernen, in uns selbst das Mittel zu finden, mit ihnen umzugehen. Denken Sie wieder an Ihre Probleme, nun im Licht der wenigen Qualitäten, die wir besprochen haben. Es gibt noch viele, viele andere Qualitäten, aber wir haben genug betrachtet, um die Vorgehensweise aufzuzeigen.

Lassen Sie die Macht der Freude Ihre Seele erfüllen und Sie mit einem Gefühl von Leichtigkeit über die Kümmernisse Ihres Lebens erheben. Letzten Endes wird es alles in Ordnung sein. Eine Niederlage kann sich als Sieg erweisen. Indem Sie durch die Dunkelheit gehen, erreichen Sie das Licht. Leid wird den Weg zur Verzückung der Freude eröffnen.

10.

Wazifa

Wir sind zu einem Punkt gekommen, an dem wir mehr praktische Hinweise möchten, wie wir arbeiten können. Wir müssen die Frage beantworten: Was für eine Rolle spielt die Wiederholung eines *Wazifas* in unseren Übungen? Warum wiederholen wir die *Wazaif*?

Um es ganz einfach darzustellen: Der Klang hilft, den Gedanken in den Brennpunkt zu rücken. Wenn Sie an all die Erklärungen denken, die wir über ein paar verschiedene Wazaif gegeben haben, mögen Sie sich fragen, ob Sie sich an all diese Erklärungen erinnern könnten, wenn Sie das Wazifa wiederholen. Durch Wiederholung wird die Bedeutung des Wazifas implizit in Ihrem Verständnis. Das Wazifa ist wie ein

Etikett oder ein Zeichen zur Wiedererkennung, ein Verweis im Inhaltsverzeichnis Ihres Denkens.

In der Sufi-Tradition verwenden wir arabische Wörter, während in der Praxis der Hindus Sanskrit-Wörter verwendet werden. Das ist nicht so wichtig. Die Schönheit liegt darin, daß Sie ein Wort verwenden, das nicht in Ihrem gewöhnlichen Wörterbuch vorkommt. Es hat nicht die Einschränkungen, die Sie Wörtern Ihrer eigenen Sprache zuschreiben. Deshalb verwenden Wissenschaftler manchmal griechische Wörter oder griechische Buchstaben als Referenz.

Wir dürfen die Tatsache nicht übersehen, daß der Klang selbst etwas von der Einstimmung des Wazifas vermittelt. Wenn Sie den Klang hören, können Sie sich selbst davon überzeugen, wie der Klang die Bedeutung vermittelt. Das Wichtige ist die Verbindung zwischen dem Klang und der Bedeutung. Darum geht es bei unserer Sprache. Wir verbinden ständig die Bedeutung und den Klang. Durch den Vorgang der Assoziation ruft der Klang sofort die Bedeutung hervor.

Die Schönheit der Wiederholung besteht darin, daß man das Unbewußte trainiert. Man prägt dem Unbewußten auf der archetypischen Ebene eine Gedankenform, einen Keimgedanken ein. Man könnte sogar sagen, die Wiederholung zieht Bahnen in Ihrem Gehirn, so daß der Gedanke, wenn er aufgerufen wird, aus dem Unbewußten auftaucht.

Stellen Sie sich beispielsweise vor, daß Sie zu einer Party eingeladen sind. Sie fragen, wer kommt, und erhalten die Antwort: *der Soundso und Soundso*. Und dann ist da ein Name, da denken Sie: *Oh nein, wenn die Person kommt, dann gehe ich nicht hin*. Aber dann erinnern Sie sich daran, daß Sie das Wazifa *Rahman* (Großherzigkeit) wiederholt haben, und so sagen Sie: *Ja, gut*. Irgendwie haben Sie etwas in Ihrem Unbewußten aufgebaut, und irgendwie hat es sich dort eingeprägt. Es hat ein Etikett. Rahman hat eine Bedeutung für Sie, die das Wort Großherzigkeit nicht hat. Es hat eine Bedeutung erlangt durch all das, was Sie hineingelegt haben.

Die Wazaif sind wirkungsvoll allein durch die Kraft, das Unbewußte zu trainieren. Es gibt andere Dimensionen der Wazaif, die sie noch wirkungsvoller machen, weitaus wirkungsvoller. Zum Beispiel könnten Sie ein Wazifa als eine Stimmung betrachten statt eines Gedankens, der in ein Wort übertragen werden kann. Wir sind etwas vorsichtig mit der in unsere Sprache übertragenen Bedeutung der Wazaif, denn dann neigt man dazu, ein Wazifa auf die Bedeutung dieses Wortes zu reduzieren. Es ist viel besser, an jedes Wazifa als an eine Stimmung zu denken. Dann verstehen Sie die Rolle des Klangs viel besser, denn der Klang vermittelt eine emotionale Stimmung weit jenseits dessen, was die Worte jemals vermitteln könnten. Es liegt eine Art von Magie darin.

Hinter all dem gibt es allgemeinere Gesetze. Jedes Ding in dieser Welt hat seinen ganz eigenen Klang, ob es ein Stück Papier oder ein Gong ist oder die Atome unseres Körpers. Alles hat seinen Frequenzbereich, und das ist als die Sprache des Universums bekannt. Wissenschaftlich wird es die Audiosphäre genannt. Es war Pythagoras, der sagte: *Wenn du die Sinfonie der Sphären hören könntest, würde dir das Zugang zur Bedeutung hinter dem Universum vermitteln.*[1] Proklos, ein neuplatonischer Philosoph, der im fünften Jahrhundert lebte, ging noch weiter:

Wenn du den Ton hören könntest, den die Sonnenblume erzeugt, während sie beständig ihren Kopf zur Sonne dreht - die Reibung zwischen der Blume und der Luft -, und wenn du den Ton hören könntest, den die kreisenden Planeten erzeugen, und wenn du den Ton hören könntest, den die Sterne erzeugen (heute würden wir sagen: die Galaxien), *dann würdest du die Sinfonie der Sphären hören, und du würdest erkennen, daß diese Sinfonie auf einer grundsätzlichen Harmonie basiert, der Harmonie der Sphären.*[2]

Heutzutage bezweifeln die Wissenschaftler, daß der Ursprung, der ursprüngliche Zustand des Universums ein harmonischer Zustand ist. Die Chaos-Theorien sagen aus, daß es mit Chaos beginnt anstatt mit Ordnung. Aber wir könnten sagen, daß es in dem Stadium des Universums, in dem wir jetzt sind, eine Menge Entropie gibt. Wir haben die ursprüngliche Harmonie aus den Augen verloren.

Wir können auch sagen, daß die ursprüngliche Harmonie embryonisch war - sie gewinnt Reichtum, dadurch daß sie Entropie erfahren hat. Die Theorien von Prigogine besagen, daß Kreativität immer aus dem Zusammenbruch einer Ordnung entsteht, die durch eine neue ersetzt wird.[3]

Wir würden also sagen, daß hinter all dem, was wir mit dem Wazifa machen, der Klang uns auf die Sinfonie der Sphären einstimmt. Einfach dadurch, daß wir eine bestimmte Note dieser Sinfonie auswählen, stellen wir eine Art von Verbindung her.

Wenn Sie ein Wazifa wiederholen, können Sie denken, daß Sie sich einstimmen. Im Klang Ihrer Stimme haben Sie ein wunderbares Feedback-System. Wenn Sie sensibel sind für Musik, werden Sie in der Lage sein, unmittelbar festzustellen, ob oder ob nicht der Klang Ihrer Stimme die Qualität in Ihrem Wesen ausdrückt, die Sie durch das Wazifa zur Entfaltung zu bringen versuchen.

Sie korrigieren ständig die Art, wie Sie das Wazifa sprechen, so wie ein Musiker ständig sein Spiel korrigiert. Pablo Casals unterbrach sich dauernd. Er fing an zu spielen, und nach zwei oder drei Noten hörte er auf; er murrte, und dann versuchte er es wieder. Er machte es wieder und wieder und wieder, er war nie zufrieden.

Ein Wazifa einfach nur zu wiederholen, 33mal oder 101mal, das reicht nicht. Sie müssen sich unterbrechen, es wieder versuchen, sich selbst ermahnen: *Das ist nicht gut, ver-*

such's noch einmal! Schließlich werden Sie finden, daß Sie, indem Sie die richtige Intonation hineinbringen, Ihre Beurteilung dieser Qualität korrigieren. Durch die Feedback-Schleife werden Sie etwas über diese Qualität lernen.

Das verlangt von Ihnen eine sehr hohe Sensibilität gegenüber Musik und Klang im allgemeinen. Diese Sensibilität ist es, was die großen Musiker in Indien entwickelten. Maula Bakhsh zum Beispiel pflegte 18 Stunden am Tag die Rudra-Vina zu spielen.[4] Er stimmte beständig seine Seele ein. Das ist der Grund dafür, daß indische Musiker sich soviel Zeit nehmen, ihre Instrumente zu stimmen. Das Instrument ist einfach ein Feedback-System, das ihnen dazu verhilft, ihre Seele zu stimmen.

Indem Sie ein Wazifa wiederholen, kommen Sie in eine bestimmte Stimmung. Aber das geschieht nicht so schnell. Ein Wazifa 33mal zu wiederholen, weil es so vorgegeben worden ist, baut nicht die Stimmung auf. Es wäre gut, ein Retreat zu machen, in dem Sie sich tiefer damit befassen können. Es besteht immer die Gefahr der Automatisierung; das passiert, wenn Sie sich nicht selbst unterbrechen und korrigieren. Wenn Sie Klavier spielen und Sie spielen einfach weiter, ohne sich zu korrigieren, dann werden Sie nie Fortschritte machen. Dasselbe gilt für das Wazifa.

Dies ist etwas, was Sie tun können: Sprechen Sie das Wazifa nur dreimal, dann unterbrechen Sie, und lauschen Sie auf den Widerhall, das Echo. Hören Sie zu. Tatsächlich ist es so, daß jedes Atom, jedes Molekül der umgebenden Luft und der Wände und sogar des Äthers im All, jedes Neutrino, die Schwingungen aufnimmt, die Sie erzeugen und sie zu Ihnen zurücksendet. Es ist genau wie Radar - sie werfen die Schwingungen zu Ihnen zurück. Vielleicht hören Sie sie nicht, aber da haben Sie ein wunderbares Feedback-System.

Es wirft nicht nur den Klang zurück, den Sie ausgesendet

haben - es überbringt Ihnen eine Botschaft durch die Art, wie es Ihre Stimme zu Ihnen zurücksendet. Der Klang ist verändert worden durch die Art und Weise, wie das Universum auf die Botschaften reagiert, die Sie zu ihm aussenden. Es wird zu einem Dialog mit dem Universum.

Sie können sich jetzt vorstellen, wie Menschen durch das Wazifa völlig verwandelt werden. Es gibt Lehrer, wie etwa Sant Kirpal Singh, die nicht an die Anwendung von Mantren oder Wazaif glauben. Der Grund dafür ist, laut Singh, daß Sie den Klang, in den Sie sich einstimmen, durch den Klang begrenzen, den Sie aussenden. Das ist wahr. Aber andererseits erhalten Sie, dadurch daß Sie einen Klang aussenden, eine Antwort.

Es gibt dabei noch einen anderen Aspekt, der von Bedeutung ist. Genauso wie Sie eine optische Illusion von Licht haben, wenn Sie Ihre Finger auf die Hornhaut des Auges drücken, genauso werden Sie, wenn Sie sich Ihre Ohren mit den Daumen zuhalten und den Klängen der inneren Welt anstatt den Klängen der äußeren Welt lauschen, das Rauschen der Flüssigkeit in den Bogengängen Ihrer Ohren hören. Sie werden denken, daß Sie den Klängen des Universums lauschen, aber da täuschen Sie sich.

Allerdings gibt es hier doch einen Zusammenhang. Die Brownsche Bewegung in den Bogengängen Ihres Ohres ist irgendwie mit der Harmonie des Universums verbunden. Sie übermittelt Ihnen diese Harmonie in einer personalisierten Weise. Das geschieht, wenn Sie nicht versuchen, auf den Klang zu hören, sondern den Klang als Auslöser verwenden, um mit der Sinfonie der Sphären in Berührung zu kommen.

Das ist genau, was Pir-o-Murshid über die Übung sagt, die *Shaghal* genannt wird: *Das Licht, das Sie sehen oder zu sehen glauben, ist lediglich der Auslöser, der in Ihnen das Gewahrsein des Lichtes des Universums erweckt.*[5] Das ist ein Weg, zu vermeiden, daß Sie sich selbst täuschen, wenn Sie ein Wazifa wiederholen.

Es gibt viele weitere Aspekte. Sie könnten jedes Wazifa als die Erkennungsmelodie eines Engels betrachten. Sie treten also mit Wesen in Verbindung, anstatt nur abstrakte Gedanken zu unterhalten. Das befreit das Wazifa vom *Mind-Trip*.

Sie stellen sich vor, daß die Engel Qualitäten verkörpern - das ist genau das, womit wir gearbeitet haben: Qualitäten zu verkörpern -, sogar in den Zügen ihres Antlitzes. Stellen Sie sich vor, was die Gesichtszüge des Erzengels Wali wären. Sie könnten sich zum Beispiel den Erzengel Michael vorstellen. Oder was wären die Gesichtszüge des Erzengels der Erkenntnis? Das wäre der Erzengel Gabriel.

Das wäre eine Methode des Arbeitens. Das wird Sie über die Anstrengung erheben, zu versuchen eine Qualität in sich zu entwickeln. Das ist vielleicht das Schlechteste, was Sie tun können: ein Wazifa zu wiederholen und dabei zu denken: *Ich möchte diese Qualität entwickeln.* So funktioniert es nicht. Sie können nicht schöpferisch sein, indem Sie versuchen schöpferisch zu sein. Die einzige Weise, schöpferisch zu sein, ist bewegt zu sein, bis zum Kern Ihres Wesens erschüttert zu sein, so daß Sie nicht umhin können aufzuschreiben, was durchkommt. Sie stehen mitten in der Nacht auf und müssen schreiben.

Es sollte so sein, wenn Sie mit einem Wazifa arbeiten, daß das Wazifa in Ihrem Gemüt weiterarbeitet, sogar während Sie schlafen. Tatsächlich ist es sehr gut, einzuschlafen, während Sie meditieren, denn dann setzt sich die Meditation in Ihrem Schlaf fort. Dann könnten Sie zu einem Punkt kommen, wo Sie einen Gedanken erfassen, der durch das Wazifa ausgelöst worden ist, und Sie stehen schnell auf, um ihn aufzuschreiben. Das Wazifa dient dazu, Erkenntnisse auszulösen.

Es gibt bestimmte Erkenntnisse, die in einem bestimmten Moment klick machen, plötzlich sehen Sie es. Das sind wichtige Momente in Ihrem Leben. Wenn Sie nicht versuchen, von dieser Gabe Gebrauch zu machen, von dem, was göttliche Offenbarung genannt wird, dann ist sie verloren. Deshalb sollte man versuchen, sie festzuhalten, während es geschieht. Es ist sehr nützlich, es aufzuschreiben.

Das Wazifa arbeitet weiter, über den Moment hinaus, in dem Sie es wiederholen. Diese Gedanken könnten also zu jeder Zeit des Tages keimen. Sie müssen über diese Gedanken meditieren, die das Wazifa hervorruft. Dann ist das Wazifa wirklich sehr effektiv.

Die andere Sache ist, mit Lehrern oder Propheten oder Heiligen in Verbindung zu treten, die diese besondere Qualität verkörpern. Jeder von ihnen verkörpert alle Qualitäten, aber man neigt dazu, in jedem einzelnen eine besondere Qualität zu sehen. In Schiwa erkennt man Meisterschaft, in Christus *Rahmaniat*, in der Jungfrau Maria Reinheit oder den makellosen Zustand, und in Abraham Souveränität. Es wird Ihnen leichter fallen, das Wazifa zu verstehen, wenn Sie an ein Wesen denken, das es verkörpert, anstatt im Abstrakten an das Wazifa zu denken.

In der Sufi-Tradition lernen wir, in das Bewußtsein eines Lehrers einzutreten, der für Sie diese Qualität verkörpert, wenn Sie das Wazifa wiederholen. Wenn Sie zum Beispiel *Qaher* sagen, treten Sie in das Bewußtsein von Abraham ein. Wenn Sie das tun, werden Sie Qaher ganz anders sagen, als wenn Sie es von Ihrem eigenen Standpunkt aus sagen würden. Das ist die Methode, Ihre göttliche Erbschaft zu entdecken. Irgendwie schreiben Sie dem Lehrer dieselbe Qualität zu, die Sie in sich selbst haben, aber in einem vollkommeneren Maße. Sie haben tatsächlich diese Qualität in sich selbst, aber Sie sehen sie nicht. Es ist leichter, sie im Meister zu sehen, das heißt, im Lehrer oder im Heiligen oder im Propheten.

Der wichtigste Aspekt des Wazifa ist, ein Gelübde zu

machen. Zum Beispiel, wenn Sie das Wazifa *Wali* sprechen, müssen Sie ein Gelübde machen, daß Sie Süchte überwinden werden. Sie müssen nur herausfinden, was Ihre schlimmste Sucht ist: daran arbeiten Sie. Wenn das Wazifa *Haqq* ist, müssen Sie ein Gelübde machen, daß Sie niemals lügen werden.

Es ist der Weg des Ritters, nicht der des Mönchs. Das, was den Ritter ausmacht, ist ein Gelübde. Das ist die Bedeutung von *Bayat.* Einweihung in den Sufi-Orden ist ein Gelübde. Dieses Gelübde ist, der spirituellen Hierarchie der Regierung der Welt zu dienen.

Der weitere Aspekt des Wazifa ist, mit der Form Ihres himmlischen Körpers zu arbeiten, Ihren feinstofflichen Körper aufzubauen oder zu gestalten. Es macht das Wazifa viel wirkungsvoller, wenn es durch eine konkrete Vorstellung der Gestalt unterstützt wird, die Ihr feinstofflicher Körper annimmt, wenn er auf diese besondere Qualität eingestimmt wird.

Vielleicht denken Sie: *Na ja, das ist nur eine Vorstellung.* Die Tibeter arbeiten mit Darstellungen von Gottheiten, die sehr stilisiert sind. Sufis sind viel freier, denn wir können uns die Form vorstellen, die wir wünschen. Die Tibeter benutzen ein sehr festgelegtes Bildnis als figürliche Darstellung einer Gottheit. Die Gottheit ist natürlich immer die Verkörperung eines bestimmten Prinzips, so wie unser Wazifa.

Indem sie auf diese Form meditieren, gestalten sie ihren ätherischen Körper, sie passen ihn in einem solchen Ausmaß an, daß sie, wenn sie auf der Straße gehen, glauben, sie wären diese Gottheit. Vielleicht denken Sie, daß dies das Charakteristikum mentaler Verwirrung ist, aber tatsächlich liegt eine große Macht darin. Sie entdecken, daß Sie alle Wesen sind. Sie entdecken die reich facettierten Aspekte Ihres Wesens, anstatt sich auf Ihr Selbstbild zu beschränken.

Die Kunst des Schauspielers oder der Schauspielerin ist es, Rollen zu entdecken, die bereits latent in seinem/ihrem Selbst liegen, statt zu denken, daß er oder sie eine andere Person darstellt, daß er oder sie lediglich eine Rolle spielt. Sie entdecken Rollen in Ihrem Wesen, die latent sind. Das ist sehr, sehr machtvoll. Was die Tibeter sagen, ist, daß die Leute nicht sehen, daß Sie sich verändert haben, weil sie Sie nach Ihrem Gesicht beurteilen - ausgenommen diejenigen, die Augen haben zu sehen. Aber schließlich wird es sich in Ihrem äußeren Körper zeigen. Wenn nicht anderswo, so wird es sich bis zu einem gewissen Grade in Ihren Gesichtszügen zeigen und in der Art, wie Sie gehen oder sitzen. Ihre Bewegungen drücken etwas von dem aus, was in Ihnen vorgeht.

Es gibt da einen Aspekt, den wir vorhin ausgelassen haben. Wir haben damit gearbeitet, unser engelhaftes Antlitz in seinem ursprünglichen Zustand zu entdecken. Wir haben die Auferstehung vorausempfunden, indem wir zur Ebene von *Malakut* gelangt sind. Wir haben damit gearbeitet, die Aura zu gestalten.

Es gibt etwas, das ein bißchen schwieriger zu verstehen ist und das wieder durch die Stimme von Caruso in ihrer Verzerrung dargestellt wird. Das ist: Anstatt zu denken, daß Sie Ihre Aura gestalten, stellen Sie sich vor, daß Sie etwas entdecken, das schon vorhanden ist. Es ist wie das Entdecken der Stimme von Caruso in ihrer Verzerrung. Plotin sagte: *Der Bildhauer enthüllt die Form, die bereits im Holz vorhanden ist.*[6]

Sie gestalten also nicht wirklich Ihren Auferstehungskörper, obwohl Sie denken, daß Sie das tun. Sie haben das Gefühl, daß Sie erschaffen, aber das, was erschaffen zu werden scheint, ist eine Wirklichkeit, die entdeckt wird. Das ist die Garantie dafür, daß es keine Phantasie ist. Es gibt einen Unterschied zwischen Kreativität und Phantasie - in Kreativität ist Übereinstimmung, während Phantasie irgend etwas sein könnte. Ein kleiner Spritzer von dieser Farbe und von einer anderen Farbe, und es ist 10 000 Dollar wert, weil es ein bedeutender Maler ist - es ist reine Phantasie.

Sie können keine Note der Musik von Bach verändern; es ist keine Phantasie. Das Wort dafür ist *Integrität*: die Integrität eines Kunstwerks. Eigentlich ist es eine Übereinstimmung; es hat einen Sinn. Der Künstler hat die Bedeutung des Universums in eine Form kristallisiert. Das ist etwas sehr Wichtiges, denn das ist es, worum es im ganzen Universum geht: es geht um die Art und Weise, in der sich Bedeutsamkeit zu Form verfestigt.

Das gibt Ihnen etwas sehr Konkretes, mit dem Sie in Ihrer Meditation arbeiten können.

11.

Klang und Schwingung

In unseren Meditationen haben wir verschiedene Methoden angewendet, um uns zu schulen. Wir haben mit der Aura gearbeitet. Außer der Aura besitzen wir einen Akasha-Körper. Dies ist schwieriger zu definieren. Es ist so etwas wie der Frequenzbereich eines Gongs. Es gibt Potentialitäten, Grenzen der Frequenz, zwischen denen der Gong zu schwingen beginnt. Er hat die Fähigkeit, in Resonanz mit dem Klang, den er hört, mitzuschwingen.

Es hat eine wissenschaftliche Erforschung gegeben, die zeigt, daß Klang eine Quelle von Energie ist. Menschen, denen man Klang vorenthält, geraten in einen sehr lethargischen Zustand. Musik ist daher ein sehr wichtiges Element in der

Meditation. Die Chishti-Sufis verwenden Musik. Die Mönche benutzen Musik, um sich einzustimmen. Aus diesem Bedürfnis der Mönche, sich auf eine himmlische Höhe einzustimmen, ist vieles von der schönen Musik unseres Erbes entstanden.

In der Meditation wollen wir einen hohen Grad von Gewahrsein erlangen. Als Folge davon werden wir fähig sein, unsere Neugeburt zu bewirken, indem wir die verschiedenen Bestandteile unseres Wesens in einer neuen Einheit verbinden oder integrieren. Das ist es, was wir sind: Wir sind eine Mischung. Wir müssen uns ganz im klaren sein über die Elemente, die bei der Entstehung unseres Wesens zusammengekommen sind und müssen sie - als viertes Stadium des alchimistischen Prozesses - neu kombinieren.[1] Dadurch werden wir ein neuer Mensch.

Die Rishis sitzen im Himalaya und lauschen dem Kosmos. Natürlich, Schiwa spielte die Rudra-Vina - tatsächlich erfand er die Rudra-Vina, gemacht aus Kürbissen und Tierdärmen und Hörnern von Tieren, die er finden konnte. Aber der Klang, den das Instrument erzeugte, war nur ein Auslöser, der den Zuhörer mit der Musik der Sphären in Berührung bringen sollte.

Es ist keine Frage des *Zuhörens*, sondern des *Hineinhorchens*: in sich selbst eine Schwingung zu finden, die in Resonanz ist mit dem, was man vom Universum auffängt.

In unseren Meditationen versuchen wir die enorme Weite zu erforschen, aus der wir geboren sind, den enormen Reichtum, der sich in unserem Wesen konvergiert hat. Sie werden zwei Elemente erkennen. Einerseits werden Sie der gewaltigen Stürme im Weltraum gewahr werden, des Zusammenpralls der Galaxien, des Sternenstaubs, des Kreisens, der Qual und der Reifung, die zur Geburt des Planeten Erde führten und schließlich zu Ihrer Geburt. All das ist irgendwie in Ihrem Wesen enthalten. Dann - wenn Sie Ihr Bewußtsein hoch erheben lassen, werden Sie sich im Einklang finden mit der Musik der Engel. Wir sind aus der Vermischung dieser beiden Komponenten unseres Wesens geboren. Das ist die alchimistische Hochzeit.

Wir schlagen also eine Meditation vor, bei der wir unser Bewußtsein geradewegs zu den Sternen in den Galaxien ausdehnen. Sie werden feststellen, daß der Art von Musik, die diesen Aspekt übermittelt, das Mitgefühl fehlt. Es fehlt ihr der Humor. Es gibt vieles, was sich im menschlichen Wesen entwickelt hat, was jedoch noch nicht im ursprünglichen Zustand des Universums zu finden ist. Sie werden allerdings eine Quelle enormer Macht und Größe finden. Es wird Ihnen ein Gefühl der Unermeßlichkeit Ihres Wesens geben. Andererseits, wenn Sie Ihrem Bewußtsein erlauben, auf die höheren Sphären eingestimmt zu sein, dann werden Sie in sich selbst etwas von der Natur der himmlischen Wesen entdecken.

Diese zwei zu verbinden ist die große Kunst des Lebens. Denken Sie an diese Worte von Pir-o-Murshid: *Gott kann einen hohen Grad an Vollkommenheit im menschlichen Wesen erreichen, aber wo das menschliche Wesen bewußt an Seiner/Ihrer Schöpferkraft teilhat, kann Gott einen höheren Grad an Vollkommenheit erreichen.*[2] Wir versuchen, bewußt die Elemente zu erfassen, aus denen unser Wesen besteht, und sie bewußt zu einer schönen Komposition zu verflechten.

Als erste Meditation schlage ich vor, daß Sie da draußen im Weltraum sind und einen Spaziergang machen. Identifizieren Sie sich einfach mit Ihrer Aura, und wenn Sie die Sterne betrachten, erkennen Sie, daß die Sterne und sogar das ganze Universum leuchten. Die Sterne sind lediglich Punkte im Universum, wo das Licht des Universums zentriert ist. Sie erkennen, daß Ihre Aura aus dem Licht der Sterne besteht und daß Ihre Aura sich in den Sternenhimmel ausbreitet. Sie sind nicht mehr der Beobachter, der etwas außerhalb von sich beobachtet; Sie entdecken, daß Sie ein Teil des Kosmos sind, ohne irgendeine Begrenzung.

Um dies zu unterstützen, könnten Sie sich Musik anhören, die Ihnen etwas über Ihre frühesten Wurzeln mitzuteilen scheint. Zum Beispiel hören Sie sich die Psalmensinfonie von Strawinsky an. Es ist kein Mitgefühl darin, keine Liebe. Es ist ein Kampf. Sie spüren etwas von der Bewegung der Sterne, eine Art von geometrischer Harmonie. Sie befördert Ihr Bewußtsein geradewegs über den Planeten hinaus. Sie können sehen, daß der Planet aus dieser unglaublichen Choreographie der Galaxien hervorgeht.

Wenn Sie Ihr Bewußtsein ein wenig höher heben, werden Sie die Obertöne hören anstatt nur der gröberen Klänge. Obertöne dienen als eine Art Leiter, die Ihrem Bewußtsein hilft, sich zu erheben. Stellen Sie sich vor, daß Sie, wenn Sie der Sinfonie der Sphären lauschen, indem Sie sich selbst höher einstimmen als auf den geringsten gemeinsamen Nenner, wirklich einen Reichtum zu hören beginnen - zu erfassen beginnen, den Sie in den Urtönen des Universums nicht gehört haben.

Wir müssen nicht denken, daß das Universum lediglich physisch ist - versteinerte Materie. Wir können uns dessen bewußt sein, daß es da draußen eine Realität gibt, die reiner Klang ist, und daß wir zu dieser Realität gehören. Diese Schwingungen haben die Fähigkeit, entsprechende Schwingungen in uns selbst zu erwecken. Das bedeutet, die Chakren zu erwecken, die dann zu vibrieren beginnen. Es ist genau das, was geschieht, wenn man in einem Raum zwei Gongs hat und der eine Gong mit dem anderen einige Frequenzen gemeinsam hat. Wenn Sie den einen Gong anschlagen, wird der andere ebenfalls zu schwingen beginnen.

Jeder Ton korrespondiert mit einer Frequenz in Ihrem eigenen Akasha-Körper, und ihm zu lauschen bringt die korrespondierende Schwingung zum Erwachen. Vielleicht bemerken Sie auch, daß die niedrigeren Töne auf die unteren Chakren einzuwirken scheinen und die höheren Töne auf die oberen Chakren. Schwingungen sind eine Quelle von Energie. Sie erwecken Faktoren in Ihnen, die bisher schlummerten.

Vorzügliche Musiker verfügen über eine sehr große Sensibilität bezüglich der Art und Weise, wie Schwingungen auf ein menschliches Wesen einwirken. Wenn Ihr Streben nach Verherrlichung durch musikalische Sensibilität unterstützt wird, dann sind Sie in der Lage, große Kunstwerke zu schaffen. Ein großes Kunstwerk erweist die Evolution, die im Universum stattfindet. Es ist die Ahnung von Gott, von der Wirklichkeit, von der diese Planeten nur der Körper sind, die den evolutionären Fortschritt weiter und weiter vorantreibt.

Es ist, als gäbe es eine Form von Intuition, daß die Wirklichkeit vielschichtig ist, daß sie auf vielen Ebenen besteht. Wir haben als Menschen die Fähigkeit, etwas von den höheren Ebenen dieser vielschichtigen Realität zu erfassen. Indem wir es erfassen, stimmen wir uns darauf ein, und wir entdecken Aspekte unseres Wesens, die latent geblieben wären, wenn wir nicht fähig gewesen wären, unserer Intuition über den Glanz, der durch das Universum hindurchscheint, zu folgen.

Was wir versuchen ist, etwas von unserem intuitiven Erfassen der großen Feier im Himmel auf der irdischen Ebene darzustellen. Wir stellen fest, daß wir, indem wir dieser Intuition folgen, in der Lage sind, uns über Verzweiflung und Traurigkeit zu erheben. Wir haben tatsächlich in uns - in dem, was wir den Akasha-Körper nennen - Frequenzbereiche, die uns Zugang zu den himmlischen Sphären gewähren. Sie werden feststellen, daß es eine Ebene Ihres Wesens gibt, die fähig ist, mit den Engeln zu singen. Sie können es singen - Ihre Seele kann es singen, auch wenn Ihre Stimme es nicht kann.

Indem Sie das tun, nehmen Sie teil an der kosmischen Feier im Himmel.

Um uns neu zu erschaffen, müssen wir diese beiden Pole unseres Wesens integrieren. Sie können sehen, daß der primitivere Pol - der Unterbau - mit der Freude des Himmels erfüllt werden mußte, um sich zu entwickeln; das ist so etwas wie die Hefe beim Brotbacken. Vielleicht können wir diese beiden Elemente in uns erkennen und sehen, wie unsere Sehnsucht nach unserem höchsten Ideal die Wirkung hat, die grobe Materie unseres Wesens zu transformieren. Sie veredelt uns.

Wir stimmen unsere Emotionen ein. Wenn wir hoch sensibilisiert werden, können wir keine vulgären oder groben Emotionen ertragen. Diese emotionale Einstimmung ist ein beherrschender Faktor in unserer Neugeburt.

Wir sehen, daß es Aspekte von uns selbst gibt, die nicht mit unseren höchsten Zielen im Einklang stehen. Dadurch, daß wir uns auf die höheren Stimmungen einstellen, neigen diese Aspekte von uns, die nicht im Einklang sind, dazu, allmählich von uns abzufallen. Sie haben keinen Platz in unserer Einstimmung. Deswegen hat Pir-o-Murshid gesagt: *Die Eigenschaften, an denen man nicht festhält, werden vergehen.*[3] Sie brauchen sie nicht zu bekämpfen. Es geht darum, Ihr Interesse von ihnen abzuziehen, sie loszulassen.

12.

Der Augenblick der Zeit

Es gibt eine Übung, eine Atemübung, die ein Gefühl von Gleichgewicht begünstigt. Es ist sehr gut, sie am Morgen zu machen. Sie atmen abwechselnd durch das linke und das rechte Nasenloch und danach durch beide Nasenlöcher. Sie werden feststellen, daß Sie das nach verwirrenden Träumen, die Sie möglicherweise haben, wieder ins Gleichgewicht bringt. Es ist, wie wenn man die Uhr stellt für den Tag.

Das ist natürlich sehr einfach; aber wenn Sie damit beginnen, das Denken in die Übung einzubeziehen, dann wird es etwas anspruchsvoller. Eigentlich bringen Sie links und rechts, oben und unten ins Gleichgewicht, wie beim Kreuz. Sie kalibrieren Ihr Lebensfeld; erst polarisieren sie es, indem sie die Pole trennen, und infolgedessen sind Sie in der Lage, es zu kalibrieren.

Stellen Sie den Daumen Ihrer rechten Hand unter Ihr Kinn und den Mittelfinger in die Nähe Ihres rechten Nasenlochs. Dann legen Sie die Handfläche Ihrer linken Hand auf den Rücken Ihrer rechten Hand, mit dem Daumen Ihrer linken Hand in der Nähe Ihres linken Nasenlochs.

Atmen Sie durch beide Nasenlöcher aus - atmen Sie so lange aus, wie Sie können. Atmen Sie immer stark durch beide Nasenlöcher aus, bevor Sie beginnen.

Dann drücken Sie mit dem rechten Mittelfinger Ihr rechtes Nasenloch zu und atmen Sie durch das linke Nasenloch ein. Stellen Sie sich vor, daß Sie Ihre Energie in der Wirbelsäule hochheben und sie umwandeln, während sie aufsteigt. Drücken Sie auf das linke Nasenloch, so daß beide Nasenlöcher geschlossen sind. Drehen Sie die Augäpfel nach oben und halten Sie den Atem an. Atmen Sie durch das rechte Nasenloch aus und bringen Sie die Energie herunter.

Jetzt atmen Sie durch das rechte Nasenloch ein und ziehen dabei die Energie durch den rechten Kanal Ihrer Wirbelsäule hoch. Halten Sie den Atem an, mit nach oben gedrehten Augäpfeln; dann atmen Sie durch das linke Nasenloch aus und bringen Sie die Energie herunter. Danach atmen Sie durch beide Nasenlöcher ein, während die Energie in der Wirbelsäule hochsteigt - halten Sie den Atem an, drehen Sie die Augäpfel nach oben - und atmen Sie beim Herabsteigen durch beide Nasenlöcher aus.

Lassen Sie uns überlegen, was wir bei dieser Übung machen, die als *Kasab* bekannt ist. Es gibt in der Wirbelsäule drei Kanäle. Der zentrale verläuft innerhalb der Wirbelsäule, und es gibt zwei laterale Passagen, links und rechts. Die lateralen Kanäle steuern das autonome Nervensystem, der mittlere steuert das Zentralnervensystem. Diese beiden Systeme sind durch afferente und efferente Nerven verbunden.

Zunächst sind Sie in der Lage, durch Ihre Konzentration, durch die Wirkung der Vorstellungskraft auf den Körper den Fluß der Energie aufwärts im linken Kanal der Wirbelsäule zu verstärken. Dann, wenn Sie Ihren Atem anhalten, haben Sie es mit einer völlig anderen Art von Energie zu tun, die wir als himmlische Energie bezeichnen möchten. Wenn Sie durch das rechte Nasenloch ausatmen, bringen Sie diese sehr feine Energie herunter - zumindest in Ihrer Vorstellung bringen Sie sie herunter - entlang der rechten Bahn der Wirbelsäule.

Wenn Sie dann durch das rechte Nasenloch einatmen, ziehen Sie Erdenergie herauf und wandeln sie um, während sie im rechten Kanal der Wirbelsäule aufsteigt. Während Sie den Atem anhalten, stimmen Sie sich auf reinen Geist, himmlische Energie ein. Dann, beim Ausatmen füllen Sie Ihr ganzes magnetisches Feld mit der Kraft von reinem Geist, die durch den linken Kanal herabsteigt.

Diese Wechselwirkung mit himmlischer Energie ist besonders wichtig, wenn Sie durch beide Nasenlöcher einatmen, denn dann konzentrieren Sie sich auf den mittleren Kanal. Tellurische Energie, Erdenergie wird hochgezogen, und in diesem Moment ist es wichtig, sich jedes einzelnen Chakras bewußt zu sein. Sie müssen mit jedem Chakra vertraut sein, und während die Energie jedes Chakra durchläuft, scheint es wie eine Glühbirne aufzuleuchten. Sie verschieben nicht einfach Energie aufwärts, Sie wandeln die Energie um. Die höheren Chakras sind sehr empfindlich, und sie werden durch Erdenergie beschädigt, wenn sie nicht transmutiert - umgewandelt - und verfeinert wird.

Alles was Sie über das Sich-Erheben jenseits des irdischen Zustandes gelernt haben, wird Ihnen helfen, sich beim Anhalten des Atems auf reinen Geist einzustimmen. Wir nennen diesen makellosen Zustand *Quddus*. Wenn Sie ausatmen, füllen Sie Ihr ganzes magnetisches Feld mit der Kraft von reinem Geist. Es ist ein Gefühl des Durchdrungen- und Erfülltseins von dieser sehr feinen, sehr schönen Energie.

Sie haben schon gelernt, die Reise aufwärts nach dem Anhalten des Atems fortzusetzen. Die Schubkraft, die Sie in Bewegung gesetzt haben, als Sie Ihre Aufmerksamkeit von einem Chakra zum nächsten übertrugen, trägt Sie weiter, während Sie Ihren Atem anhalten. Wie wir schon gesagt haben, kann Pegasus nicht weiter gehen. Bellerophon muß das Streben fortsetzen mit dem Schwung, den ihm Pegasus verliehen hat.

Erinnern Sie sich an die Ebenen, die wir zuvor erforscht haben. Für jede Ebene von Energie, jede Stufe, gibt es eine Ebene des Denkens. Die Ebene des Denkens, die *Ajsam*, dem feinstofflichen Körper entspricht, ist der Bereich des schöpferischen Denkens. Es unterscheidet sich vom groben Denken, das der Energie des physischen Körpers entspricht. Dann *Mithal*: Ihr Denken arbeitet jetzt mit Metaphern, und Sie regen die schöpferische Vorstellung an oder fördern sie.

Die nächste Stufe ist *Malakut*, wo wir unser himmlisches Antlitz hervorzuheben versuchten. Auf dieser Ebene findet immer noch eine Art von Formungsprozeß statt. Obwohl diese Form keine Kontur hat, gibt Ihnen die Gestaltung ein Gefühl für Ihr wahres Wesen. Sie spüren, daß Ihr physisches Gesicht eine Maske ist.

Die nächste Ebene ist jenseits des Denkens. Es ist die Erkenntnis des Glanzes jenseits des Universums. Das ist die Ebene *Jabarut*. Jenseits davon erreichen wir *Lahut*, die Ebene der Archetypen, der Wazaif, die göttliche Vollkommenheit. Dann schließlich *Hahut*, die Einheit.

Wenn Sie mit diesen Ebenen vertraut sind und sich an sie erinnern, während sie diese Übung machen, dann wird die Übung befriedigender sein, als wenn Sie einfach nur atmen.

Es ist auch gut, sich an die erste Übung zu erinnern, die wir beschrieben haben. Beim Ausatmen haben Sie die göttliche Sehnsucht erlebt, die durchkam als Ihr Wunsch, eine schöne Welt mit schönen Menschen zu errichten. Und als Sie einatmeten, fühlten Sie die göttliche Freiheit, wodurch Sie fähig waren, die Quintessenz aus Ihrem Know-how zu ziehen, als etwas, das man Weisheit nennen könnte. Diese wird dann wieder in die Software des Universums integriert oder recyclet. Wenn Sie daran denken, wird es Kasab viel wirkungsvoller machen, als wenn Sie lediglich die Atemübung durchführen.

Es gibt noch weitere Aspekte. Sie könnten sich vorstellen, daß Sie ein Wirbel sind. Sie wissen, daß das Zentrum eines Wirbels ein Vakuum ist. Wenn Sie sehr achtsam sind, während Sie diese Übung machen, werden Sie fühlen, daß die Energie der beiden seitlichen Kanäle dazu neigt, in den zentralen Kanal gezogen zu werden.

Das ist eine Yogaübung. Die Yogis machen sie, weil sie die Vorherrschaft des Zentralnervensystems über das autonome Nervensystem sicherstellen wollen. Es ist der Weg der Meisterschaft. Es gibt keine Funktion, keine autonome Funktion, die nicht unter die Kontrolle des Willens fällt. Sie unterstützen den Fluß der Energie von einem System zum anderen, von den lateralen Kanälen zum zentralen Kanal, durch die efferenten Nerven. Sie werden so den Zug hin zum Zentrum spüren; es ist eine Art von Sogeffekt.

Die Energie, die von der Erde aufsteigt, wird gleichzeitig nach innen gezogen. Man könnte sagen, daß wir die Übung des Nach-innen-Wendens und die Übung, das Bewußtsein zu erheben, miteinander verbinden - beide zugleich. Wir haben sie getrennt voneinander praktiziert, und jetzt kommen sie zusammen.

Wenn Sie ausatmen, erleben Sie das Gegenteil: die Energie des zentralen Systems verbreitet sich in den lateralen Kanälen.

Da ist das Zentralnervensystem in der Lage, Herrschaft über das autonome System auszuüben. Sie spüren die Energie von reinem Geist, die im zentralen Kanal herabsteigt, und sie verzweigt sich überall nach links und rechts.

Wenn Sie sehr feinfühlig sind, werden Sie erkennen, daß die Erdenergie, die Sie hochziehen, wenn Sie durch das linke Nasenloch einatmen, nach links gezogen wird. Und weil es im Zentrum einen Sogeffekt gibt, wird sie als Spirale aufsteigen. Sie wird im Uhrzeigersinn um das Vakuum in der Mitte herumwirbeln. Wenn Sie durch das rechte Nasenloch ausatmen, fließt die Energie abwärts, ebenfalls im Uhrzeigersinn. Wenn Sie durch das rechte Nasenloch einatmen, wird die Energie in einer Spirale in umgekehrter Richtung aufsteigen, das heißt, entgegen dem Uhrzeigersinn.

Während Sie durch beide Nasenlöcher einatmen, kreuzen sich diese Spiralen vor dem zweiten Chakra, hinter dem Solarplexus, vor dem Herzchakra, hinter dem Kehlchakra und vor dem dritten Auge. Sie treffen sich oberhalb Ihres Kopfes. Wenn Sie weiter fortschreiten, werden Sie erkennen, daß die Spiralen in Wirklichkeit in jedem Chakra eine Doppelschleife bilden - es ist nur ein bißchen schwieriger zu spüren, wie die Energie sowohl die Vorderseite als auch die Rückseite jedes Chakras trifft, während sie aufsteigt.

Durch die Macht Ihrer Vorstellung können Sie also die Ströme in Ihrem magnetischen Feld in Bewegung versetzen. Dadurch werden Sie energetisiert. Sie werden feststellen, daß das für Ihren Tag einen entscheidenden Unterschied ausmacht. Es ist ratsam, diese Übung jeden Tag zu machen.

Zunächst schien es, als gäbe es eine Polarisation von hinauf und hinunter und auch von links und rechts. Dann haben wir herausgefunden, daß es eine Polarisation von hinauf und hinunter, aber auch von zentripetal und zentrifugal gibt. Lassen Sie uns dies noch einmal betrachten, die linke und die rechte

Kraft. Sie werden feststellen, daß das Modell eines Pendels Ihnen helfen wird zu verstehen, was mit Ihnen geschieht.

Vom extremen Punkt seines Ausschlags nach links schwingt das Pendel hinüber zum extremen Punkt auf der rechten Seite. Die Geschwindigkeit nimmt während des Schwunges zu und findet ihren Höhepunkt in der Mitte; dann nimmt sie ab und erreicht den Nullpunkt, wenn das Pendel das extreme Ende erreicht hat. Man könnte sagen, daß es, bevor es in die entgegengesetzte Richtung zurückschwingt, einen Zustand erfährt, wo die Zeit stillsteht. Man könnte denken, daß nicht nur der Raum durch die Schwerkraft gestaltet wird, sondern die Zeit auch. Die Zeit kann sehr schnell gehen und sich verlangsamen und sogar stillstehen.

Die Situation, wo die Zeit aufgehoben ist, ist eine extrem wichtige Situation. Es ist ein Zustand von unsicherem Gleichgewicht. Wenn Sie etwas über Prigogines Theorien wissen, dann wissen Sie, daß Kreativität immer eine Fluktuation aus einem unsicheren Gleichgewicht ist.[1] Da können Sie ganz leicht eine Änderung herbeiführen.

Der Punkt, an dem man am leichtesten den Schwingungsverlauf des Pendels beeinflussen kann, ist der Moment, wenn es in Ruhe ist. Wenn die Energie stärker ist, ist es schwieriger einzugreifen. Das ist das ganze Geheimnis der *skalaren Ebene*, der Ebene, wo die magnetische Kraft durch Magnetspulen neutralisiert worden ist. Man ist dann in der Lage, den Fluß der Elektronen durch den Einsatz von sehr, sehr wenig Kraft zu beeinflussen.

Vielleicht wissen Sie, daß die günstigste Zeit, einen Wechsel in Ihrem Leben herbeizuführen, eine Krisensituation ist. Wenn die Dinge reibungslos verlaufen, ist man nicht geneigt, sein Leben zu verändern. Wenn alles zusammenbricht - dann ist eine wirkliche Veränderung möglich. Der Zusammenbruch ist bereits in die Programmierung des Lebens eingeschrieben. Nutzen Sie ihn.

Eine Entscheidung wird im *Augenblick der Zeit* getroffen. Unschlüssig zu sein erfordert Zeit, aber wenn Sie einmal eine Entscheidung getroffen haben, dann macht es klick - es geschieht im Augenblick der Zeit. Die Derwische messen dem Augenblick der Zeit große Bedeutung bei, und sie unterscheiden ganz klar den Augenblick der Zeit vom Moment der Zeit. Im Moment der Zeit überschneidet sich die Vergangenheit mit der Zukunft. Zum Beispiel, stellen Sie sich vor, daß Sie Musik hören: Die Töne, die Sie gehört haben, klingen in Ihren Ohren nach, während Sie den nächsten Ton hören - es gibt da eine Überschneidung. Oder denken Sie einfach daran, daß in diesem Moment die Vergangenheit irgendwie noch vorhanden ist in Ihrem Denken und daß Sie schon die Zukunft vorwegnehmen.

Aber das Programm des Universums stellt uns vor eine Situation, die man einen Apostroph nennen könnte, wo es einen plötzlichen Bruch, einen plötzlichen Wechsel gibt. Man könnte sagen: einen Quantensprung. Das Leben verläuft nicht linear, es ist "granuliert". Es gibt Phasen, und tatsächlich gibt es nach den Gesetzen der Physik verbotene Zonen. Das beruht auf der Grundlage von Quantenphysik. Man findet es auch in der Musik, wo es so etwas wie einen Apostroph vor der letzten Note gibt.

Sie atmen durch das linke Nasenloch ein und atmen aus durch das rechte. Sie haben das Gefühl, daß Sie in den Werdeprozeß hineingezogen werden.

Wir stellen uns Kausalität immer als einen Fluß von links nach rechts vor. Sogar in Ländern, wo die Einwohner von rechts nach links schreiben, stellt man sich die Zeit in einer Bewegung von links nach rechts vor. Die Newtonsche Physik wurde auf dieser Laplaceschen Theorie der Kausalität begründet, die jetzt in der Wissenschaft in Frage gestellt wird. In der

Tat ist eine Welle im Meer nicht einfach nur die Fortsetzung der vorhergehenden Welle; der ganze Ozean erhebt sich in jeder neuen Welle. Die frühere Welle übt einen gewissen Einfluß aus, ja, aber man muß auch diese zusätzliche Dimension von Zeit berücksichtigen, die nicht einmal Einstein sah.

Wir arbeiten mit zwei Dimensionen der Zeit: die eine ist, was wir den *Pfeil der Zeit* nennen, der sich von der Vergangenheit zur Zukunft bewegt, und die andere Dimension bewegt sich von der Vergänglichkeit zur Transzendenz. Der Augenblick der Zeit ist der Punkt, wo diese beiden Dimensionen der Zeit sich gegenseitig kreuzen.

Wenn Sie Ihr Leben als das Objekt Ihrer Meditation betrachten, anstatt künstliche Objekte zu wählen, um darüber zu meditieren, dann werden Sie einen hohen Grad an Verwirklichung erreichen. Sich auf ein Wazifa zu konzentrieren, betont eine bestimmte Qualität, die Sie entwickeln möchten. Aber das Leben mit einem Überblick, aus einer höheren Sicht zu betrachten, wird Ihnen Aspekte enthüllen - nicht nur Ihres Lebens, sondern Aspekte der fundamentalen Gesetze des Universums. Das wird Sie erwecken. Das ist Erweckung: ein in hohem Maße verwirklichtes Wesen zu werden; Ihre Rolle im Universum zu verstehen und wie alles funktioniert; die Gesetze zu verstehen, die Sie durch Ihre Handlungen und sogar durch Ihre Gedanken in Gang setzen.

Das ist eine sehr fortgeschrittene Form der Meditation: Sie betrachten Ihre Lebenskurve, wie sie genannt wird. Das ist etwas, was Sie mehr machen, wenn Sie älter werden. Sie sind fähig, Ihr ganzes Leben wie einen Film zu betrachten. Wenn Sie mittendrin sind, können Sie nicht sehen, was man das Panoramabild nennen könnte. Es verlangt, daß Sie einen gewissen Abstand von der Situation haben - daß Sie die Dinge aus einer höheren Sicht betrachten, wie wenn Sie mit einem

Hubschrauber über die Stadt fliegen.

Von dieser Perspektive aus versuchen Sie zwei Dinge zu erkennen: erstens, Sie erkennen die Folge von Ereignissen in Ihrem Leben. Vielleicht werden Sie nicht immer sehen, wie eine Situation die Ursache für die andere war. Manchmal werden Sie es sehen: Was du säst, das erntest du, und so weiter. Doch manchmal sehen Sie diesen Zusammenhang nicht. Wenn Sie diesen Zusammenhang nicht sehen, dann schreiben Sie das Geschehnis dem Schicksal zu. Sie denken: *Das war ein Unfall* oder *Ich kann überhaupt nicht verstehen, warum das passiert ist.*

Das zweite, was Sie auf dem großen Bild erkennen möchten, ist die Art und Weise, wie sich Ihre Persönlichkeit verändert hat, seit Sie ein Baby waren. Sie erinnern sich daran, wie Sie sich gefühlt haben als Sie sieben Jahre alt waren und als Sie zehn Jahre alt waren und dann vierzehn, achtzehn und bis hin zur Gegenwart.

Dann verbinden Sie diese beiden. Sie verbinden die Ereignisse mit dem, wie Sie sich fühlten. Dies ist eine Möglichkeit, zu Erkenntnissen zu kommen, die große Weisheit erzeugen und Sie zum Erwachen führen werden.

Es ist leichter, die Auswirkung der Ereignisse auf die Art und Weise zu sehen, wie sich Ihre Persönlichkeit im Laufe der Zeit entfaltet hat. Das ist ziemlich leicht zu sehen: wie ein traumatisches Ereignis Sie vorsichtiger gemacht hat oder irgendwie Ihre Persönlichkeit beeinflußt, seine Spur auf Ihrer Persönlichkeit hinterlassen hat.

Viel schwieriger ist es zu sehen, wie Ihre Persönlichkeit die Ereignisse beeinflußt hat. Das ist es, was wir sehen wollen. Sie werden es in den folgenden Worten ausgedrückt finden: *Wenn ich damals gewesen wäre, was ich heute bin, wäre es nicht geschehen.* Jetzt sehen Sie den Zusammenhang, das heißt, Sie sehen den Einfluß Ihrer Persönlichkeit auf die Ereignisse.

Denken Sie an Jungs Worte: *Wenn du dich deinem Schatten nicht stellst, wird er in Form deines Schicksals zu dir kommen.*[2]

Dies gibt Ihnen einen direkten Blick auf Ihr Leben. Es scheint, als ob Ihr Leben sich wie das Diagramm oder der Vektor der Zeit bewegt, von links nach rechts. Das wird verstärkt, wenn Sie durch Ihr linkes Nasenloch einatmen.

Wenn Sie den Atem anhalten, sind Sie in einem Zustand, der es begünstigt, den Augenblick der Zeit zu erfassen. Wenn Sie durch das rechte Nasenloch ausatmen, schaffen Sie Bedingungen, die günstig dafür sind, die Zukunft vorwegzunehmen. Vorwegnehmen: das bedeutet, eine Art von Voraussicht zu haben, eine Art von Projektion zu betreiben, wie die Zukunft sein könnte. Wir alle haben unsere Pläne, unsere Projekte für die Zukunft - manchmal beladen mit Besorgnis, in einer ziemlich gefährdeten Welt, die jeden Moment zusammenbrechen könnte.

Hier sind wir also, in der Schwebe zwischen Vergangenheit und Zukunft, im Augenblick der Zeit. Das Entscheidende am Augenblick der Zeit ist, daß er als ein totaler Bruch gegenüber der Vergangenheit wirkt und auch gegenüber Ihren Projektionen für die Zukunft. Wenn Sie im Moment der Zeit sind, dann können Sie die Überschneidung zwischen der Vergangenheit und der Zukunft Ihres Lebens sehen. Aber wenn Sie in Begriffen dessen denken, was die Derwische mit dem Augenblick der Zeit meinen, dann sind Sie in der Lage, einen sauberen Schnitt zu machen. Es ist wie das Eröffnen eines neuen Kapitels in Ihrem Leben; sie beenden ein Kapitel und eröffnen ein neues. Das, was den Übergang von einem Kapitel zum nächsten kennzeichnet, ist ein Gelübde, ein Versprechen, das Sie sich selbst geben.

Hüten Sie sich davor, in Ihren Schuldgefühlen steckenzubleiben. Je älter man wird, desto mehr konfrontiert man sein Gewissen, und infolgedessen ist man sich aller Fehler bewußt, die man gemacht hat. Es ist besser, das Wort Fehler zu gebrauchen. Sünde ist natürlich ein furchtbares Wort, wie etwa in: *Wir sind alle elende Sünder.* Nein, es ist besser zu denken: *Nun ja, ich habe eine Menge Fehler gemacht.* Wir sind menschlich. Aber es ist schwer, uns selbst zu vergeben. Wir haben dieses ganze Problem mit der Schuld.

Was Sie jedoch tun müssen, wenn Sie ein neues Kapitel beginnen wollen, ist, ein Gelübde zu machen, daß Sie die Dinge nicht weiter tun werden, die sie vorher getan haben. Ganz plötzlich werden Sie feststellen, daß Sie ein neuer Mensch sind. Sie können es kaum glauben; dieses Gelübde macht alles aus. Sie brauchen Ihre alte Persönlichkeit nicht durch Ihr ganzes Leben mit sich zu schleppen. Sie können von einer Sekunde zur anderen ein neuer Mensch sein.

Hujwiri - einer der wunderbaren Sufis, die sich lange vor Khwaja Mui'nuddin Chishti in Indien niederließen - zitierte die Derwische seiner Zeit: *Der Augenblick der Zeit ist ein scharfes Schwert, das die Schuld der Vergangenheit und die Begierde der Zukunft abtrennt.*[3] Wir würden eher sagen, daß es uns etwas Erleichterung von der Last unserer Schuld verschafft, obwohl wir nicht immer völlig davon freigesprochen werden können - wir tragen eine gewisse Verantwortung für die Folgen unserer Handlungen. Dennoch ist da ein Gefühl von Sühne durch das Gelübde, es besser zu machen, ein besserer Mensch zu werden.

Aber Hujwiris Bemerkung hat einen tieferen Sinn; sie handelt von Freiheit von Vorbestimmung. Dies ist ein viel weitreichenderes Ergebnis: zu entdecken, daß man frei ist. Es gibt einen Ausspruch von Fariduddin Attar: *O Mensch, wenn du nur wüßtest, daß du frei bist. Es ist deine Unkenntnis deiner Freiheit, die dich gefangen hält.*[4]

Sie entdecken Ihre Freiheit im Augenblick der Zeit. Tatsächlich entdecken Sie Ihre Freiheit, indem Sie sich verpflichten! Indem Sie sich verpflichten, schränken Sie Ihre

Freiheit ein, aber Sie sind frei, Ihre Freiheit einzuschränken - und indem Sie es tun, entdecken Sie Ihre Freiheit!

Dies war das höchste Ziel von Buddha. Nach den 49 Tagen, die er unter dem Bodhi-Baum verbrachte, sagte er: *Ich habe den Schlüssel zur Befreiung gefunden! Es ist das Ende der Vorbestimmung.* Im allgemeinen erkennen wir nicht, in welchem Ausmaß wir vorbestimmt sind. Wir nehmen Gewohnheiten an, und wir wissen nicht, wie wir uns aus diesen Gewohnheiten befreien sollen. Wir machen einfach weiter, was wir gelernt haben, und setzen voraus, daß das Leben so ist. Herauszufinden, daß Sie sich nicht nach dem richten müssen, was Sie immer getan haben, bedeutet, Ihre Freiheit zu entdecken. Diese Sicht von Freiheit wurde in jenem außergewöhnlichen Moment am Ende des Trainings des Mannes Herrigel ausgelöst, der die Kunst des Bogenschießens erlernte.[5] An diesem letzten Tag bat er seinen Lehrer um eine Vorführung. Dem Lehrer wurden die Augen verbunden; es war im Dunkeln; die Zielscheibe war sehr weit entfernt - und er traf beim ersten Versuch ins Schwarze. Herrigel fragte: *Wie in aller Welt haben Sie das geschafft?* Der Lehrer antwortete: *Der Pfeil führte meine Hand in Richtung Zielscheibe. Der Pfeil war dort, bevor meine Hand ihn loslassen konnte.* Was er damit sagt, ist, daß die kausale Verbindung zwischen der Bewegung der Hand und dem Pfeil zu einem Nullpunkt gekommen war. Es lag keine Kausalität darin. Er hatte die Kausalität überwunden.

Wenn Sie sich in den modernen Theorien auskennen, den nicht-deterministischen Theorien in der Physik, dann wissen Sie, daß die Physik genau das untersucht: das Nicht-Vorbestimmte. Bis jetzt hat sie das Vorbestimmte erforscht. Kreativität ist das Nicht-Vorbestimmte. Das ist der Weg, wie Sie Ihre Freiheit finden können: indem Sie sich befreien, so daß Sie zum Beispiel nicht so komponieren, wie Ihre Vorgänger komponiert haben. Sie müssen eine neue Art finden.

Stellen Sie sich also vor, daß Sie als ein neues Wesen durchs Leben gehen, daß Sie Ihre eigene Art zu sein finden - völlig frei von der Vergangenheit. Sie müssen es erst lernen. Sie kennen die Vergangenheit, aber - wie Strawinsky in unseren Musik-Klassen sagte: *Lernen Sie die Musik der Vergangenheit, und dann vergessen Sie sie.*[6]

Nachdem Sie den Atem angehalten haben, atmen Sie durch das rechte Nasenloch aus. Nun schaffen Sie Bedingungen, die günstig sind, die Zukunft vorwegzunehmen. Wir projizieren immer die Zukunft (besonders wenn man im Retreat ist, macht man mehr Pläne als je zuvor; man kann nichts tun, also macht man Pläne!).

An dieser Stelle kommt die Sufi-Übung *Muhasibi* ins Spiel. Das bedeutet, Sie konfrontieren Ihre Motivationen mit der Macht der Wahrheit. Sie fragen sich: *Warum will ich das tun? Inwieweit bin ich motiviert durch die Hoffnung, etwas dabei zu bekommen, und inwieweit bin ich motiviert durch meine Hingabe an eine Sache?* Wir sagen nicht, daß Sie ein schlechter Mensch sind, wenn Sie etwas dabei bekommen wollen. Wir sagen, daß Sie sich ganz im klaren darüber sein müssen, was Sie zu gewinnen hoffen. Es gibt hier ein Gleichgewicht zwischen persönlichen Bedürfnissen oder Wünschen und Hingabe an das Ideal; und der Gleichgewichtspunkt ist für jeden Menschen unterschiedlich.

Wenn Sie dem Pfad der Spiritualität folgen, dann wägen Sie genau ab, was Sie als Ihre persönlichen Bedürfnisse brauchen, aber im wesentlichen widmen Sie sich Ihrem Ideal. Wenn nicht, dann ist Spiritualität - oder das, was die Leute als Spiritualität bezeichnen - der äußerste Egoismus. Darauf zu hoffen, daß Sie Erleuchtung für sich selbst erlangen werden, ist Egoismus. Aus diesem Grunde sagt Buddha selbst: *Erleuchtung ist nur dazu da, um fähig zu sein, andere Menschen zu erleuchten, aber nicht für euch selbst.* Deswegen sagen die Sufis: *Entsage der*

Welt, entsage dir selbst, und dann entsage der Entsagung - aus Liebe.[7] Prüfen Sie Ihre Pläne für die Zukunft im Licht von alldem, und erkennen Sie ganz klar, was Ihre Motivationen sind.

Dann, wenn Sie durch das rechte Nasenloch einatmen, sehen Sie, wie Ihre Pläne, Ihre Vorhergestaltung der Zukunft tatsächlich eine Anziehungskraft auf Sie ausüben, heraus aus der Vergangenheit. Wenn Sie diese Pläne für die Zukunft nicht hätten, würden Sie in der Vergangenheit steckenbleiben. Man findet solche Fälle häufig unter älteren Menschen. Sie leben immer noch in der Vergangenheit, festgefahren in ihren Erinnerungen an die Vergangenheit. Sie machen keine Pläne für die Zukunft.

Es gibt eine Formel, die Ihnen helfen wird, sich dessen zu erinnern: *Die Anziehungskraft der Zukunft ist stärker als der Druck der Vergangenheit.*[8] Sie repräsentiert eine ganz neue Sichtweise in der Wissenschaft: die nicht-deterministischen Theorien der modernen Physik. Ein Artikel in einer wissenschaftlichen Zeitschrift vor einigen Jahren zeigte, daß die chemische Evolution auf dem Planeten Erde, die zur Bildung des menschlichen Wesens geführt hat, nicht denkbar gewesen wäre, wenn das Aufkommen des Menschen nicht schon vorhergesehen worden wäre. Teilhard de Chardin sagt: *Du wußtest nicht, wohin diese verschiedenen Fäden zusammenlaufen, bis du erkanntest, daß sie darin zusammenliefen, dich zu erschaffen.*[9] Schon vor Beginn des Universums wurde an Sie gedacht. Das erinnert an die Worte von Christus: *Du hast mich geliebt vor Beginn des Universums.*[10] Aus Liebe hat Gott das Universum erschaffen, eher als aus einem Wunsch, sich selbst zu kennen.

Das ist also eine sehr wichtige Formel; Sie müssen das immer im Sinn behalten: *die Anziehungskraft der Zukunft.* Wir sind so erzogen worden, in Begriffen von Kausalität zu denken - zum Beispiel: *Was du säst, das erntest du* oder *Die Vergangenheit beeinflußt die Zukunft.* Das tut sie. Aber es gibt auch die Anziehungskraft der Zukunft, die noch nicht hier ist. Sie ist auf dem Wege. Seien Sie zielorientiert anstatt kausal vorbestimmt. Konzentrieren Sie sich lieber auf den Zweck des Lebens, als sich zu viel mit Kausalität zu beschäftigen.

Wenn Sie den Atem anhalten, nachdem die Zukunft, Ihre Pläne für die Zukunft Sie angezogen haben, erkennen Sie, daß Ihre Pläne zerbrechen könnten. Nicht nur das, Sie erkennen auch, daß Sie durch Ihre Planung die Möglichkeiten der Zukunft begrenzen. So wie Sie sich selbst durch die Konditionierung der Vergangenheit begrenzt haben, so begrenzen Sie sich auch durch Ihre Vorausplanung der Zukunft.

Das Leben verlangt von Ihnen, zu akzeptieren, daß die Dinge sich als besser oder weniger gut herausstellen können, als Sie gehofft haben. *Man kann mit Gott nicht würfeln*, wie Einstein sagt. Oder: *Gott würfelt nicht mit Ihnen.*[11] Es gibt ein Element des Nicht-Wissens, des Unberechenbaren, Unvorhersehbaren. Es ist ein sehr ungewöhnliches Gefühl: frei zu sein von Ihren Plänen für die Zukunft. Es ist etwa wie eine leere Tafel. Wenn Sie Freiheit von der Zukunft gefunden haben, dann gewinnen Sie einen noch größeren Grad an Freiheit von der Vergangenheit, als Ihnen bewußt war, während Sie das Gelübde machten.

Wenn Sie jedoch den Atem anhalten, nachdem Sie durch beide Nasenlöcher eingeatmet haben, dann entdecken Sie einen völlig anderen Zustand der Zeit. Es ist nicht der Augenblick der Zeit. Es ist, was wir unter Ewigkeit verstehen. Wenn Sie wieder das Pendel betrachten, gibt es da drei wichtige Punkte in der Bewegung des Pendels: links, rechts, und dann der Punkt, an dem das Pendel aufgehängt ist, an Ihrer Hand oder an einem Nagel. Dieser dritte Punkt repräsentiert das, was wir dem Schicksal zuschreiben.

Hier haben wir die Konfrontation zwischen unserem freien

Willen und, sagen wir, unserer Programmierung. Man kann nicht einfach sagen, daß wir programmiert sind. Wenn wir bloß programmiert wären, wären wir wie Puppen in der Hand irgendeines Zauberers. Es wäre wieder dieses übertriebene Gefühl von Anderssein: *Gott da oben*. Es ist viel subtiler als das. Man könnte sagen, daß die Programmierung des Universums im Laufe der Zeit evolviert. Man könnte sogar sagen, daß unsere Initiative einen Einfluß auf die Programmierung des Universums ausübt - nicht nur auf die Programmierung unseres eigenen Lebens, sondern auf die Programmierung des Universums.

Wenn Sheldrakes Theorien bewiesen, das heißt, von der Forschung bestätigt werden, dann hätten wir einen definitiven Beweis, daß es ein Feedback von der existentiellen Ebene in die Programmierung des Universums gibt. Das würde, sehr vereinfacht ausgedrückt, bedeuten, daß Gott unsere Entscheidungen berücksichtigen muß. Die Frage ist, ob Gott denkt und der Mensch lenkt, oder ob es so ist, daß der Mensch denkt und Gott lenkt.

Sie kommen zu einem Punkt in Ihrer Meditation, an dem Ihr Bedürfnis nach Erkenntnis es verlangt, daß Sie ein gewisses Gefühl für die Bedeutsamkeit in der Programmierung des Universums haben. Sie tun dann also genau das, was die Physiker heutzutage tun. Physiker tun es mit einer Menge an Fähigkeiten, die sich im Laufe der Schulung ihres Denkens entwickelt haben. Der Kontemplative verwendet dazu andere Fähigkeiten. Aber letzten Endes suchen beide Erleuchtung. Erleuchtung ist in Wirklichkeit genau das, was wir mit Erweckung meinen.

Sie sehen, daß Sie dies nicht erarbeiten, daß Sie dieses Ziel nicht erreichen können mit Ihrem gewöhnlichen, alltäglichen Verstand. Während der ersten Schritte dieses Retreats haben Sie bereits gelernt, Ihr Denken in den innerlichen Zustand zu modulieren, den wir den impliziten Zustand nennen. Dann haben Sie gelernt, Ihr Denken in die transzendentale Dimension zu modulieren.

Das Paradoxon bei all dem ist, daß die Programmierung des Universums niemals das Objekt unseres Wissens sein kann, denn wir verkörpern diese Programmierung. Oder, sagen wir, das Denken Gottes kann niemals das Objekt unseres Denkens sein, denn wir denken, wie Gott denkt, obgleich das Denken Gottes in jedem seiner Fragmente verengt und sogar entstellt worden ist.

Wenn man ein Hologramm fragmentiert, dann wird sich jedes Fragment wie das Hologramm verhalten, nur ein bißchen weniger gut. Je mehr man es fragmentiert, desto weniger gut funktionieren die Fragmente im Vergleich zum ganzen Hologramm. In unendlicher Regression könnte man einen Punkt erreichen, an dem es als ein Fragment zu funktionieren beginnt und nicht als das ganze Hologramm - ein Punkt, an dem es den Sinn für das Ganze verloren hat. Das ist es, was wir tun, wenn wir nicht das ganze Hologramm erkennen, das als unser Denken wirkt. Newton sagte: *Ich denke, wie Gott denkt.*[12] Er erkannte, daß das Universum als unser Denken denkt und daß wir es begrenzen. Wir sind wie das Fragment des Hologramms, das den Sinn für das Ganze verloren hat.

Was wir mit Erwachen meinen, ist ein Zustand, in dem das Ganze, das Denken des ganzen Universums in unserem Bewußtsein aufblitzt, ohne Begrenzung. Das nennt man einen Zustand von *Samadhi*. Es bedeutet nicht, daß wir die Programmierung erfassen; wir erfassen die Absicht.

Die Programmierung wird auf die Absicht zugeschnitten. Hazrat Inayat Khan sagt: *Erwachen bedeutet, die göttliche Absicht zu erkennen.*[13] Und ich würde hinzufügen: *unsere Absicht zu weiten, so daß sie mit der göttlichen Absicht übereinstimmt.* Deshalb sagte Christus: *Dein Wille geschehe.*[14]

Deswegen haben Sie in dieser Meditation versucht, Ihre Absicht zu erkennen. Wenn Sie die Vergangenheit betrachten, dann sehen Sie, daß Ihre Fehler auf Ihre Absicht zu jener Zeit zurückgeführt werden können. Und wenn Sie in die Zukunft schauen, beginnen Sie Ihre Absicht zu erforschen; Sie beginnen sich darüber klar zu werden, was Ihre Absicht ist.

Letzten Endes erheben Sie Ihr Bewußtsein bis zu dem Punkt, von dem aus Sie, wohin auch immer Sie schauen, die Absicht erkennen können. Dagegen scheinen nach Ihrem normalen Verständnis die Dinge zufällig zu geschehen. Oder es gibt soviel Ungereimtheit in der Weise, wie die Dinge sich ereignen, daß es schwierig ist, zu akzeptieren, daß es eine Bedeutsamkeit hinter alldem geben könnte.

Wir erkennen, daß wir wichtige metaphysische Fragen aufwerfen. Auf den höheren Ebenen der Meditation ist das genau das, dem Sie begegnen: metaphysische Fragen. Wie etwa: *Ist alles programmiert?* oder *Welche Rolle spielt der freie Wille?* Paradoxer ausgedrückt: *Gibt es so etwas wie Willkürlichkeit, das heißt, Zufall? Oder ist Willkürlichkeit ein vorübergehender Zustand, das heißt, die Art und Weise, wie eine Ordnung zusammenbricht, damit sie durch eine neue Ordnung ersetzt werden kann?*

Es wäre sehr beängstigend, einem willkürlichen Universum ausgeliefert zu sein, das jederzeit Amok laufen könnte. Tatsächlich ist das die eigentliche Crux unserer Ängste, die Art von Angst, die die Menschen im Konzentrationslager hatten: daß nicht nur der menschliche Verstand, sondern das menschliche Herz wahnsinnig geworden ist und Amok läuft. Es ist unglaublich. Vielleicht fürchten wir uns nicht einmal vor dem Tod; wovor wir uns fürchten, ist, daß es eine Katastrophe ist - daß die Ordnung des Universums aus den Fugen geraten ist. Wenn wir davon überzeugt sein könnten, daß unser Tod einen Sinn hat, so wäre er viel annehmbarer - er wäre sogar willkommen.

Wenn Sie Astralreisen gemacht haben, dann wissen Sie, daß Sie ohne Augen sehen können und daß Sie ohne Ohren hören können und daß Sie sich ohne Beine und ohne Flügel vorwärtsbewegen können. Wenn Sie einmal diese Erfahrung gemacht haben, so bestätigt es, was Murshid sagt: *Sie können Ihr Bewußtsein über Ihren irdischen Zustand erheben.*[15] Sie haben das Gefühl, aus der Unwirklichkeit erwacht zu sein: *Wenn die ganze Szene der Unwirklichkeit schwindet, dann trifft die Wirklichkeit Sie mit großer Kraft.*[16] Deswegen verwenden die Tibeter Meditation als Vorbereitung für den Tod - um zu wissen, was sie erwartet; sie haben sich schon darauf vorbereitet.

Das Geheimnis, das die Tibeter vermitteln, ist, sich selbst beizubringen, im Traumzustand zu erwachen. Dann sich beizubringen, im traumlosen Schlaf zu erwachen. Dann stellt man sich vor, wie es wäre, jenseits der Schwelle des Todes zu erwachen. Man nimmt seine Auferstehung bereits vorweg - das haben wir mit unserem *Ajsam*-Körper getan. Mit dem feinstofflichen Körper zu arbeiten, ist der erste Schritt. Es wird als *das Gestalten des Auferstehungskörpers* bezeichnet. Da haben Sie einen definitiven Einfluß: Ihr freier Wille übt sich darin, zu entscheiden, wie Sie Ihren feinstofflichen Körper gestalten möchten.

Es ist sehr schwierig, den physischen Körper zu gestalten; wir haben den Körper, wie er nun einmal ist. Aber Ihr feinstofflicher Körper läßt sich bereitwilliger so gestalten, wie Sie ihn sich wünschen. Wir müssen uns darüber ganz im klaren sein, denn Sie werden feststellen, daß es etwa so ist wie mit der Stimme von Caruso. Sie werden den himmlischen Kern innerhalb seiner Entstellung finden. Sie werden feststellen, daß die Art, wie Ihr feinstofflicher Körper geformt ist, die Unreinheiten in Ihren Emotionen und in Ihrem Denken zeigt. Es ist wie das Bild von Dorian Gray.[17] Es ist ein wunderbares Feedback-System: Sie können sofort sehen, wo die Entstellungen sind. Das Schöne ist, daß Sie das Entstellte immer mit dem ursprünglichen Modell vergleichen können.

Stellen Sie sich vor, Sie hätten ein Hologramm. Vielleicht haben Sie schon einmal das Hologramm gesehen, bei dem Sie Ihre Perspektive so ausrichten können, daß Sie das Grabtuch von Turin sehen, das Bild Christi auf dem Grabtuch von Turin - und dann, wenn Sie Ihre Perspektive verändern, sehen Sie ein Gemälde des Antlitzes von Christus. Sie können zwischen den beiden erstaunlicherweise ganz leicht hin und her wechseln. Natürlich lassen sich diese Bilder nicht ganz vereinbaren; es ist sehr schwierig, sie zur Deckung zu bringen. Sie können dasselbe machen, indem Sie versuchen, ein Gefühl für die Form Ihres ätherischen Körpers zu bekommen. Wir arbeiten mit der Aura, weil das einfacher ist.

Denken Sie daran, daß Sie ein Lichtwesen sind; sie sind wie eine Statue aus dem Stoff des Lichtes. Sie können sehen, daß sie eindeutig eine Form hat, die der des physischen Körpers sehr ähnlich ist, besonders das Gesicht. Darin scheint ein Kern zu sein, der vorzüglich schön ist - so schön, daß Sie nicht glauben können, daß Sie das sind. Dies wird deutlich durch die Stimme Carusos innerhalb ihrer Verzerrung. Sie ist *in* ihrer Verzerrung, inmitten davon.

Sie könnten das eine oder das andere hervorheben: Ihren ursprünglichen, himmlischen Zustand oder die Beschmutzung und Entstellung, die im Prozeß des Werdens geschehen ist. Dann stellen Sie die beiden einander gegenüber, und Sie sehen, wie sie sich unterscheiden. Um die Stimme von Caruso wiederherzustellen, mußte man ein Grammophon von früher nehmen, die Art von Apparat, mit der die Stimme von Caruso zum ersten Mal aufgenommen worden war, und die Frequenzen mit der modernen Technologie vergleichen. Dadurch wußte man, wie man die Verzerrungen umkehren konnte. Es ist also möglich: Sie können Ihre Entstellungen rückgängig machen, um wieder in den ursprünglichen Zustand zu gelangen.

Aber es ist nicht unser Ziel, an den Ort zurückzukehren, wo wir waren, bevor wir in den Werdeprozeß verwickelt wurden. Dies war die Theorie eines der frühen Sufis, Junaids; er war ein Zeitgenosse von al-Hallaj, der ihm nicht zustimmte.[18] Wie Pir-o-Murshid erläutert hat, findet man auf der Ebene von *Malakut*, der himmlischen Ebene, zwei Arten von Seelen: diejenigen, die wir Engel nennen, die sich noch nicht inkarniert haben und recht kindlich, aber sehr schön sind, und dann die reifen Seelen, die auferstanden sind und die diese Ebene, die Ebene von Malakut, sozusagen auf ihrer Rückreise aus der Inkarnation erreicht haben.[19] Diese letztgenannten Seelen sind eine Kombination eines Kindes und eines Erfahrenen zugleich. Es ist eine seltsame Vereinbarung des Unvereinbaren.

Wenn Sie erst einmal damit gearbeitet haben, das Aussehen Ihrer Aura mit dem Kern Ihrer Aura zu vereinen, können Sie beginnen, vorauszugestalten, wie Sie sein möchten. Sie haben schon damit gearbeitet, sich vorzustellen, wie Sie als Persönlichkeit sein möchten. Nun arbeiten Sie damit, das Aussehen Ihres ätherischen Körpers oder Ihrer Aura mit Ihrer diesbezüglichen Wunschvorstellung zu verbinden - aber als Bild, als Form.

Wir könnten ein Beispiel dafür aus der Musik geben: Wir haben das an der Musikschule in Paris bei Nadia Boulanger gemacht - sie sagte: *Gut, Sie haben dies komponiert. Jetzt stellen Sie sich vor, wie es sein könnte.*[20] Sie erkennen, daß Ihre Komposition besser sein könnte. Wenn Sie mit Ihrer Komposition zufrieden sind, dann gibt es natürlich keine Möglichkeit, Fortschritte zu machen.

Wir haben die Macht, zu projizieren, wie wir sein könnten. Und sogar das wird begrenzt dadurch, wo wir in unserem

Leben stehen. Das Gemälde eines Künstlers oder die Komposition eines Komponisten spiegelt seinen Evolutionsgrad wider. Ein/e Komponist/in kann kein Musikstück komponieren, das fortgeschrittener ist als er/sie in seinem/ihrem Wesen. Dasselbe gilt für einen Maler.

Aber irgendwie haben wir in uns die Neigung, etwas jenseits unserer Reichweite darzustellen - oder was wir für jenseits unserer Reichweite halten. Es ist, wie Poincaré sagte: *Man kann sich immer eine Zahl vorstellen, die größer ist als die größte Zahl, die man sich bis dahin vorgestellt hat.*[21] Genauso kann man sich immer eine größere, wunderbarere Vollkommenheit vorstellen als diejenige, die man sich bis dahin vorgestellt hat. Das kommt in unserer Darstellung von Gott zum Ausdruck. Wir begrenzen unsere Darstellung von Gott durch, sagen wir, das Format unseres Wesens. Aber wir haben die Neigung, uns Gott noch wunderbarer vorzustellen, als wir Ihn/Sie uns bis dahin vorgestellt haben. Und dadurch erweitern wir die Horizonte unseres Wesens.

Das ist die Rolle der Kreativität. Sie könnten es auf Ihr tägliches Leben anwenden. Ja, Sie sollten es auf Ihr tägliches Leben anwenden, wenn Sie wirklich dem spirituellen Pfad folgen wollen. Das bedeutet, Sie erwischen sich dabei, schlecht gelaunt zu sein, und Sie denken: *Warum bin ich schlecht gelaunt? Ich sollte vor Freude tanzen!* Sie können wirklich damit aufhören, schlecht gelaunt zu sein. Oder Sie machen einen finsteren Gesichtsausdruck, und Sie erinnern sich: *Ich sollte Licht in den Augen haben! Was mache ich da? Ich verbringe meine Zeit damit, so ein häßliches Gesicht zu machen, und es nützt niemandem, auch nicht mir selbst. Ich stecke in meinem eigenen Trip fest.* Da sollten Ihnen Ihre Morgenmeditationen helfen; wenden Sie sie in Ihrem täglichen Leben an. Aber Sie müssen sich daran erinnern.

Es gibt ein Musikstück, das sehr bedeutungsvoll für mich ist

- ein Madrigal von Monteverdi, dirigiert von Nadia Boulanger. Es beschreibt einerseits die Mönche, die in einer sehr hohen Stimmung sind - und dann die Leute, die zur Kirche kommen und die Sehnsucht zum Ausdruck bringen, von den Mönchen inspiriert zu werden. Die Mönche sind da in ihrer Einstimmung, und da unten sind die Leute und versuchen, inspiriert zu werden. Dann ist da die Fanfare in den Straßen, da sind die Betrunkenen, und man denkt: *Wie konnte Monteverdi uns das antun?* Aber eigentlich beschreibt er den Narren.

Die Mönche waren nicht ganz in der Lage, den Menschen die Botschaft zu vermitteln. Der Narr kann sich viel besser auf die Mentalität der Leute einstellen, und wenn er oder sie ein guter Narr ist, dann ist er/sie fähig, Weisheit durch ganz einfache Ausdrucksmethoden zu vermitteln, indem er/sie Humor verwendet. So ist der Narr wie ein Meister, der sich in seinem Dienst, Weisheit zu übermitteln, dem Gespött der Leute aussetzt.

Vielleicht ist es besser, ein Narr zu sein als ein Mönch. Ein Mönch neigt dazu, scheinheilig zu sein, und das ist eine Gefahr der Spiritualität. Scheinheilig zu sein, das bedeutet, sich selbst ernst zu nehmen, sich als einen Meister zu betrachten, als besser als andere Menschen - diese schreckliche Mentalität, die man hauptsächlich in spirituellen Gruppen findet. Unser Weg ist die Freiheit vom Guru. Sie verbrennen das Idol. Tatsächlich ist es eine Zeile von Jelaluddin Rumi: *Der Pir ist der Zerstörer des Idols, das die Menschen aus ihm machen möchten.*[22]

13.

In der Welt sein

Wenn man Brot am selben Tisch miteinander geteilt hat, dann ist dadurch eine Verbindung geknüpft worden. Es gibt auch ein Gefühl von Verpflichtung, das man mit anderen teilen möchte. Sie mögen sich wie der Hüter einer Botschaft fühlen oder spüren, daß Sie etwas Heiliges in Ihrem Wesen tragen - so wie die Menschen, die bei der Kommunion die Hostie empfangen haben.

Das ist es, was den Eingeweihten ausmacht: es ist jemand, der in irgendeiner Weise durch ein spirituelles Gelübde, durch eine Art innerer Verpflichtung an ein Ideal gebunden ist. Wie Pir-o-Murshid sagt: *Wenn Sie sich verpflichten, dann müssen Sie sich selbst in Form bringen, Sie müssen sich schulen, Sie müssen sich vorbereiten, sich einstimmen.*[1] Es ist wunderbar, das in unseren täglichen Meditationen zu tun, aber der Streß unseres Lebens ist so, daß wir nicht so viel Zeit dafür aufbringen können, wie wir es gerne würden. Wir müssen sehen, wie wir diese Schulung betreiben können, nicht nur in unserer Meditation, sondern die ganze Zeit während unseres täglichen Lebens.

Es erfordert eine ständige Erinnerung. Denken Sie an diese Worte von Hazrat Inayat Khan: *Sie erreichen einen Punkt, wo Sie fähig sind, Ihr Bewußtsein jederzeit aus dem irdischem Zustand zu erheben.*[2] Das würde beinhalten, mitten in einer wirklichen Lebenssituation zu sein, sogar unter Menschen, die keine Ahnung haben, was es bedeutet. In diesen Momenten sehen Sie sich selbst im Universum, und Sie sehen, wie Ihr Bewußtsein in der einen oder in der anderen Weise ausgerichtet werden kann. Es könnte auf Ihren irdischen Zustand gerichtet sein, etwa wenn Sie an sich als an ein Individuum unter anderen Individuen denken, mit einem Job und einer Familie, das nach einer gewissen Unterhaltung oder nach Befriedigung sucht.

Oder Sie denken: *Ja, es ist wahr, daß ich zu unserer Gesellschaft beitragen muß. Ich habe eine Rolle zu spielen. Ich habe eine Verantwortung. Um diese Verantwortung besser zu erfüllen, darf ich mich nicht in den gewöhnlichen Emotionen festfahren, die ich unter den Menschen finde.* Dies gilt insbesondere für die sehr erniedrigenden Emotionen, mit denen Sie konfrontiert werden und von denen Sie beeinflußt werden - schon allein, indem Sie fernsehen.

Die Grobheit, die sich in unserer Gesellschaft äußert, ist Anlaß zur Besorgnis; aber ohne urteilend zu sein, brauchen Sie einfach nur zu spüren, daß Sie nach Ihrem Ideal suchen. Irgendwie sind Sie fähig gewesen, einen flüchtigen Blick davon zu erhaschen. Es ist nicht utopisch. Es gibt Momente, in denen Sie es tatsächlich erleben; es ist nicht nur eine

Projektion des Denkens. Es hat Momente gegeben, in denen Ihr ganzes Wesen zutiefst davon durchdrungen war und dadurch verwandelt, verklärt wurde. Das ist die *Erfahrung* von Gott statt des *Konzeptes* von Gott.

Das Gefühl, mit etwas sehr Heiligem betraut zu sein, beruht ebenfalls auf wirklichem Erleben. Man kann es nicht genau definieren. Aber wenn Sie die Heiligkeit des makellosen Zustands im Kern Ihres Wesens gefühlt haben, erkennen Sie, daß Sie ihn ehren und schützen müssen. Das zu tun hilft Ihnen, Ihren Zweck im Leben zu erfüllen. Sie beginnen den Zweck wirklich zu sehen. Sie können Bedeutsamkeit sehen. Es bedarf keines blinden Glaubens.

Wir haben gelernt, uns nach innen zu wenden, während wir noch mit der Umgebung in Kontakt sind. Lassen Sie sich nicht emotional in die Umgebung hineinziehen und auf den niedrigsten gemeinsamen Nenner herunterziehen. Lassen Sie sich in Ihrem Urteilsvermögen nicht einfangen von der Art, wie andere Menschen denken - dann würden Sie die Freiheit Ihres eigenen Denkens verlieren.

Wenn Sie mit einem Menschen sprechen, fühlen Sie möglicherweise, daß Sie erkennen können, wie diese Person denkt. Sie können sehen, daß sie natürlich so denkt, wie sie denkt und daß sie davon überzeugt ist - jeder Mensch entsprechend seinem/ihrem Standpunkt. Die Menschen verhalten sich auch entsprechend ihrem Auffassungsvermögen. Sie kommen an einen Punkt, wo Sie all das sehen können. Sie sind nicht wertend, Sie urteilen nicht. Es ist wie mit Kindern: es gibt verschiedene Stufen von Schulklassen, in die die Kinder gehen. Sie beteiligen sich, ohne Ihren inneren Frieden zu verlieren. Sie bewahren Ihren inneren Frieden. Aber irgendwie spielen Sie Ball, so wie Sie mit einem Kind Ball spielen - es bedeutet nicht, daß Sie so denken, wie ein Kind denkt, aber Sie können sich daran erfreuen, wie das Kind denkt.

Ihr Schutz ist die Emotion, die wir *Vairagya* nennen, was im allgemeinen mit Gleichgültigkeit übersetzt wird. Denken Sie daran nicht als an Gleichgültigkeit, denken Sie an bedingungslose Liebe. Sie hat keine persönlichen Auswirkungen. Es ist alles absolut schön - da ist Sichkümmern und da ist Teilhaben, es liegt Freiheit darin und ebenso Engagement. Aber es ist ein Engagement, das Ihre wirkliche Freiheit nicht begrenzt. Es begrenzt nur die Freiheit Ihrer Umstände.

Das Leben ist eine wunderbare Gelegenheit, Meditation zu praktizieren. Ab und zu beispielsweise können Sie Ihre Augen schließen und schauen, wie die Dinge von innen heraus betrachtet aussehen. Es gibt eine Übung, die Sie machen könnten: Stellen Sie sich vor, daß Ihre beiden Augen die Scheinwerfer eines Autos sind. Mit geschlossenen Augenlidern projizieren Sie beim Ausatmen das Licht nach vorne. Beim Einatmen drehen Sie die Augäpfel nach oben. Dann halten Sie Ihren Atem an und stellen Sie sich vor, daß Sie reine Intelligenz sind anstatt Bewußtsein. Bewußtsein ist rezeptiv, während Intelligenz aktiv ist. Beim Ausatmen richten Sie Ihren Blick nach vorne.

Wenn Sie diese Übung regelmäßig machen, werden Sie schließlich in der Lage sein, Ihre Augen zu öffnen und Ihren Blick eingestellt zu lassen, als ob es zwei Lichtstrahlen wären. Normalerweise werden Ihre Augen, wenn Sie sie öffnen, durch die Umgebung in eine bestimmte Einstellung gezwungen. Lassen Sie das nicht zu. Schauen Sie weiterhin durch die physische Welt hindurch, wie ein Röntgenstrahl, der eine Wand durchdringt.

Um diese Übung wirkungsvoll machen zu können, möchten Sie eine Menge Licht in Ihren Augen entwickeln. Sie können das in Ihrer Morgenmeditation tun und jederzeit während des Tages. Denken Sie einfach, daß Sie viel Licht in Ihren Augen haben. Das allein wird schon eine Wirkung auf

Ihre Einstimmung haben. Sie werden viel glücklicher, wenn Sie Licht in Ihren Augen haben.

Es gibt ein Gefühl, daß Sie für Ihr Leben verantwortlich sind und daß Sie daher eine Art von Kontrolle über die Situationen ausüben müssen. Es kann sich auf den Wunsch erstrecken, andere Menschen zu kontrollieren. Zum Beispiel ist es ganz natürlich, daß wir eine Verantwortung verspüren, unsere Kinder zu lenken. Das Geheimnis dessen, was wir *Souveränität* nennen, ist jedoch, die Ideale der Menschen zu gewinnen - wenn diese Ideale im Einklang stehen mit Ihren eigenen Idealen -, indem Sie ihnen zeigen, wie sie ihre Ideale erfüllen können. Sie unterwerfen die anderen Menschen nicht Ihrer Sicht der Dinge; Sie helfen den Menschen, die nicht aus eigener Kraft ihre Vision erfüllen können, ihre Vision zu erreichen. Vielleicht haben Sie mehr Einsicht und mehr Meisterschaft als manche anderen Menschen, und anstatt daher despotisch zu sein, helfen Sie den Menschen, ihre Ideale zu erfüllen.

Sie erkennen, daß die Art und Weise, wie die Dinge aussehen, täuschend ist. Wir haben schon gesagt, daß Sie, um Ihre Intuition zu entwickeln, sich nach innen wenden müssen. In jedem Moment müssen Sie in der Lage sein, nach innen zu schauen und den anderen Menschen von innerhalb zu erreichen. Was Sie entdecken, ist die Gemeinsamkeit zwischen Ihnen und diesem Menschen. Es gibt ein Gefühl des gegenseitigen Verstehens, das Sie nicht hätten, wenn Sie Ihrem Bewußtsein nicht erlaubt hätten, in das Bewußtsein dieses Menschen einzutreten.

Wenn Sie in das Bewußtsein eines durchschnittlichen Menschen eintreten, sehen Sie, wie begrenzt sein Erfassen von Bedeutsamkeit ist. Wenn Ihr Ziel Erweckung ist, müssen Sie Ihre Erkenntnis gegen Standpunkte schützen, die sie schwächen oder zerstören. Wenn Sie ständig versuchen, mit den

Argumenten anderer Menschen zu harmonisieren, die im Widerspruch zu Ihrer Erkenntnis stehen, können Sie leicht in die Denkweise anderer Menschen hineingezogen werden. Da brauchen Sie eine Art von Puffer, einen Schutz. Sie müssen Ihren eigenen Raum inmitten Ihres Engagements im Leben, inmitten Ihrer Verwicklung mit Menschen finden - Sie müssen doch Ihren eigenen Raum haben. Das ist der Schlüssel zum Schutz Ihrer Erkenntnis.

Stimmen Sie den Leuten nicht einfach bei, wenn sie sprechen, und imitieren Sie nicht die Art, wie jedermann denkt. Aber erkennen Sie, daß es das ist, was den Menschen geschieht. Die Richtschnur ist hier, daß Sie sich ständig Ihres Ideals bewußt sind. Gehen Sie immer zurück zu den Grundlagen. Geben Sie sich etwas Raum und fragen Sie sich: *Was suche ich wirklich im Leben?* Um das völlig zu verstehen, müssen Sie sich der göttlichen Vollkommenheit bewußt sein, die durch Ihr Wesen durchkommt. Diese Vollkommenheit wird durch die Bedingungen eingeschränkt, und sie versucht ständig, durch diese weltlichen Bedingungen hindurchzubrechen.

Das ist der Weg, innere Freiheit zu finden. Es gibt eine Form von Entropie in den menschlichen Emotionen. Die Emotionen tendieren dazu, auf den gemeinsamen Nenner herabzusinken, so daß man fortwährend Inspiration suchen muß. In das Bewußtsein eines Meisters einzutreten oder die Sphären der Engel zu entdecken, sind die Methoden, durch die wir uns inspirieren oder erheben lassen. Dadurch sind wir in der Lage zu vermeiden, in diesen gemeinsamen Nenner abzurutschen, in diese Form von Entropie, die sowohl auf der Ebene des Denkens als auch der Emotionen stattfindet.

In einem bestimmten Moment wird Losgelöstheit - die der Puffer ist - so sehr wichtig, daß Sie die Eindrücke der Außenwelt definitiv für eine Zeit, für eine kurze Zeit ausschalten. Sie stellen fest, daß diese Eindrücke trügerisch sind. Sie spüren auch, daß hinter dem, was an der Oberfläche erscheint, eine Bedeutsamkeit liegt, die Sie nicht erkennen, solange Sie in der gewöhnlichen Art des Denkens gefangen sind. Sie müssen sich vor dieser gewöhnlichen Art des Denkens schützen, denn sie ist extrem hartnäckig. Sie wird zur Sucht.

Durch Ihre Losgelöstheit erkennen Sie die Beziehung zwischen Ihrer emotionalen Einstimmung und Ihrer Einsicht. Nur dadurch, daß Sie Ihren Emotionen erlauben, hoch gestimmt zu sein, werden Sie in der Lage sein, die Dinge anders zu sehen.

Wie Pir-o-Murshid zeigt, werden Sie sich dessen bewußt, wie die Identifikation mit dem physischen Zustand Sie in einem sehr begrenzten Blickfeld gefangenhält. Erheben Sie sich aus diesem irdischen Zustand und betrachten Sie ihn als ein Gerüst, eine Art Unterbau. Gottesbewußtsein wird hier den entscheidenden Unterschied ausmachen. Wenn Sie versuchen hinaufzugelangen, begrenzen Sie sich; Sie begrenzen Ihren Aufstieg durch die Vorstellung von sich selbst als demjenigen, der es wünscht. Es ist viel wirkungsvoller, umgekehrt zu denken: *Die göttliche Vollkommenheit versucht durch meine Unvollkommenheit durchzukommen. Eine göttliche Erfüllung findet statt, solange ich sie nicht durch meine persönliche Betrachtungsweise der Dinge behindere oder begrenze.*

Halten Sie immer Ausschau nach dem, was hinter den Situationen abgespielt wird. Lassen Sie uns ein ganz konkretes Beispiel anführen: Sie befinden sich in einer Situation, in der Sie eine Entscheidung zu treffen haben; Sie müssen zwischen zwei Möglichkeiten wählen. Sie schwanken die ganze Zeit, denn beide haben ihr Für und Wider. Sie erwägen die eine, aber dann denken Sie an die Nachteile; dann denken Sie an die andere, und die hat auch ihre Nachteile.

Es hängt allein von Ihrer Einstimmung ab. Wenn Sie in einer sehr hohen Einstimmung sind, entscheiden Sie sich für die erste Möglichkeit. Sie sind sich dessen bewußt, welche

Opfer sie mit sich bringt, aber sie ist dennoch so wichtig für Sie, daß die Opfer nicht so wichtig erscheinen. Wenn Sie dann auf eine niedrigere Ebene der Einstimmung abrutschen, denken Sie: *Es ist wahr, ich war bereit, diese Dinge zu opfern; aber es wäre schade, denn ich mag sie.* Da sind Sie wieder einmal genau beim gemeinsamen Nenner. Sie sehen also, daß Ihre Einstimmung einen entscheidenden Einfluß hat auf Ihre Entscheidungen im Leben, Ihre Möglichkeiten im Leben, Ihre Wahl. Nun gibt es einige Richtlinien, die in Situationen wie dieser nützlich sind.

Ihre Vertrautheit mit den *Wazaif* wird Ihnen helfen, deutlicher zu erkennen, was wir mit den Kernthemen meinen, die hinter den Problemen abgespielt werden. Zum Beispiel: *Wenn ich Möglichkeit A wähle, werde ich Macht entwickeln; aber es wird auf Kosten von etwas sein, das ich gerne tun würde.* Das ist also die Kernfrage. *Ist das so wichtig für mich, daß ich bereit bin, dieses Opfer dafür zu bringen?* Wenn Sie Möglichkeit B wählen, dann werden Sie keine Macht entwickeln, aber es kann sein, daß Sie andere Qualitäten entwickeln.

Es könnte beispielsweise eine sehr schwierige Situation sein, in der Ihre Entscheidung einem anderen Menschen Leid verursacht. Wenn Sie Möglichkeit B wählen, verursachen Sie kein Leid, aber Sie opfern die Macht, die Sie gewonnen hätten, wenn Sie Möglichkeit A gewählt hätten. Da haben Sie einen typischen Fall. Sie müssen eine Wahl treffen, nicht zwischen zwei Handlungen, sondern zwischen zwei Werten. *Was bewerte ich höher?*

Es gibt noch einen weiteren Faktor. Wenn Sie Möglichkeit A wählen, was sind dann die Qualitäten, die in der Person freigesetzt werden, die an dem Problem beteiligt ist? Wenn Sie Möglichkeit B wählen, was wären die Qualitäten, die der Mensch entwickeln oder versäumen würde? Zum Beispiel, wenn Sie Möglichkeit A wählen, bedeutet das, daß Sie hart zu einem Menschen sind. Aber andererseits könnte die Konsequenz sein, daß der Mensch Stärke gewinnt, anstatt daß er Ihnen für Ihr Mitgefühl verpflichtet ist. Da sehen Sie, daß es die Qualitäten sind, die das Kernthema sind und die Ihr Handeln bestimmen.

Dies sind die Richtlinien: Sie halten immer Ausschau nach den Qualitäten, und die Wazaif sind die Sprache, die Namen dieser Qualitäten. Wichtiger noch, Sie stellen fest, daß Ihre Bewertung der Qualitäten relativ ist. Wir neigen dazu, uns sehr leicht in der Illusion, in der Unwirklichkeit zu verfangen. Es kommt ein Punkt, wo Sie fühlen, daß Sie an einem Spiel beteiligt sind, in dem Sie nicht klar sehen; Sie sind in einer Illusion gefangen. Das ist der Moment, in dem Sie das Gefühl haben, als sei die Welt erstickend, und Sie müßten aus dieser Unwirklichkeit ausbrechen. Alles, was Sie bisher getan haben, erweist sich als lediglich beschönigend. Sie setzen sich nicht mit dem wirklichen Thema auseinander.

Das wirkliche Thema ist natürlich genau die Absicht Gottes: daß jedes Wesen ein schöner Mensch werden soll. Lassen Sie uns das von einem anderen Standpunkt sagen: Das Kernthema ist, daß durch diesen ganzen Lebenskampf jeder von uns ein schöner Mensch werden soll, denn es ist Gott, der ein schöner Mensch wird als uns. Es sind nicht einfach nur unser persönliches Wohlergehen oder unsere persönliche Absicht, die auf dem Spiel stehen. Dies macht es leichter, Dinge aufzugeben, die Sie gern getan hätten. Es macht Sie auch glücklicher darüber, Verantwortung für Menschen zu übernehmen. Indem Sie ein schöner Mensch werden, helfen Sie den Menschen in Ihrer Umgebung, schön zu werden.

Nun haben wir also einige Instrumente zur Verfügung, wenn wir uns nach innen wenden. Wir können das Bild von Dorian Gray - uns selbst - viel besser sehen als in unserem gewöhnlichen Bewußtsein. Wir können das sehr feine

Barometer spüren, das Pir-o-Murshid den Geist nennt: ob der Geist gedemütigt ist oder ob der Geist erhoben ist.

Eine andere Quelle von Feedback ist die Art und Weise, wie die Menschen auf Sie reagieren. Es ist ein Feedback. Sie können sehen, wie die Menschen Ihr Ego aufdecken, und sie entgegnen ihm mit ihrem eigenen Ego. Manchmal spüren Sie Mißbilligung. Wenn Sie Mißbilligung oder Kritik spüren, hören Sie darauf. Es gibt im allgemeinen einen Grund dafür. Vielleicht schätzen die Menschen Sie falsch ein, mißverstehen Sie - natürlich müssen Sie das in Rechnung ziehen. Und doch ist da immer etwas, das Sie aufgreifen und woraus Sie lernen sollten.

Wir haben in unserer Meditation auch einige Hinweise entdeckt, die für die Kommunikation von Mensch zu Mensch nützlich sind. Von dem Moment an, in dem Sie den Wert des Schweigens erkennen, erkennen Sie, wie Ihr Denken sich in der explikatorischen Weise festfährt, in der Weise, in der Sie erklären. Während Sie also mit einer Person kommunizieren, seien Sie sich dessen bewußt, daß die tiefere Bedeutung Ihre Worte umgehen muß. Wie man sagt, die Bedeutung liegt zwischen den Zeilen. Sie wird ohne die Worte vermittelt, es geschieht durch Ihre emotionale Stimmung. Ihre emotionale Stimmung ist etwas, was die Menschen sofort aufnehmen.

Wenn Sie sprechen, erkennen Sie, wie unzulänglich Ihre Worte sind, aber sie sind ein Mittel der Kommunikation. Die meisten Gespräche sind nicht besonders brillant; sie sind lediglich ein Mittel des Kommunizierens. Manchmal ist es besser, sich zu öffnen und etwas zu sagen, was Unsinn ist, als nicht zu sprechen. Stellen Sie sich vor, Sie befinden sich in einem Aufzug und jemand kommt herein. Es herrscht eine kalte Stille, und Sie denken: *Oh, ich sollte etwas sagen!* Also sagen Sie: *Was für ein schöner Tag!* - aber Sie haben vergessen, daß es regnet. Es ist in Ordnung, es macht nichts. Sie kommunizieren einfach.

Eine fortgeschrittene Art des Kommunizierens, die man die Art des Eingeweihten nennen könnte, ist zu meditieren, während Sie mit jemandem sprechen. Sie könnten sich zum Beispiel mit Ihrer Aura identifizieren und sich des Lichts um Sie herum und des Lichts in Ihren Zellen bewußt sein, während Sie sprechen. Es muß keine wichtige Unterhaltung sein; es könnte über irgend etwas sein. Dieser Mensch nimmt es auf, und plötzlich sehen Sie, daß seine Augen von Licht zu funkeln beginnen. Sie haben nichts gesagt, aber er fühlt es. Es gibt eine innere Kommunikation zwischen Menschen; eine schweigende Kommunikation findet statt, die die verbale Kommunikation umgeht.

Wenn Sie die Technik anwenden, Ihren Blick als aktiv anzusehen, anstatt zu denken, daß Ihre Augen die passiven Gefäße von Erfahrung sind, werden Sie beginnen zu sehen, was wir als das ewige Antlitz hinter dem physischen Gesicht des Menschen bezeichnen. Es ist so schön, daß Sie selbst davon erhoben werden.

Sie brauchen nicht nach schöner Musik oder schönen Kirchen oder Gemälden zu suchen. Sie können Schönheit in einem Gesicht finden, das im Grunde nicht besonders schön erscheint. Hinter der Maske können Sie Schönheit sehen. Jelaluddin Rumi sagte: *Wenn du nur dein Gesicht durch meine Augen sehen könntest, würdest du erkennen, wie schön du bist.*[3] Die Menschen können sich durch Ihre Augen sehen. Sie können ihnen in einem der wichtigsten Aspekte der Persönlichkeit helfen: in ihrer Selbstachtung. Und es bestätigt Ihre visionären Gedanken, daß es tatsächlich Schönheit gibt hinter dem, was auch immer an der Oberfläche des Universums erscheint.

Sie bewahren also Ihre emotionale Stimmung ständig davor, in einen niedrigen Zustand abzurutschen. Gleichzeitig sind Sie empört über jeden Verstoß gegen Aufrichtigkeit, und empört über krassen Egoismus. In einer Weise jubeln sie vor Freude, und gleichzeitig leiden Sie schrecklich. Ihr Herz ist gebrochen, es gibt soviel Leid in der Welt.

Sie sind so voller Freude - und doch, wenn Sie des Leids der Menschen um Sie herum gewahr werden, ist es sehr schwierig, diese Ebene von Jubel aufrechtzuerhalten, der Sie begegnet sind, als Sie Ihr Bewußtsein erhoben haben. Sie erkennen, daß Sie im Leben geprüft werden: Sind Sie in der Lage, voller Freude zu sein, während Sie gleichzeitig ein gebrochenes Herz haben?

Sie mögen auch feststellen, daß Sie sich unsicher und zugleich stark fühlen. Wie Pir-o-Murshid sagt: *Seien Sie fähig, die Vollkommenheit Ihrer göttlichen Erbschaft mit der Unvollkommenheit Ihrer persönlichen Eigenart zu verbinden.*[4] Er nennt es *die Aristokratie der Seele zusammen mit der Demokratie des Ego* - beide zusammen, nicht das eine *oder* das andere.[5] Wenn Sie zu sehr in Richtung Ihrer persönlichen Dimension neigen, haben Sie ein Gefühl von Unzulänglichkeit, Sie haben ein schlechtes Selbstbild. Wenn Sie zu sehr in Richtung Ihrer göttlichen Erbschaft neigen, könnten Sie scheinheilig werden; sie könnten sich anderen gegenüber für überlegen halten. Es ist sehr schwierig, diese beiden zu verbinden.

Hier ist wieder der Gedanke an die Stimme Carusos sehr hilfreich - um so mehr, wenn Sie in Ihrem Wesen wirklich die Schönheit und die Verzerrung zugleich sehen können. Sehen Sie sie beide. Die Methode, sie zu vereinbaren, liegt darin, zu wissen, daß Sie die Verzerrung tatsächlich rückgängig machen können.

Wahrscheinlich würden wir uns alle wünschen, daß uns ein weiser Mensch sagt, was unser Zweck im Leben ist. Es gibt verschiedene Arten, dies zu betrachten. Manche Menschen hätten gern einen Hinweis auf ihre Berufung, besonders jüngere Menschen. Oder Menschen kommen an einen Scheideweg in ihrem Leben; zum Beispiel, der Vater wollte, daß man Richter würde, und zu einem bestimmten Zeitpunkt bedauert man, daß man nicht Musiker geworden ist. So fragt man sich: *Soll ich meinen Job als Richter aufgeben und anfangen, Klavier zu spielen? Wirtschaftlich gesehen hat es keinen Sinn. Und im Hinblick auf mein Wesen...*

Sie sehen, wie leicht Sie an einen Punkt kommen können, wo Sie zu einem Guru gehen und ihn fragen möchten: *Was soll ich tun?* Oder, in persönlichen Beziehungen: *Soll ich diese oder jene Person heiraten?* Bei dieser Art von Fragen hätten Sie gern Führung. Was ist meine Aufgabe im Leben? Was tue ich?

Murshid sagt: *Der Zweck des Lebens ist wie der Horizont.*[6] Sie denken: *Dies ist mein Zweck*, und dann erkennen Sie, daß dahinter ein anderer Zweck liegt. Außerdem ist es multidimensional. Es geht nicht nur um ein Voranschreiten in der Zeit; es gibt Ebenen von Zweckbewußtheit.

Beispielsweise: *Ja, ich möchte Cellist werden.* Gut. Warum möchten Sie Cellist werden? *Nun, ich weiß nicht, ich möchte einfach Cellist werden.* Dann gibt es einen höheren Zweck dahinter: *Weil ich in der Musik Erhebung finde.* Gut, das ist ein höherer Zweck. Es könnte einen noch höheren Zweck geben. *Weil Musik mir ein Gefühl gibt, das Leben zu verstehen, das ich in anderen Dingen nicht finde.* Das wäre ein noch höherer Zweck. Es gibt andere Zwecke, zum Beispiel: *Ich möchte die Freude, die ich in der Musik erlebe, anderen Menschen vermitteln. Der Grund, warum ich Cellist werden will, ist nicht, um für mich selbst zu spielen, sondern um für andere Menschen zu spielen.* Es gibt immer einen weiteren Zweck.

Der wichtigste Aspekt, dies zu betrachten, ist, daß man seinen Zweck erschafft, während man voranschreitet, anstatt zu denken, daß er bereits besteht. Sie sagen, Sie möchten Ihren Zweck kennen. Sie erschaffen Ihren Zweck - so entdecken Sie ihn.

In der Wissenschaft ist es zum Beispiel sehr paradox, daß ein Elektron ein anderes Orbital findet. Das Orbital existiert nicht; irgendwie erschafft das Elektron das Orbital, indem es ein hohes Energieniveau erreicht. Es ist nicht so wie bei den Schienen einer Lokomotive, sondern eher wie die Bahnen eines Flugzeugs am Himmel. Das Flugzeug zieht seine eigenen Bahnen; sie sind nicht schon vorbereitet vorhanden.

Es gibt ein Wort von Kabir: *Das Leben ist ein Feld, man muß es nur kultivieren.*[7] Wenn Sie Ihren Zweck wissen wollen, brauchen Sie nicht sehr weit zu schauen. Überall um Sie herum gibt es Probleme. Die Frage ist: *Wie kann ich am besten dienen?* Murshid sagt hier etwas sehr Paradoxes. Er sagt: *Indem man einen Zweck verfolgt, entwickelt man Macht, und mit dieser Macht kann man sich für einen herausfordernderen Zweck entscheiden.*[8] Dann gewinnen Sie weitere Macht, die sich wiederum einer noch größeren Herausforderung stellen will.

Aber das Paradoxe ist, daß Ihr Zweck Ihre Macht begrenzt. Das heißt, das, was Sie daraus bekommen wollen, begrenzt Ihre Macht. Ihre persönliche Macht hat Grenzen. Sie sehen das, wenn Sie ein Ziel vor Augen haben und es erreichen möchten. Sie entwickeln Macht, um dieses Ziel zu erreichen, aber das Ziel bestimmt die Art von Macht, die Sie fähig sind zu entwickeln.

Wenn Ihr Zweck Dienst ist, ist Ihre Macht unbegrenzt. Das ist ein sehr merkwürdiger Bestandteil unseres Wesens, der in der Tradition der Sufis magisch genannt wird, magische Kraft. Es ist eine Art innerer Einstimmung, die bewirkt, daß die Dinge geschehen. Sie müssen immer noch etwas tun, aber diese Einstimmung hat eine magische Kraft. Der Schlüssel dazu ist, sich der göttlichen Macht in Ihrem Wesen bewußt zu sein.

Göttliche Macht ist etwas, dem Sie besonders in tiefer Meditation begegnen. Sie können es nicht glauben, was für eine Macht durchkommt, und Sie wissen, Sie könnten sie niemals Ihrer eigenen Macht, Ihrer eigenen Ego-Macht zuschreiben. Es ist, als ob kosmische Emotion durchkommt, wie die Emotion, die das Universum und die Planeten bewegt. Dies hat Jelaluddin Rumi poetisch ausgedrückt, indem er sagte: *Ich könnte die Welt mit meinen Tränen überfluten*. Oder: *Ich könnte die Welt mit meiner Flamme verbrennen*.[9] Es ist ein Gefühl von etwas sehr Intensivem, das in der Tiefe Ihres Wesens gegenwärtig ist, aber Sie schreiben es nicht sich selbst zu - es fühlt sich nicht wie Ihre persönliche Macht an. Sie können Worte dafür gebrauchen, zum Beispiel: *Ishq Allah mabud lillah*, was die göttliche Sehnsucht bedeutet. Aber das sind nur Worte, und die Erfahrung selbst ist jenseits aller Worte, die man verwenden könnte.

Vielleicht haben Sie Freude an Donner und Blitz bei einem Gewitter. Pablo Casals lebte vor der spanischen Revolution in einem kleinen Sommerhäuschen am Meer in San Salvador. Er pflegte dort Cello zu spielen. Die Leute lagen in der Sonne, doch ihn sah man nie zu dieser Zeit am Strand. Aber wenn es ein Unwetter gab, dann waren keine Badenden da, aber ganz bestimmt ging Pablo Casals am Strand entlang, mit dem berühmten Stirnrunzeln im Gesicht, und trotzte dem Donner und Blitz. Diese natürlichen Kräfte können unsere Empörung symbolisieren.

Ihr Streben nach der Engelebene muß mit einer Art von Reife verbunden sein, die ein Wesen erlangt, das für Rechtschaffenheit einsteht gegen Unehrlichkeit und Ausbeutung - ja, gegen all die schrecklichen Dinge, deren Zeugen wir heutzutage in unserer Welt sind. Das ist die Emotion von Empörung. Donner und Blitz scheinen mit diesem Gefühl von Empörung in unserem Wesen übereinzustimmen; sie betonen es, sie erwecken es.

Also vielleicht müssen wir lernen, den Regenbogen und

den Blitz zu vereinbaren. Ich habe das einmal in den Bergen gesehen: einen Regenbogen und einen Blitz zur selben Zeit. Das Ziel ist nicht, zu dem Zustand zurückzukehren, in dem wir in den Engelssphären waren, bevor wir uns inkarniert haben. Unser Zweck ist es, voll verwirklichte, reife Engel zu werden, so wie der heilige Michael.

Es ist gut, diese Klischees, wie Sie es nennen könnten, im Sinn zu haben, diese Bilder dessen, was wir anstreben. Das ist die Rolle des Mythos. Denken Sie niemals: *Oh, er kann es tun, aber ich kann es nicht. Laß es Christus tun. Ich Arme/r!* Deshalb hat Buddha gesagt: *Sie müssen sich um Ihre eigene Erweckung, um Ihre eigene Befreiung bemühen.* Seien Sie nicht davon abhängig, daß jemand Sie erweckt oder befreit. Erweckung geschieht nicht durch die Gnade des Gurus.

Anhang

Leben und Werk von Walter Chappell

Seit 1974 findet der transzendentale Aspekt von Walter Chappells Werk Ausdruck in einer einzigartigen neuen Richtung: der Verwendung der Elektrofotografie, um die fluoreszierenden Emanationen von Energiesystemen sichtbar zu machen, die ein wesentlicher Bestandteil alles Lebenden sind. Technisch gesehen, legt er zu diesem Zweck Pflanzen oder Teile davon auf die Oberfläche einer fotografischen Platte. Wenn diese lebende organische Materie einem Hochspannungsfeld ausgesetzt wird, verändern sich ihre Elektronen in Photonen, und einen funkelnden Augenblick lang produzieren sie ein Bild der Lebenskraft der Pflanze. Obwohl sie in völliger Dunkelheit ohne Linse oder Kamera erzielt werden, sind dies keine

Oberflächenbilder, wie ein Röntgenbild oder Fotogramm, denn sie objektivieren räumlich das Energiefeld in der organischen Struktur der Pflanze.

Dieses Verfahren ähnelt der Kirlian-Fotografie, die kreative Grundlage dieser strahlenden Schwarzweiß-Aufnahmen ist jedoch den Radionik-Studien von George und Marjorie De La Warr näher, die dynamische Wechselbeziehungen zwischen dem menschlichen Gedanken und einer universellen Lebenskraft implizieren. Chappell bezeichnet diese Bilder der Ausstrahlung des Lebens als seine *Metaflora-Serie*, um auf eine Dokumentation hinzudeuten, die sowohl objektiv wie spirituell ist. Für ihn sind diese vergänglichen, auf Filmmaterial eingefangenen Erfahrungen "Äquivalente" - gleichbedeutend mit dem simultanen Verschmelzen seiner eigenen Energien mit denen der Pflanze, um ein mit Information auf vielen Ebenen dicht gesättigtes Bild zu erzeugen. Dies sind Verbindungen, die es ermöglichen - mit Chappells Worten -, "für meine Sinne ein neues Bild des Verstehens zu erschaffen und meine Entdeckung der Natur mit der zunehmenden Entdeckung meines inneren Wesens zu vereinen."

Walter Chappell wurde 1925 in Portland, Oregon geboren. Er studierte Architekturzeichnung an der Benson Polytechnical School und Klavier und Komposition am Ellison-White-Konservatorium für Musik. Von 1943 bis 1946 diente er in der 13. US Airborne Division. Chappells Freundschaft mit Minor White, die 1942 begann, wurde 1947 in San Francisco erneuert, und obwohl sich sein kreatives Interesse der Fotografie zuwandte, waren seine hauptsächlichen Betätigungsfelder zur damaligen Zeit Musik, Malen und Schreiben. *Logue and Glyphs*, ein Buch mit seinen Gedichten, wurde 1948 veröffentlicht.

1957 ließ Chappell sich in Rochester, New York nieder, um bei Minor White Drucktechnik zu studieren. Hier schrieb und redigierte er für das Magazin *Aperture* und assistierte White bei Workshops. *Gestures of Infinity*, eine Sammlung von Bildern und Gedichten, erschien 1957. *Under the Sun*, Bilder von Walter Chappell, Nathan Lyons und Syl Labrot, wurde 1961 von George Braziller veröffentlicht.

Nachdem er drei Jahre lang am George Eastman House als Kurator gearbeitet hatte, gründete und leitete er von 1962 bis 1965 in New York eine Galerie mit Archiv. Sein wachsendes Interesse an der bildlichen Darstellung der menschlichen Form in der Natur und am experimentellen Filmemachen führte ihn, nach einer kurzen Zeit in Big Sur, nach Taos, New Mexico, wo er Landschaften und Akte fotografierte und das zeremonielle Leben der amerikanischen Ureinwohner studierte.

Nach seinem Umzug nach San Francisco, wo er von 1970 bis 1974 arbeitete, begann er die experimentelle Arbeit mit Elektrofotografie: Hochspannungs-/Hochfrequenz-Elektronen-Abbildung lebender Pflanzen. Diese Arbeit wurde 1980 in seiner Kollektion *Metaflora* vorgestellt, deren Veröffentlichung zum Teil durch einen Zuschuß der Nationalstiftung für die Künste unterstützt wurde.

1987 zog Chappell nach dem abgelegenen Ort El Rito in New Mexico um; von dort aus setzt er seine Arbeit durch Ausstellungen, Vorträge, Workshops und Außenarbeiten fort. Eine retrospektive Monografie seines fotografischen Werkes trägt den Titel *Collected Light*.

"Die Gedanken, die meine vierjährige Beschäftigung mit der Produktion der *Metaflora*-Kollektion umkreisten, stammen zutiefst aus frühem Staunen und dem Nachdenken über Erfahrungen während meines Lebens mit Pflanzen", schrieb Walter Chappell 1978. "Der größte Teil meiner Kindheit entfaltete sich im Gewächshaus und im Garten meiner Großeltern, die in Oregon Floristen waren, während der großen Depression der Jahre 1925 bis 1947. Mein Aufwachsen war eng mit dem Leben der Pflanzen verknüpft: Wässern, Pflanzen, Jäten, Beobachten, Sammeln und Arrangieren von Blumengestecken, was unser Lebensunterhalt war. Beerdigungen und Hochzeiten waren die Gelegenheiten für Großmutter Addies meisterliche florale Sinfonien.

Es gab immer die Spannung von Arbeiten und Ausruhen an den langen Tagen und in den Nächten der Vegetationszeit. Sobald der Winter kam, wurden Blumenzwiebeln ausgegraben und eingekellert, um bis zum Wiedereinpflanzen im Frühjahr zu ruhen. Angeborene

Fähigkeiten tauchten auf und entwickelten sich vor diesem Hintergrund von Blattwerk: sich vom Wachstum der Pflanzen beeinflussen zu lassen und, umgekehrt, Wege zu finden, es zu beeinflussen durch die direkte Teilnahme des Schauens. Seither hat das Sorgen für Pflanzen und das Pflegen irgendeiner Art von Garten in den wechselnden Umständen meines Lebens immer einen Platz gefunden."

Über sein *Metaflora*-Projekt schrieb er weiter: "In dieser Oktave von Fotografie ist die Pflanzenform zur Kameraöffnung auf eine Perspektive geworden, in der Lebensformen beständig Licht zum Ausdruck bringen und gleichzeitig Fotografie-Photosynthese inszenieren.

Obwohl ich das Medium der Fotografie als ein sich rasch einstellendes Gleichgewicht zwischen Kunst und Wissenschaft erlebe, ist es nicht meine Absicht, zu erklären oder Logik für eines dieser Gebiete zu liefern. Mein Wunsch ist es, diese Eindrücke zu teilen, die für mich tiefere Einblicke *in* und *durch* die Oberfläche erzeugen, welche unsere Sinne unaufhörlich als einen Schleier zu weben scheinen, der die Intelligenz verhüllt und eine einzige Kugel zu vielen einzelnen Kreisen abflacht.

Diese Bilder zu betrachten und sich in sie einzufühlen, scheint eine mentale Energie von lebhafter Sinnesfreude hervorzurufen, die sich unmittelbar dem Einflußbereich raum-zeitlicher Worte und Konzepte entzieht. Diese positiven Silber-Abzüge, verwirklicht auf der Rückkehr von einer Schwelle der Sichtbarkeit, sind Aufnahmen einer Schicht organischen Lebens, die wir vielleicht nicht sehen, obwohl wir sie manchmal mit dem ganzen Körper spüren mögen...

Ein einzelnes Blatt zu wählen, eine Blüte, und sie unter den zahllosen Organen von Blattwerk abzupflücken, die die Haut dieses Planeten beständig mit lebendigen Kräften durchströmen, diesen Organen zu erlauben, eine Gegenwart zu offenbaren und in völliger Dunkelheit ganz plötzlich Licht zu sein - das ist in gewisser Weise die Art, wie alles immer gegenwärtig ist."

Anmerkungen

Kapitel 1: Richtlinien für ein Retreat

1. s. z. B.: Muhyiuddin Ibn 'Arabi, *Journey to the Lord of Power: A Sufi Manual of Retreat*
2. David Bohm: *Wholeness and the Implicate Order (Die implizite Ordnung*, S. 199 f. und S. 225 f.)
3. Jelaluddin Rumi (1207-1273) ist einer der größten unter den mystischen Dichtern aller Traditionen. Sein Hauptwerk *Das Mathnawi* enthält 26 000 Reimpaare und stellt eine wesentliche Quelle spiritueller Lehre dar. In einer unveröffentlichten Vortragsmitschrift (datiert 20. Juli 1926) stellt Inayat Khan fest: "Im Leben von Rumi erkennt man das Beispiel von Intellekt und Hingabe gleichermaßen." Siehe auch Inayat Khans Essay

über Rumi in *The Hand of Poetry*. Die genauen Referenzen für die im Text vorkommenden Zitate von Rumi sind nicht bekannt.

4. Es heißt: *Gott ist schön, und Er liebt Schönheit.* Wenn also die Manifestation als ein Unternehmen betrachtet wird, den göttlichen Wunsch zu erfüllen, so folgt daraus, daß es unsere Aufgabe ist, eine schöne Welt von schönen Menschen zu erschaffen - mit anderen Worten, zum Ausdruck des göttlichen Wunsches nach Schönheit zu werden.
5. Inayat Khan, *The Art of Being and Becoming*, S. 113. Die Bezeichnung Pir-o-Murshid bezieht sich hier und im ganzen weiteren Buch auf Inayat Khan (1882 - 1927), Pir Vilayats Vater - der als erster den Sufismus in den Westen brachte. Pir bezeichnet einen spirituellen Führer, einen Ältesten oder jemanden, der anderen hilft, ihre Seelen zu entfalten. Murshid bezieht sich auf einen spirituellen Lehrer. Pir-o-Murshid bedeutet Pir und Murshid. Inayat Khans Name erscheint oft mit dem Ehrentitel Hazrat, der ein Zeichen von Respekt darstellt und auf jedes große Wesen anzuwenden ist; er entspricht im weitesten Sinne dem Titel *Ihre Majestät* oder *Seine Heiligkeit.*
6. Fariduddin Attar zugeschrieben von Inayat Khan in: *Philosophy, Psychology, Mysticism*, S. 182. Attar ist einer der größten persischen Dichter. Er lebte von 1130? bis 1220 in Nishapur und ist im Westen hauptsächlich bekannt durch sein Werk *Vogelgespräche*.
7. Es ist Tradition, jede Auflistung der Namen Gottes auf neunundneunzig zu beschränken, entsprechend einem Hadith, das besagt: "Gott hat neunundneunzig Namen..." Es gibt verschiedene Veröffentlichungen, die der interessierte Leser zu Rate ziehen kann: Bawa Muhaiyadeen, *Asma-ul-Husna* (Fellowship, 1979); Shems Friedlander, *Ninety-Nine Names of Allah* (Harper, 1978) und Tosun Bayrak, *The Most Beautiful Names* (Threshold, 1985). Diejenigen, die das Thema vertieft untersuchen möchten, können zurückgreifen auf al-Ghazali, *The Ninety-Nine Beautiful Names of God* (Islamic Texts, 1992).
8. Inayat Khan, *The Vision of God and Man*, S. 142

9. Geschichten aus dem Leben von Buddha (ca. 563 - 483 v. Chr.) sind natürlich überliefert, und es gibt viele davon. Carus, *The Gospel of Buddha* und Coomaraswamy, *Buddha and the Gospel of Buddhism* sind Beispiele für typische Darstellungen. Die genaue Quelle des genannten Zitats ist nicht bekannt.
10. Bezüglich der Leibnizschen prästabilierten Harmonie und ihrer Folgerungen s. Ira Progoff, *Jung, Synchronicity, and Human Destiny*, Kap. 6.
11. Es wird gesagt, daß Pegasus, das geflügelte Pferd, Natur und Instinkt repräsentiert. Die Freisetzung dieser irdischen Energie - so scheint dieser Mythos zu besagen - reicht nicht aus, den Olymp, die Heimat der Götter zu erreichen. Siehe Erich Neumann, *The Origin and History of Consciousness*, S. 217 - 219. Eine interessante Parallele ist zu finden im *Miraj* des Propheten Mohammed, bei dem das Pferd Buraq ihn in seinem Aufstieg gen Himmel trägt. In *Die Einheit der religiösen Ideale*, S. 270 stellt Inayat Khan fest: "Der Buraq vermochte nicht, den Propheten weiter als bis zu einer bestimmten Stelle zu tragen. Das soll heißen, daß uns der Atem auch nur eine bestimmte Strecke weit auf unserem Wege zur geistigen Vollendung tragen kann. Aber dann kommt ein Punkt, wo uns der Atem nicht mehr helfen kann."
12. Die Quelle dieser Feststellung ist nicht bekannt. Es scheint, daß sie von den Auffassungen von al-Hallaj und Ibn 'Arabi herstammen könnte. Siehe Louis Massignon, *The Passion of al-Hallaj* und Henry Corbin, *Creative Imagination in the Sufism of Ibn 'Arabi.*
13. Inayat Khan, *Sufi Teachings*, S. 230

Kapitel 2: Intuition

1. Inayat Khan, *Philosophy, Psychology, Mysticism*, S. 68
2. Die genaue Referenz für diese Aussage ist nicht verfügbar. Möglicherweise basiert sie auf einer Äußerung Jungs in dem Dokumentarfilm A *Matter of Heart.*
3. Das Beispiel des Aquariums bezieht sich auf ein sinnreiches

Gedankenexperiment von David Bohm. - Andererseits ist "Komplementarität" ein wichtiger Begriff von Niels Bohr in der Quantenmechanik, der sich zur Illustration sufischer Erfahrung gut eignet. (Anmerk. d. Übers.)

4. Inayat Khan, *The Complete Sayings*, S. 168
5. Matthäus-Evangelium 19,30 und 20,16
6. Inayat Khan, *The Music of Life*, S. 110. Ebenfalls Inayat Khan, *The Soul: Whence and Whither*, S. 9
7. s. o., Kap. 1, Anm. 9
8. Drei Referenzen zu Worten von Inayat Khan: *Sufi Teachings*, S. 302; *The Knowledge of Truth* (unveröffentlicht), *The Complete Sayings*, S. 163
9. Lukas-Evangelium 23,34

Kapitel 3: Der Schlüssel ist Schönheit

1. Ilya Prigogine (geb. 1917) ist ein belgischer Wissenschaftler, der 1977 mit dem Nobelpreis für Chemie ausgezeichnet wurde. Sein Werk wird der Allgemeinheit vorgestellt in dem Buch *Order out of Chaos: Man's New Dialogue with Nature (Dialog mit der Natur: neue Wege naturwissenschaftlichen Denkens*, Koautorin Isabelle Stengers)
2. Inayat Khan, *Sufi Teachings* (überarb. Ausgabe), S. 177; dieser Vortrag wurde erst 1991 veröffentlicht.
3. Johannes vom Kreuz, *Die dunkle Nacht der Seele*, 2. Buch, 8. Kap. Dieser spanische Mystiker und Dichter (1542 - 1591) war ein Freund von Teresa von Avila und gründete den Orden der Unbeschuhten Karmeliter.
4. Inayat Khan, *The Vision of God and Man*, S. 31
5. Inayat Khan, *The Soul Whence and Whither*, S. 104
6. Gershom Sholem (1897 - 1982) gründete eine Schule, in der das rigorose Studium der jüdischen Mystik das Studium der Kabbala transformierte. Siehe *Major Trends in Jewish Mysticism*.
7. Henri Poincaré, *Science and Hypothesis*, S. 17 ff. Poincaré (1854 - 1912) war ein französischer Mathematiker und Wissenschaftler,

bekannt durch seine Bemühungen, der Öffentlichkeit die Wissenschaft zu erklären.

8. Die Geschichte von Aladdin und der Wunderlampe ist in *Tausendundeine Nacht* zu finden. Inayat Khan spricht über diese Geschichte in *The Vision of God and Man*, S. 82
9. Inayat Khan, *In an Eastern Rose Garden*, S. 43, und *Sufi Teachings*, S. 312
10. Muhyiuddin Ibn 'Arabi (1165 - 1240) wird weithin als erster Vertreter der sufischen Metaphysik angesehen. Er wurde "der rote Schwefel" genannt, ein alchimistischer Hinweis, der darauf hindeutet, daß Ibn 'Arabi Wissen aus Unwissenheit ziehen konnte, so wie Schwefel aus Blei Gold zieht. Eine Biografie von Claude Addas hat den Titel *The Quest for the Red Sulphur: The Life of Ibn 'Arabi* (Cambridge: Islamic Texts Society, 1993)
11. Sa'duddin Mahmud Shabistari, *The Secret Rose Garden*, S. 46 - 53. Shabistari (gest. 1320) lebte in Täbris in Aserbaidschan. Der Schwerpunkt von *The Secret Rose Garden (Gulshan-i raz)* liegt auf der Einheit des Seins und dem vollkommenen menschlichen Wesen, den zentralen Konzepten der Sufi-Theorie nach der Zeit von Ibn 'Arabi (gest. 1240).
12. Husain ibn Mansur al-Hallaj (857 - 922) war und ist eine kontroverse Figur. Er wurde der Häresie bezichtigt und gekreuzigt und ist berühmt für seinen Ausspruch *Ana 'l-Haqq (Ich bin die Wahrheit)*. Er ist der prototypische Ekstatiker, dessen Äußerungen und Beschreibungen seiner mystischen Erfahrungen in Form von Poesie durch die Jahrhunderte ein Paradoxon geblieben sind. Sein Leben und seine Lehren können im Detail studiert werden in Louis Massignons Buch *The Passion of al-Hallaj*.
13. Dhikr (oder Zikr, ausgesprochen: "sik'r") ist die Hauptübung der Sufis. Sie beinhaltet die Wiederholung des Satzes *La ilaha illa 'Llah hu*, der sowohl die Einheit als auch die Gegenwart Gottes ausdrückt. (s. auch Glossar)

Kapitel 4: Der Umgang mit Eindrücken

1. Inayat Khan, *Gesundheit und geistige Heilung*, S. 216. Siehe auch *Spiritual Liberty*, S. 243
2. s. o., Kap. 1, Anm. 12
3. Inayat Khan, *Das Erwachen des menschlichen Geistes*, S. 164/165
4. Dieses Zitat bezieht sich auf eine Arie in Händels Semele. Der von Pir Vilayat frei zitierte Text lautet im Original: *"Dort, wo du wallst, schaust du die Flur geschmückt im Glanz der Blüten, wohin dein Auge blickt."*
5. Inayat Khan, *The Alchemy of Happiness*, S. 168. Siehe auch *In an Eastern Rose Garden*, S. 38
6. s. o., Kap. 1, Anm. 3

Kapitel 5: Dhikr

1. David Bohm, *Unfolding Meaning*. Dieses Werk enthält einen Überblick über Bohms gesamte Philosophie. Sein hervorragender Werdegang verbindet Forschung auf dem Gebiet der Physik und der Philosophie. Er arbeitete sowohl mit Einstein als auch mit Krishnamurti zusammen.

Kapitel 6: Ein Überblick über die Ebenen

1. Inayat Khan, *Mastery through Accomplishment*, S. 302
2. Inayat Khan, *In an Eastern Rose Garden*, S. 234 - 235
3. Inayat Khan, *Sufi Teachings*, S. 303
4. Inayat Khan, *Healing and The Mind World*, S. 221
5. Inayat Khan, *The Alchemy of Happiness*, S. 74
6. Joseph Campbell (1904 - 1987) lehrte am Sarah Lawrence College und veröffentlichte zahlreiche Werke. Es ist zum großen Teil sein Verdienst, ein Gewahrsein des Mythos in die zeitgenössische Kultur gebracht zu haben. Eines seiner Werke trägt den Titel *The Inner Reaches of Outer Space: Metaphor as Myth and*

7. Die Referenz für diesen Satz ist nicht verfügbar.
8. Siehe beispielsweise Abd al-Qadir al-Jilani, *Utterances*, und Fakhruddin Iraqi, *Divine Flashes*
9. Augustinus (354 - 430), ein katholischer Theologe und Neuplatoniker, verband die christliche religiöse mit der griechischen philosophischen Tradition.
10. Inayat Khan, *Die Einheit der religiösen Ideale*, S. 124
11. s. o., Kap. 3, Anm. 12
12. Das Hadith, auf das Pir Vilayat sich bezieht, wird im allgemeinen zitiert: *Ich war ein verborgener Schatz, und ich sehnte mich danach, entdeckt zu werden.* Dies mag als Antwort Gottes auf die Frage verstanden werden: *Was war der Zweck der Schöpfung?*

Kapitel 7: Stufen von Samadhi

1. Inayat Khan, *Sufi Teachings*, S. 230; *The Inner Life*, S. 98 ff
2. Inayat Khan, *Die Einheit der religiösen Ideale*, S. 87
3. Steven Spielberg (geb. 1947) führte Regie in dem Film *E.T.*, der 1982 erstaufgeführt wurde.
4. Dies gehört zu dem, was als *Hadith sharif* (edle Äußerung) bekannt ist und worin der Prophet Mohammed spricht. Es ist zu unterscheiden vom *Hadith qudsi*, in welchem Gott direkt spricht.
5. Johannes vom Kreuz, *Die dunkle Nacht der Seele*, 2. Buch, Kap. 8
6. Die Referenz für diese Aussage ist nicht verfügbar.
7. David Bohm, *Unfolding Meaning*. S. o., Kap. 5, Anm. 1
8. Inayat Khan, *Gayan*, S. 11; s. auch *Die Einheit der religiösen Ideale*

Kapitel 8: Arbeiten mit Licht

1. Inayat Khan, *Spiritual Liberty*, S. 159
2. Inayat Khan, *The Soul Whence and Whither*, S. 38 - 39
3. Rupert Sheldrake, *The Rebirth of Nature*, S. 111. Er nennt dieses Phänomen *morphische Resonanz*. Siehe auch Sheldrake, *A New Science of Life*.

Kapitel 9: Die Meditation ins Leben bringen

1. s. o., Kap. 2, Anm. 2
2. s. o., Kap. 1, Anm. 6; s. auch unter *Wazifa* im Glossar
3. Inayat Khan, *The Path of Initiation*, S. 167
4. Inayat Khan, *The Inner Life*, S. 21; *Philosophy, Psychology, Mysticism*, S. 117
5. s. Inayat Khan, *Mastery Through Accomplishment*, besonders das Kapitel "Knowledge and Power"
6. Inayat Khan, *The Vision of God and Man*, S. 120
7. Inayat Khan, *Mastery Through Accomplishment*, S. 269
8. s. Kevin Shepherd, *A Sufi Matriarch: Hazrat Babajan*
9. Inayat Khan, *Philosophy, Psychology, Mysticism*, S. 119
10. Inayat Khan, *The Alchemy of Happiness*, S. 169
11. Inayat Khan, *Die Einheit der religiösen Ideale*, S. 165 ff.
12. Inayat Khan, *Sufi Teachings*, S. 115
13. Dies bezieht sich auf eine Szene in dem Film *Amadeus*.
14. Inayat Khan, unveröffentlichte Vortragsmitschrift; s. auch *Das Erwachen des menschlichen Geistes*, S. 192
15. Khalil Gibran, *Der Prophet*. Der Text, der den Abschnitt über die Ehe beschließt, lautet:
    Und steht zusammen, doch nicht zu nah:
    Denn die Säulen des Tempels stehen für sich, und die Eiche und die Zypresse wachsen nicht im Schatten der anderen.

Kapitel 10. Wazifa

1. Pythagoras (ca. 582 - ca. 496 v. Chr.) war ein griechischer Philosoph, Mathematiker und spiritueller Lehrer, dessen Schule einen großen Einfluß auf die griechische und römische Gedankenwelt hatte. *The Pythagorean Sourcebook and Library* (Grand Rapids: Phanes Press, 1987) ist eine exzellente Quelle für diejenigen, die diese Studienrichtung verfolgen möchten. Pythagoras lebte in etwa zur gleichen Zeit wie Buddha (ca. 563 - 483 v. Chr.).
2. Proklos (ca. 410 - 485) war ein griechischer Philosoph.

Zusätzlich zu seinen eigenen Schriften erwarb er sich Verdienste um die *Enneaden* des Plotin.

3. s. o., Kap. 3, Anm. 1
4. Maula Bakhsh (1833 - 1896) war Inayat Khans Großvater, in dessen Haus und Atmosphäre Inayat aufwuchs. Siehe *Biography of Pir-o-Murshid Inayat Khan* bezüglich eines Lebensberichts von Maula Bakhsh sowie seines Einflusses auf seinen Enkel.
5. Inayat Khan, unveröffentlicht
6. Plotin (ca. 205 - 270) begründete die neuplatonische Philosophie, die viele spätere Denksysteme beeinflußte, einschließlich der christlichen Theologie und des Sufismus.

Kapitel 11: Klang und Schwingung

1. Das vierte Stadium des alchimistischen Prozesses ist die Hochzeit, die das zentrale Symbol der Alchimie ist. Siehe Titus Burckhardt, *Alchemy*, S. 149 ff. Das vierte Stadium markiert das Wiederauftauchen des Geistes aus dem makellosen Zustand ins Leben.
2. Inayat Khan, *The Soul: Whence and Whither*, S. 177 - 179
3. Inayat Khan, *The Alchemy of Happiness*, S. 174 - 180

Kapitel 12: Der Augenblick der Zeit

1. s. o., Kap. 3, Anm. 1
2. s. o., Kap. 2, Anm. 2
3. Hujwiri, *Kashf al-Mahjub*, S. 369
4. Die Referenz für diese Aussage ist nicht verfügbar.
5. freie Wiedergabe aus dem Buch von Eugen Herrigel: *Zen in der Kunst des Bogenschießens*
6. Igor Strawinsky (1882 - 1971) war ein amerikanischer Komponist russischer Abstammung.
7. s. o., Kap. 1, Anm. 6
8. Dieser Satz wird Leonhard Euler (1707 - 1783) zugeschrieben, einem Schweizer Mathematiker, dessen umfassendes Werk alle Hauptgebiete der Mathematik beinhaltet.

9. Pierre Teilhard de Chardin (1881 - 1955) war ein französischer Wissenschaftler und katholischer Theologe, dessen hauptsächliches Wirken darin bestand, das Christentum mit der sozialen und mentalen Evolution der Menschheit zu vereinbaren. Siehe *Der Mensch im Kosmos* bezüglich einer Darstellung seiner Gedanken.
10. Johannes-Evangelium 17,24
11. s. Frithjof Capra, *Das Tao der Physik*
12. Isaac Newton (1643 - 1727) war ein englischer Mathematiker und Physiker, dessen Haupteinfluß in der Entdeckung der Gesetze der Bewegung, der Schwerkraft und der Infinitesimalrechnung bestand. In seinen späteren Jahren wandte sich sein Interesse der Theologie und Alchimie zu.
13. Inayat Khan, *The Alchemy of Happiness*, S. 182
14. Matthäus-Evangelium 6,20
15. Inayat Khan, *The Alchemy of Happiness*, S. 99
16. Inayat Khan, *The Complete Sayings*, S. 16
17. Die 1891 von Oscar Wilde geschriebene Novelle *Das Bildnis des Dorian Gray* schildert, daß Dorian jung und attraktiv bleibt, während ein Porträt von ihm durch seinen lasterhaften Lebenswandel altert und groteske Züge annimmt.
18. Junaid (gest. 910) ist ein Hauptvertreter der Nüchternheit im Sufismus, im Unterschied zur ekstatischen Haltung al-Hallajs. Siehe Ali Hassan Abdel Kader, *The Life, Personality and Writings of al-Junayd.*
19. Inayat Khan, *The Soul: Whence and Whither*, S. 38 - 39
20. Nadia Boulanger (1887 - 1979) war eine französische Musikerin, Komponistin und Dirigentin, die Studenten (darunter auch Pir Vilayat) an der Ecole Normale de Musique in Paris unterrichtete.
21. s. o., Kap. 3, Anm. 7
22. Die Referenz für diese Aussage ist nicht verfügbar.

Kapitel 13: In der Welt sein

1. Inayat Khan, *The Path of Initiation*, S. 72
2. Inayat Khan, *The Vision of God and Man*, S. 91

3. Die Referenz für diese Aussage ist nicht verfügbar.
4. Inayat Khan, *Philosophy, Psychology, Mysticism*, S. 220
5. s. o., Kap. 3, Anm. 2
6. Inayat Khan, unveröffentlicht
7. Kabir zugeschrieben von Inayat Khan in *The Alchemy of Happiness*, S. 117
8. Inayat Khan, *The Alchemy of Happiness*, S. 177; s. auch *The Art of Personality*, S. 258
9. Die Referenz für diese Aussage ist nicht verfügbar.

Glossar

Absicht Willensentscheidung; der letztliche Zweck oder das Ziel einer Handlung

Ajsam subtiler Körper, Plural von *Jism*

Akhlak i-Allah die Art Gottes, die göttliche Art

alchimistische Hochzeit Dieses Stadium stellt den Beginn des Abstiegs des Geistes in die Inkarnation dar; vierte Stufe des sechsstufigen alchimistischen Prozesses.

Ali erhaben, edel, der Höchste; Ekstase

Antlitz der innere Ausdruck des Gesichts

Archetyp ein Prototyp; das Original-Muster, von dem Kopien angefertigt werden. Die Qualitäten, die durch die Wazaif bezeichnet werden, sind archetypisch; sie werden bekannt durch ihre Exemplifizierung.

Asma Ilahi die Namen Gottes; dies sind die Qualitäten, die die Grundlage der Wazifa-Übung bilden. In der Tradition gibt es neunundneunzig Namen, doch die Auflistungen variieren und ergeben in der Kombination weit mehr als neunundneunzig.

Auferstehungskörper was wir den feinstofflichen Körper nennen würden, im Vergleich zum groben oder dichten physischen Körper; das Vehikel, mit dem wir die physische Ebene verlassen werden

Aura subtile Emanation, die Atmosphäre einer Person, manchmal sichtbar als Licht

Ayat Zeichen, Hinweise

Azim groß, hoch in Würde, begeistert; Verherrlichung

Aziz geehrt, geliebt, unvergleichliche Nähe

Baqa Fortbestehen, Dauer, Ewigkeit; bezeichnet den spirituellen Zustand der Auferstehung, Fortbestehen jenseits der Form

Basit der Mehrende, der Erweiternde

Batin der Verschleierte; innerlich, verborgen

Bayat Huldigung; der Ritus der Einweihung, manchmal erwähnt als "die Hand nehmen", ein Gelübde ablegen

bedingungslose Liebe Man erhebt sich über die Form von Liebe, die begrenzt oder bedingt ist oder auf dem Gegensatz von Liebe und Haß beruht; Lieben ohne Erwartung einer Erwiderung oder Abhängigkeit von Ergebnissen

Chakra Rad; Chakren sind Energiezentren im Körper im Bereich von der Basis der Wirbelsäule bis oberhalb des Kopfes; ihnen entsprechen Nervenganglien

Derwisch einer, der die Verwirklichung der göttlichen Gegenwart erlangt hat

Dhikr Erinnerung; eine Rezitation der Namen und Lobpreisungen Gottes; eine Übung, bei der die Einheit und alles durchdringende Gegenwart des Einen Wesens der Brennpunkt der Konzentration ist. In einer bestimmten Form dieser Übung macht der Kopf eine Kreisbewegung von links nach rechts (mit den Worten La ilaha), senkt sich (illa) und hebt sich schließlich ('Llah hu). Es gibt viele verschiedene Formen des Dhikr.

Dhu l-Jelal(Jalal) wa-l-Ikram der Herr von Majestät und Glanz (Güte)

dunkle Nacht der Seele ein Zustand der Reinigung, den die Seele auf ihrer Reise zur Vereinigung mit Gott durchläuft

Einstimmung das Gestimmt-Sein auf eine bestimmte (Ton-)Höhe oder In-Harmonie-Sein mit einem bestimmten Ton

Ekstase ein Zustand, in dem man "außer" sich ist; der Zustand der Verzückung, bei welchem die Seele, befreit vom Körper, in die Kontemplation Gottes versunken ist

Entsagung die Bereitschaft, etwas aufzugeben oder hinzugeben; der Sufi macht keine Einschränkungen und hat keine Prinzipien von Entsagung, er lehrt auch nicht Entsagung; ein Sufi glaubt, daß es von keinem Nutzen ist, etwas im Leben zu opfern, was man nicht opfern möchte, aber daß Entsagung etwas Natürliches ist und im Laufe der Entwicklung in einem wächst.

Epiphanie Offenbarung, eine Erscheinung des göttlichen Wesens

Essenz das, was ein Wesen oder eine Sache ausmacht; auch ein Extrakt, der durch Destillation gewonnen wird

Exemplar ein Wesen, das ein Beispiel einer Qualität oder eines Archetyps darstellt

explizit der Zustand der Entfaltung, der Enthüllung des Impliziten; die Erklärung der eingeschlossenen Bedeutung

Fana Vergehen, Tod, die Vernichtung des falschen Selbst

feinstofflicher Körper eine Ebene unseres Wesens, die weniger dicht ist als der physische Körper und daher nicht wahrnehmbar für die Sinne

Geburah eine Sephira des kabbalistischen Lebensbaumes; Stärke, Festigkeit; eine Kraft, die aus *Hesed* hervorgeht

Glanz (engl. splendor) große Helligkeit, Pracht, Herrlichkeit, Ruhm. Die Erfahrung von göttlichem Glanz ist reine Emotion, die nicht in Worten auszudrücken ist; der Zugang zu den Sphären von Glanz wird erlangt durch Ekstase im Akt der Verherrlichung.

göttliche Erbschaft die Souveränität unseres Wesens, unsere Erbschaft als Wesen, die nach dem Bilde Gottes erschaffen sind

Guru ein spiritueller Lehrer

Hadi der Führer, Führung

Hadith überlieferte Aussprüche Mohammeds

Hahut Bewußtsein Gottes als der einzigen Existenz

Haqq die Wahrheit

Hayy Lebensenergie

Hazrat Gegenwart, Würde; Ehrentitel zur Anrede großer Wesen; Titel eines Sufi-Meisters

Hesed eine Sephira im kabbalistischen Lebensbaum; Barmherzigkeit; eine Kraft, die aus der Vereinigung von *Binah* (Intelligenz) und *Chokmah* (Weisheit) hervorgeht

Hologramm ein Muster, das entsteht, wenn ein Objekt mit kohärentem Licht bestrahlt wird und das reflektierte Lichtbündel mit einem unbeeinflußten Referenzstrahl interferiert

Holomovement eine ungebrochene und ungeteilte Totalität, die eine implizite Ordnung in sich trägt und aus welcher diese implizite Ordnung auftaucht und wieder in sie zurückkehrt; sie ist undefinierbar und unmeßbar

Ideal vorgestellt als vollkommen in seiner Art; ein Standard von Vorzüglichkeit

Imkan All-Möglichkeit

Immanenz tatsächlich gegenwärtig, innewohnend

implizit das, was inbegriffen, angedeutet ist

Indifferenz die Abwesenheit eines Gefühls für oder gegen die Dinge dieser Welt; die mystische Indifferenz besteht darin, daß eine Seele Mitgefühl und Liebe bewahrt, sogar gegenüber der Rücksichtslosigkeit einer Person, und dies als Vergebung zum Ausdruck bringt.

Intelligenz der Urgrund des Bewußtseins

Intuition Es gibt eine Form der Wahrnehmung, die nicht durch Fühlen geschieht und die man als eine spirituelle Sprache bezeichnen könnte; diese Wahrnehmung kommt aus der tiefsten Tiefe des Herzens; es ist die Stimme des Geistes.

Ishq Allah die göttliche Sehnsucht

Jabarut Allmacht, Himmel, die Ebene der Seele

Kabbala wörtlich: Tradition; im allgemeinen angewandt auf die vielen Formen der jüdischen Mystik

Kasab Atemübung, die den Atem stärkt und harmonisiert: einatmen links (bis 4 zählen), anhalten (bis 8 zählen), ausatmen rechts (bis 4 zählen); einatmen rechts, anhalten, ausatmen links; einatmen durch beide Nasenlöcher, anhalten, ausatmen; oft wird empfohlen, jede Variante dreimal hintereinander durchzuführen; die Länge des Einatmens zusammen mit der Länge des Ausatmens entspricht der Länge des Atemanhaltens.

lächelnde Stirn ein Begriff, der aus dem Persischen abgeleitet ist; Stirn bedeutet hier Ausdruck - eine heitere und optimistische Einstellung zum Leben haben

Lahut Göttlichkeit, göttliche Natur; eine himmlische Ebene, die in der Meditation erfahren wird

Loslösung, Losgelöstheit sich über die Dinge erheben, die den Menschen binden und die Reise zum Ziel behindern. Die wahre Losgelöstheit ist im Herzen des Menschen; man kann von Schönheit, Komfort, Reichtum, Liebe umgeben und doch von ihnen losgelöst sein, indem man sich über sie erhebt und sein Bewußtsein auf eine höhere Ebene gerichtet hält.

Latif fein, subtil, anmutig

Malakut Königreich, die unsichtbare Welt; Sphäre des Denkens und der Vorstellung

Maya traditionell eine unfaßbare Macht, die die Götter befähigt, Formen im Bereich der Phänomene zu erzeugen; die phänomenale Wirklichkeit, die auf diese Weise erzeugt wird; daher wird dieser Begriff verwendet, um zu zeigen, daß die Zeichen oder Formen, die wir als physische Wirklichkeit kennen, weniger wirklich sind als das, was durch diese Formen hindurchzuscheinen sucht.

Meisterschaft die Fähigkeit oder Kenntnis, die einen Meister ausmacht; Herrschaft oder Kontrolle über etwas haben

Mithal Ähnlichkeit, Ebenbild; mentale Ebene; Zustand eines Menschen, der in einem Traum lebt

Muhasibi Gewissensprüfung

Muhaymin der Beschützer

Muhyi der Belebende, Leben Schenkende

Mu'id der Wiederherstellende

Murshid ein spiritueller Lehrer, in der Hindu-Tradition Guru, in der russischen Kirche Starez genannt

Nasut menschliche Natur; die physische Ebene

Pir Ältester; ein spiritueller Führer; jemand, der einzelnen

Menschen hilft, ihre Seele zu entfalten; erster Einweihungsgrad innerhalb der spirituellen Hierarchie

Pir-o-Murshid Dieser Titel vereint den Begriff eines Ältesten oder Gründers eines spirituellen Ordens mit dem eines erfahrenen spirituellen Lehrers und Führers; dies war der Titel, den Inayat Khan während seines Lebens im Westen trug.

Psyche bedeutet Atem und wird daher für den nicht-physischen Teil des Menschen verwendet; in der griechischen Mythologie war Psyche die Geliebte des Eros, die schließlich durch Zeus unsterblich gemacht wurde; die Welt des Gemüts, eine Ebene zwischen Seele und Körper.

Qaher (Qahir) göttliche Souveränität; die Vorherrschaft höherer Prinzipien

Qualitäten Attribute eines Wesens im Unterschied zur Essenz dieses Wesens

Quddus reiner Geist, Heiliger Geist

Quintessenz höchst verfeinerte Essenz oder Extrakt, der essentiellste Teil jeder Substanz; in der Philosophie des Altertums und Mittelalters die Substanz, aus der die Himmelskörper zusammengesetzt sind und die in allen Dingen latent vorhanden ist

Rahim gnädig, barmherzig

Rahman Wohltätigkeit, Großmut

Resonanz die Verstärkung oder Verlängerung einer Schwingung durch Reflexion; synchrone Schwingung

Retreat ein Zeitraum des Rückzugs von seinen normalen Tätigkeiten, um sich spirituellen Übungen zu widmen

Samadhi Vereinigung; das Bewußtsein, das mit den Objekten der Meditation identifiziert ist; nach der Lehre von Patanjali die höchste Stufe des Yoga; ein transzendentaler Zustand der vollkommenen Verinnerlichung oder der innerlichen Rückkehr zum Sein - im Gegensatz zu einem ekstatischen Herausgehen, das ein Aspekt des Werdeprozesses ist

Sannyasin ein Asket; in der Hindu-Tradition das vierte und letzte Stadium des Lebens

Satori die Erfahrung der Erleuchtung; die Verwirklichung des Buddha-Geistes

Schicksal das Prinzip, dem wir die Ereignisse und Situationen zuschreiben, für die wir keinen kausalen Zusammenhang sehen

schöpferische Vorstellung der Zwischenbereich, in dem die Begegnung von Gott, der zur Schöpfung herabsteigt, und der Schöpfung, die zum Schöpfer aufsteigt, stattfindet

Sehnsucht das Verlangen, seinen tiefsten Wunsch zu erfüllen

Shaghal eine Tätigkeit; eine alles absorbierende Arbeit; im Sufismus eine Übung, bei der der Atem durch das rechte Nasenloch eingezogen und angehalten wird, während Augen, Ohren, Nase und Mund gegenüber der äußeren Welt verschlossen sind

Souveränität Überlegenheit im Hinblick auf Vorzüglichkeit

Sufi-Pfad ein Weg, der zu Gotteserkenntnis führt und der auf die Gegenwart Gottes im Herzen des Menschen ausgerichtet ist; Freiheit des Denkens und ein empfängliches Herz sind Grundprinzipien dieses Weges; als Einweihungsweg hat er Einheit als einziges Ziel, und dies wird erlangt durch Reflexion.

Sufis Mystiker, Liebende Gottes; es wird behauptet, daß das Wort abgeleitet sei von den arabischen Begriffen für Reinheit oder für Wolle (vielleicht als Bezug auf die wollenen Gewänder, die eine bestimmte Gruppe von Asketen trug); möglicherweise beeinflußt durch das griechische Wort sophos, weise.

Sufismus die spirituelle Essenz der Religion

Transzendenz die Eigenschaft, jenseits und unabhängig vom Universum zu sein, im Unterschied zu Immanenz

transmutieren die Natur von etwas verändern; in der Alchimie das Umwandeln eines Basismetalls in Silber oder Gold

Unabhängigkeit befreit von äußerer Unterstützung oder Kontrolle; einer der beiden Flügel, die der Seele die Fähigkeit verleihen zu fliegen

Vairagya Unabhängigkeit und Indifferenz zusammen; bedingungslose Liebe

Vedanta philosophische Systeme der Hindus, die ihre Inspiration aus den Upanishaden beziehen, dem abschließenden Teil der Veden; oft als der essentielle philosophische Kern des Hinduismus betrachtet. Ein Hauptlehrsatz ist, daß alle Unterscheidungen unwirklich sind und daß die einzige Wirklichkeit alleinig und unteilbar ist; das Ziel der Seele ist es, Befreiung vom Körper und von allen anderen Ebenen der Verschiedenheit zu erlangen, um diesen Zustand der Einheit zu erfahren.

verborgener Schatz Metapher für das Wesen Gottes oder der Seele, das vor den physischen Sinnen verhüllt ist

Verherrlichung In der Alchimie bedeutet Glorifikation die Handlung der Verfeinerung; Glanz oder Ausstrahlung verleihen

Verwirklichung der Vorgang des Wirklich-Machens oder Wirklich-Werdens

Wachen in der Nacht Es wird gesagt, daß die Kluft zwischen dieser und jener Welt in den Nachtstunden geringer ist; es könnte daher empfohlen werden, während dieser Zeit zu meditieren.

Wächter an den Toren der Wahrnehmung ein Filter für hereinkommende sensorische Informationen, den man zu dem Zweck einsetzt, alle Informationen aus der Umgebung - außer essentiellen - auszuschließen, um keine Ablenkung in seiner Kontemplation der inneren Welt zu verursachen

Wali Meisterschaft

Wasi allumfassend

Wazifa (Plural: Wazaif) eine Aufgabe zur täglichen Durchführung; eine Form von Meditationsübung, vergleichbar mit der Verwendung eines Mantras

Wirbel die Bewegung von Teilchen um eine Achse, ohne eine definierte Grenze

Zahir Offenbarung, Erscheinung, Epiphanie

Ausgewählte Bibliographie

Abdel-Kader, Ali Hassan, *The Life, Personality and Writings of al-Junayd*, Luzac & Co, London, 1976 und 1962

Arberry, A.J., *The Doctrine of the Sufis*, Cambridge University Press, Cambridge, 1931

-----, *Sufism: An Account of the Mystics of Islam*, Harper & Row, New York, 1970

Attar, Fariduddin, *The Conference of the Birds*, Oxford University Press, London, 1924, deutsch: *Vogelgespräche*, Ansata-Verlag, Interlaken, 2. Aufl. 1993

Barks, Coleman und Inayat Khan, *The Hand of Poetry: Five Mystic Poets of Persia*, Gedichte von Sanai, Attar, Rumi, Sa'adi und Hafiz mit einführenden Essays über die Dichter, Omega Publications, New Lebanon, 1993

Bohm, David, *Unfolding Meaning*, Routledge, London, 1988
-----, *Wholeness and the Implicate Order*, Routledge, London, 1983, deutsch: *Die implizite Ordnung - Grundlagen eines dynamischen Holismus*, Dianus-Trikont-Buchverlag, München, 1985
Burckhardt, Titus, *Alchemy: Science of the Cosmos, Science of the Soul*, Element Books, Dorset, 1986, deutsch: *Alchemie: Sinn und Weltbild*, Walter-Verlag, Olten und Freiburg i.Br., 1960, Reprint 1992 (Edition Ambra)
-----, *An Introduction to Sufi Doctrine*, Thorsons, Northhamptonshire, 1976, deutsch: *Vom Sufitum: Einführung in die Mystik des Islam*, 2., stark erweiterte Auflage, Schäuble, Rheinfelden, Freiburg i.Br., Berlin, 1989
Campbell, Joseph, *The Inner Reaches of Outer Space: Metaphor as Myth and as Religion*, deutsch: *Die Mitte ist überall: Die Sprache von Mythos, Religion und Kunst*, Kösel, München, 1992
Capra, Frithjof, *The Tao of Physics*, Shambala, Boston, 1985, deutsch: *Das Tao der Physik*, Scherz/O.W. Barth, Bern, München, Wien, 9. Aufl., 1987
Carus, Paul, *The Gospel of Buddha*, Open Court, Chicago, 1894, deutsch: *Das Evangelium des Buddha*, Open Court, Chicago, 1919
Coomaraswamy, Ananda, *Buddha and the Gospel of Buddhism*, University Books, Secaucus, 1964
Corbin, Henry, *Creative Imagination in the Sufism of Ibn 'Arabi*, Princeton University Press, Princeton, 1969
-----, *The Man of Light in Iranian Sufism*, Omega Publications, New Lebanon, 1994 (Originaltitel: *L'homme de lumière dans le soufisme iranien*, Editions Présence, Sisterton), deutsch: *Die smaragdene Vision - Der Lichtmensch im persischen Sufismus*, Eugen Diederichs Verlag, München, 1989
-----, *Spiritual Body and Celestial Earth: From Mazdean Iran to Shi'ite Iran*, Princeton University Press, Princeton, 1977
Ghazzali, Ahmad, Sawanih: *Inspirations from the World of Pure Spirits*, Kegan Paul, London, 1986, deutsch: *Gedanken über die Liebe*, Wiesbaden, 1976; auch: Castrum-Peregrini-Presse, Amsterdam und Bonn, 1989
Gibran, Khalil, *The Prophet*, Alfred Knopf, New York, 1923, deutsch:

Der Prophet, Walter, Olten und Freiburg i.Br., 1991

Herrigel, Eugen, *Zen in the Art of Archery*, Pantheon Books, New York, 1953, deutsch: *Zen in der Kunst des Bogenschießens*, O.W. Barth/Scherz, München, 1990

al-Hujwiri, Ali Ibn Uthman al-Jullabi, *Kashf al-Mahjub*, ins Englische übersetzt von Reynold Nicholson, Gibb Memorial, Cambridge, 1936

Ibn 'Arabi, Muhyiddin, *The Bezels of Wisdom*, Paulist Press, Ramsey, 1980

-----, *Journey to the Lord of Power: A Sufi Manual on Retreat*, Inner Traditions, New York, 1981

-----, *The Tarjuman al-Ashwaq: A Collection of Mystical Odes*, ins Englische übersetzt von Reynold Nicholson, Theosophical Publishing House, London, 1978

-----, *What the Seeker Needs*, Threshold Books, Putney, 1992

Iraqi, Fakhruddin, *Divine Flashes (Lama'at)*, Paulist Press, Ramsey, 1982

al-Jilani, Abd al-Qadir, *Utterances*, Al-Baz Publishing, Houston, 1992

St. John of the Cross, *The Collected Works of St. John of the Cross*, ICS Publications, Washington, 1969

Johannes vom Kreuz, *Sämtliche Werke*, Johannes-Verlag, Einsiedeln, Freiburg i.Br.; auch: Kösel, München (5 Bde.)

Jung, Carl, *Memories, Dreams, Reflections*, Random House, New York, 1961, deutsch: *Erinnerungen, Träume, Gedanken von C.G. Jung*, aufgezeichnet und herausgegeben von Aniela Jaffé, Walter-Verlag, Olten und Freiburg i.Br., 1990

-----, *Synchronicity*, Princeton University Press, Princeton, 1973, deutsch: *Über Synchronizität*, erste Auflage im Eranos-Jahrbuch 1951, Rhein-Verlag, Zürich

Khan, Inayat, *The Alchemy of Happiness*, The Sufi Message of Hazrat Inayat Khan, Band 6, Servire, Katwijk, 1978

-----, *The Art of Being and Becoming*, Omega Publications, New Lebanon, 1982

-----, *The Art of Personality*, The Sufi Message of Hazrat Inayat Khan, Band 3, Servire, Katwijk, 1982

-----, *The Awakening of the Human Spirit*, Omega Publications, New Lebanon, 1982, deutsch: *Das Erwachen des menschlichen Geistes*, Synthesis-Verlag Siegmar Gerken, Essen, 1982
-----, *Biography of Pir-o-Murshid Inayat Khan*, East-West Publications, The Hague, 1979
-----, *The Complete Sayings*, Omega Publications, New Lebanon, 1978
-----, *The Gathas*, The Sufi Message of Hazrat Inayat Khan, Band 13, Servire, Katwijk, 1982
-----, *Gayan*, Message Publications, Tucson, 1988
-----, *Gayan Vadan Nirtan - Aphorismen*, Verlag Heilbronn, Heilbronn, 1996
-----, *Healing and the Mind World*, The Sufi Message of Hazrat Inayat Khan, Band 4, Servire, Katwijk, 1982, deutsch: *Gesundheit und geistige Heilung*, Edition Nada, Hamburg, 1997
-----, *In an Eastern Rose Garden*, The Sufi Teachings of Hazrat Inayat Khan, Band 7, Servire, Katwijk, 1979
-----, *The Inner Life*, The Sufi Message of Hazrat Inayat Khan, Band 1, Servire, Katwijk, 1979
-----, *Mastery Through Accomplishment: Developing Inner Strength for Life's Challenges*, Omega Publications, New Lebanon, 1978
-----, *A Meditation Theme for Each Day*, ausgewählt von Pir Vilayat Inayat Khan, Omega Publications, New Lebanon, 1982, deutsch: *Ein Meditationsthema für jeden Tag*, Sufi Order International, London, 1982
-----, *Message Papers*, unveröffentlicht
-----, *The Music of Life*, Omega Publications, New Lebanon, 1983
-----, *The Mysticism of Music, Sound and Word*, The Sufi Message of Hazrat Inayat Khan, Band 2, deutsch: (Teil 1 des vierteiligen Buches) *Musik und kosmische Harmonie aus mystischer Sicht*, Verlag Heilbronn, Heilbronn 1990, (Teil 2 des vierteiligen Buches) *Musik*, Aeoliah-Musikverlag Weinstadt, Weinstadt, 1996
-----, *The Path of Initiation*, The Message of Hazrat Inayat Khan, Band 10, Servire, Katwijk, 1979
-----, *Philosophy, Psychology, Mysticism*, The Sufi Message of Hazrat Inayat Khan, Band 11, Servire, Katwijk, 1979

-----, *The Soul Whence and Whither*, East-West Publications, London, 1984
-----, *Spiritual Dimensions of Psychology*, Omega Publications, New Lebanon, 1981
-----, *Spiritual Liberty*, The Sufi Message of Hazrat Inayat Khan, Band 5, Servire, Katwijk, 1979
-----, *Sufi Teachings*, The Sufi Teachings of Hazrat Inayat Khan, Band 8, Barrie & Jenkins, London, 1962
-----, *Sufi Teachings*, Revised Edition, Element Books, Dorset, 1991
-----, *Supplementary Papers*, auch bekannt als *The Dutch Papers*, unveröffentlicht
-----, *Tales*, Omega Publications, New Lebanon, 1980
-----, *The Unity of Religious Ideals*, The Sufi Message of Hazrat Inayat Khan, Band 9, Servire, Katwijk, 1979, deutsch: *Die Einheit der religiösen Ideale*, East-West Publications, Den Haag, London
-----, *The Vision of God and Man*, The Sufi Message of Hazrat Inayat Khan, Band 12, Servire, Katwijk, 1982
Inayat Khan, Pir Vilayat, *The Call of the Dervish*, Omega Publications, New Lebanon, 1981, deutsch: *Der Ruf des Derwisch*, Synthesis-Verlag Siegmar Gerken, Essen, 1982
-----, *Introducing Spirituality into Counseling and Therapy*, Omega Publications, New Lebanon, 1982
-----, *The Message in Our Time: The Life and Teaching of the Sufi Master Pir-o-Murshid Hazrat Inayat Khan*, Harper & Row, San Francisco, 1979
-----, *Hazrat Inayat Khan - Biographische Skizze von seinem Sohne Pir Zade Vilayat Inayat Khan*, J. Bollmann, Zürich, 1961
Lings, Martin, *What is Sufism?*, George Allen & Unwin, London, 1975, deutsch: *Was ist Sufitum?*, Aurum-Verlag, Freiburg i.Br., 1990
Massignon, Louis, *The Passion of al-Hallaj*, 4 Bände, Princeton University Press, Princeton, 1982
Merrell-Wolff, Franklin, *Pathways Through to Space: A Personal Record of Transformation in Consciousness*, Julian Press, New York, 1973
-----, *The Philosophy of Consciousness Without an Object*, Julian Press,

New York, 1973

Motoyama, Hiroshi, *Theories of the Chakras*, Theosophical Publishing House, Wheaton, 1981

-----, *Toward a Superconsciousness: Meditational Theory and Practice*, Asian Humanities Press, Berkeley, 1990

Nasr, Seyyed Hossein, *An Introduction to Islamic Cosmological Doctrines*, Shambala, Boulder, 1978

-----, *Sufi Essays*, Schocken, New York, 1977

-----, *Three Muslim Sages*, Caravan Books, Delmar, 1964

Neumann, Erich, *The Origin and History of Consciousness*, Princeton University Press, Princeton, 1970

Nicholson, Reynold, *Studies in Islamic Mysticism*, Cambridge University Press, Cambridge, 1921

Poincaré, Henri, *Science and Hypothesis*, The Science Press, New York, 1905, deutsch: *Wissenschaft und Hypothese*, Leipzig, 1914; vgl. auch *Wissenschaft und Methode*, Wissenschaftliche Buchgesellschaft, Darmstadt, 1973

Pribram, Karl, *Languages of the Brain*, Prentice Hall, Englewood Cliffs, 1971

Prigogine, Ilya, *From Being to Becoming: Time and Complexity in the Physical Sciences*, Freeman, New York, 1980, deutsch: *Vom Sein zum Werden - Zeit und Komplexität in den Naturwissenschaften*, Piper, München, 1992

----- und Isabelle Stengers, *Order out of Chaos*, Bantam Books, New York, 1984, deutsch: *Dialog mit der Natur: neue Wege naturwissenschaftlichen Denkens*, Piper, München/Zürich, 1993

Progoff, Ira, *Jung, Synchronicity, and Human Destiny: Non-Causal Dimensions of Human Experience*, The Julian Press, New York, 1963

Rumi, Jelaluddin, *The Mathnawi of Jalaluddin Rumi*, sechs Bücher in drei Bänden, Übersetzung von Reynold Nicholson, Gibb Memorial, Cambridge, 1926

-----, *Mystical Poems of Rumi*, übersetzt von A.J. Arberry, University of Chicago Press, Chicago, 1968

-----, *Mystical Poems of Rumi: Second Selection*, übersetzt von A.J. Arberry, University of Chicago Press, Chicago, 1991

Schimmel, Annemarie, *Mystical Dimensions of Islam*, University of North Carolina Press, Chapel Hill, 1975, deutsch: *Mystische Dimensionen des Islam - Die Geschichte des Sufismus*, Eugen Diederichs Verlag, München, 1992

Scholem, Gershom, *Major Trends in Jewish Mysticism*, Schocken Books, New York, 1941, deutsch: *Die jüdische Mystik in ihren Hauptströmungen*, Suhrkamp, Frankfurt, 1977

Schuon, Frithjof, *The Transcendant Unity of Religions*, Theosophical Publishing House, Wheaton, 1984, deutsch: *Von der inneren Einheit der Religionen*, Ansata-Verlag, Interlaken, 1981

Shabistari, Sa'duddin Mahmud, *The Secret Rose Garden*, Phanes Press, Grand Rapids, 1987

Sheldrake, Rupert, *A New Science of Life*, Blond and Briggs, London, 1981, deutsch: *Das schöpferische Universum*, Goldmann, München, 1985

-----, *The Rebirth of Nature: The Greening of Science and God*, Bantam Books, New York, 1991, deutsch: *Die Wiedergeburt der Natur - Wissenschaftliche Grundlagen eines neuen Verständnisses der Lebendigkeit und Heiligkeit der Natur*, Scherz, Basel/München/ Wien, 1991

Shepherd, Kevin, *A Sufi Matriarch: Hazrat Babajan*, Anthropographia, Cambridge, 1985

Smith, Margaret, *The Persian Mystics: Attar*, John Murray, London, 1932

Stam, Kismet, *Rays*, East-West Publications, The Hague

Wilber, Ken, *No Boundary: Eastern and Western Approaches to Personal Growth*, Shambhala, Boston, 1981, deutsch: *Wege zum Selbst - östliche und westliche Ansätze zu persönlichem Wachstum*, Goldmann, München, 1991

Pir Vilayat Inayat Khan, geb. 1916, gest. 2004, war ein Wegbereiter in der Erforschung zukunftsweisender Perspektiven der Spiritualität an der Schwelle zu einem neuen Jahrtausend. Durchdrungen und geprägt von den initiatischen Traditionen insbesondere der Sufis, setzte er der "Institutionalisierung der Religion" eine Spiritualität frei von Dogmen, Vorschriften und Rollenmodellen entgegen, die den Erfahrungsbeitrag aller Religionen ohne Synkretismus beinhaltet. Pir Zia Inayat Khan ist jetzt das geistige Oberhaupt des Internationalen Sufi-Ordens in der Nachfolge seines Vaters Pir Vilayat Inayat Khan und seines Großvaters Pir-o-Murshid Hazrat Inayat Khan.

Seit über 40 Jahren entwickelte und lehrte Pir Vilayat Methoden zur Veränderung und Erweiterung des Bewußtseins, die zu einem grundlegenden Verständnis von Situationen und Problemen und zu einem tiefen Erfassen der Bedeutsamkeit des Lebens führen. Pir Vilayat schöpfte dabei aus dem reichen Schatz seiner Erfahrung, der der Begegnung und gemeinsamen Meditation mit Rishis im Himalaya, mit Yogis, Derwischen, buddhistischen und christlichen Mönchen entstammte. Ziel und Essenz seiner Lehre war eine befreite und kreative Spiritualität als Grundlage eines erfüllten Lebens.

Informationen über Seminare und Veranstaltungen erhalten Sie über folgende Adressen:

Sufi Order International
23 Rue de la Tuilerie
F-92150 Suresnes
Tel.: 0033-1-47284846
FAX: 0033-1-42040592

Internationaler Sufi-Orden Deutschland
c/o Dr. Birgit Meyer-König
Postfach 410 533
76205 Karlsruhe
email: sekretariat@sufiorden.de

Außerdem ist erschienen in edition nada:
Hazrat Inayat Khan, Gesundheit und geistige Entfaltung
ISBN 3-933467-02-0
Dieses Werk des großen Sufi-Meisters und Musikers Hazrat Inayat Khan enthält einzigartige und begeisternde Vorträge über Leben und Tod, Gesundheit und Heilung bis hin zu den tiefen Erkenntnissen der Sufi-Lehre über Geist, Bewußtsein und Wille.